西华师范大学学术著作出版资助

张利洪◎著

学前儿童受教育权研究

XUEQIAN ERTONG SHOU JIAOYUQUAN YANJIU

人民出版社

责任编辑：侯俊智
助理编辑：袁　华
封面设计：王春峥
责任校对：秦　婵
排　　版：圈圈点点

图书在版编目(CIP)数据

学前儿童受教育权研究 / 张利洪 著. —北京：人民出版社，2023.12
ISBN 978-7-01-025962-8

Ⅰ. ①学…　Ⅱ. ①张…　Ⅲ. ①学前儿童－受教育权－研究－中国　Ⅳ. ①D921.04

中国国家版本馆 CIP 数据核字(2023)第 180942 号

学前儿童受教育权研究
XUEQIAN ERTONG SHOU JIAOYUQUAN YANJIU

张利洪　著

人民出版社 出版发行
（100706　北京市东城区隆福寺街 99 号）

廊坊市靓彩印刷有限公司印刷　新华书店经销

2023 年 12 月第 1 版　2023 年 12 月北京第 1 次印刷
开本：710 毫米 ×1000 毫米　1/16　印张：20.5
字数：280 千字

ISBN 978-7-01-025962-8　定价：85.00 元

邮购地址 100706　北京市东城区隆福寺街 99 号
人民东方图书销售中心　电话（010）65250042　65289539

序:教育法学研究的创新之作

受教育权与教育权是教育法学研究的基本问题之一,受教育权主题也一直是我国教育法学领域的研究主线之一。随着1995年《教育法》的正式颁布,开启了我国对受教育权问题的专门研究。2000年,我国有了第一篇关于受教育权的博士论文(《义务教育阶段儿童受教育权利研究》,尹力著)。自2002年至2013年,每年都有关于受教育权的博士论文或学术专著产生。《国家中长期教育改革和发展规划纲要(2010—2020)》确立"六修五立"后,加强对学前教育立法基本理论研究显得尤为重要。张利洪的博士毕业论文《学前儿童受教育权研究》就在这样的背景下出炉。

本书综合吸收和运用了法学、教育学、心理学、人类学、政治哲学等多学科知识,在继承已有受教育权理论的基础上,对学前儿童受教育权进行了比较系统的基础性研究。本研究着重回答学前儿童受教育权的性质是什么、主要内容是什么以及如何保障的问题,其目的在于为指引和评价我国学前教育立法提供理论方向和判准的"理想图景"。为此,作者从人权的视角出发,将学前儿童受教育权置于个人权利与国家权力的关系性视角之中,把哈耶克的知识观、隐性的儿童观和德肖维茨的权利来源说作为支撑学前儿童受教育权的哲学基础,以学前儿童的身心发展特点和马斯洛的需要层次理论作为划分学前儿童受教育权内容的理论依据,从家庭教育权、社会教育权和国家教育权三条路径论证学前儿童受教育权的保障,从历时和共时两个维度检视了我国学前教育立法的经验,最后绘制了学前儿童受教育权法律保障体系的理想图景。

人权具有不可分割和相互依存的特点。就学前儿童的身心特点来看,学前儿童的权利特性具有更强的整体性和不可分割性。作者创造性地从健康权、学习权和游戏权的角度建构了学前儿童受教育权的框架结构,这为甄别学前儿童受教育权与非学前儿童受教育权提供了理论准则。健康权体系中的自然分娩权、食物权、空间权、体育活动权和免受虐待权等为婴幼儿照护和服务儿童健康成长提供了法律的底线,这些权利对于学前儿童健康发展具有重大的实践意义。目前已有关于学前儿童权利型态和内容研究比较薄弱,本书对学前儿童受教育权的内容划分为深化学前儿童权利型态研究做出了积极探索和有益尝试。作者从法律体系视角出发,在学前儿童受教育权三分法基础上,原创性地提出了学前儿童受教育权保障的三大法律体系:卫生法律体系、教育法律体系和游戏相关法律体系。这将为我国未来儿童立法规划提供重要的法理参考。作者还提出制订儿童健康促进法、婴幼儿保育法、学籍法、教育培训机构法等,这对于进一步完善我国教育法律体系也具有重要的理论意义和现实意义。

本书体现出了鲜明的理论性与实践性特征,研究思路清晰、结构严整,资料较丰富,逻辑性强,表述准确,体现了作者有较强的哲学思辨能力和较好的文字表达能力。读完这部著作,感到这是一部不可多得的学前儿童受教育权研究的创新之作,丰富和发展了我国学前教育学和教育法学的理论体系。

张利洪博士从读硕开始就埋下了教育法学研究的种子,读博时专业虽为学前教育学,但是学术之心一直未离教育法学的视野。2016 年,入西南政法大学攻读法学博士后更体现出了将教育法学研究进行到底的信心和决心,作为学前教育学的博士,在我国学前教育研究的当前阶段,这种学术情怀并不多见,实属难能可贵。虽然该研究还有一些改进和完善的地方,如全文虽立意较高，试图对儿童受教育权作全方位呈现，但有的问题还未来得及展开更深入的分析，相信作者会一直在教育法学和儿童法学领域深耕细作，进一步完善学前儿童受教育权的研究，为教育法治中国贡献学前教育学的专业力量。

是为序。

孙绵涛

2023 年 6 月 27 日

谨识于浙江外国语学院教育治理研究中心

目　　录

导　论 ………………………………………………………… 001

第一节　学前儿童受教育权的重要性 ……………………… 001

一、权利始于摇篮:学前儿童受教育权是人权的重要起点 ……………………………………………… 001

二、摇篮中的权利:不能承受的生命之轻 ……………… 003

三、学前儿童受教育权是学前教育法律的宗旨和判准 ……………………………………………… 006

第二节　关于学前儿童受教育权的相关研究综述 ………… 010

一、受教育权研究 ……………………………………… 011

二、儿童受教育权研究 ………………………………… 022

三、学前教育立法研究 ………………………………… 025

四、学术史视野中的文献评论 ………………………… 029

第一章　人权、受教育权与学前儿童受教育权 ……………… 034

第一节　作为人权的受教育权 ……………………………… 034

一、人权与教育 ………………………………………… 034

二、权利与权力辨析 …………………………………… 036
三、受教育权与教育权辨析 ……………………………… 038
四、受教育权的性质与分类 ……………………………… 040
第二节　学前儿童与受教育权 ……………………………… 045
一、学前儿童与学前教育 ……………………………… 046
二、学前儿童受教育权与教育权 ……………………… 057

第二章　学前儿童受教育权的基础 …………………………… 059
第一节　学前儿童受教育权的哲学基础 …………………… 059
一、哈耶克的知识论基础 ……………………………… 060
二、从哈耶克的知识论看儿童观 ……………………… 066
三、学前儿童的权利始于成人的恶行 ………………… 075
第二节　学前儿童受教育权的法律基础 …………………… 085
一、学前儿童受教育权的国际法基础 ………………… 086
二、学前儿童受教育权的宪法基础 …………………… 094
三、学前儿童受教育权的普通法基础 ………………… 100

第三章　学前儿童受教育权的性质与内容 ………………… 107
第一节　学前儿童受教育权与相关基本权利 ……………… 108
一、从两大国际公约中看学前儿童的权利 …………… 108
二、从《儿童权利公约》看学前儿童的权利 …………… 113
第二节　学前儿童受教育权的性质 ………………………… 119
一、从三代人权框架内看学前儿童受教育权的
多重性 ……………………………………………… 119
二、学前儿童受教育权的平等权性质 ………………… 121
三、学前儿童受教育权的福利权性质 ………………… 123

第三节　学前儿童受教育权的结构与内容 …………………… 125
一、学前儿童受教育权的结构 …………………………………… 125
二、学前儿童受教育权的内容构成 ……………………………… 128

第四章　学前儿童受教育权的保障 …………………………… 167

第一节　从“孟母堂”事件看我国学前儿童受教育权保障的困境 ………………………………………………………… 168
一、“孟母堂”事件的基本案情 …………………………………… 168
二、国家教育权的行使易出现越位和缺位双重问题 …… 171
三、社会教育权易受国家教育权的侵犯,但也容易侵蚀家庭教育权和国家教育权 ………………………… 174
四、家庭教育权易受国家教育权和社会教育权的侵犯,但其行使不当易侵犯学前儿童受教育权 ………… 175
第二节　学前儿童受教育权保障的基础——家庭、社会与国家教育权的合理定位及其依据 ………………… 176
一、人权与国家的关系 ………………………………………… 177
二、传统中国的文化—心理结构 ……………………………… 179
三、哈耶克社会秩序规则二元观 ……………………………… 185
第三节　教育权的实施就是对学前儿童受教育权的保障 ……………………………………………………… 189
一、家庭教育权的实施 ………………………………………… 189
二、社会教育权的实施 ………………………………………… 195
三、国家教育权的实施 ………………………………………… 199

第五章　我国学前儿童受教育权的保障体系历史考察 ……… 210

第一节　我国百年学前教育立法探索 ………………………… 210

一、我国百年学前教育立法的演进历程 …………………… 210
二、我国百年学前教育立法的特点 ……………………… 222
三、我国百年学前教育立法的启示 ……………………… 225
第二节　我国地方性学前教育立法的经验及启示 ………… 229
一、我国地方性学前教育立法的进展先慢后快 ………… 229
二、从立法体例看学前教育地方立法的经验与不足 …… 231
三、从立法内容看学前教育地方立法的经验与不足 …… 234
四、我国地方学前教育立法对中央学前教育立法的启示 ……………………………………………………… 236

第六章　我国学前儿童受教育权法律体系构建 ………… 239

第一节　从法律体系到教育法律体系 ……………………… 240
一、法典化之争 ……………………………………………… 240
二、教育法律体系的内涵、构成与价值 ………………… 247
三、学前教育法在我国教育法律体系中的地位 ………… 251
第二节　我国已有学前教育法律体系的现状及问题 ……… 252
一、我国已有学前教育法律体系的现状 ………………… 252
二、我国已有学前教育法律体系的问题 ………………… 258
第三节　我国学前儿童受教育权法律体系的理想图景 …… 261
一、构建我国学前儿童受教育权法律体系的基本逻辑 ……………………………………………………… 261
二、构建我国学前儿童受教育权法律体系的基本原则 ……………………………………………………… 265
三、构建我国学前儿童受教育权法律体系的基本结构 ……………………………………………………… 267

四、构建我国学前儿童受教育权法律体系的基本
法律 …………………………………………………… 285

参考文献 ……………………………………………………… 293
后　　记 ……………………………………………………… 316

导　论

第一节　学前儿童受教育权的重要性

一、权利始于摇篮:学前儿童受教育权是人权的重要起点

人权是人依其本性(包括自然属性和社会属性)所应当享有的权利,而不是任何外界的恩赐。享有充分的人权,是长期以来人类追求的理想。享有充分的人权意味着人的生命不受任意剥夺,人身自由不受任意侵犯,思想自由不受任意禁锢,最低生存得以保障,追求幸福不受任意阻碍,这些都是每个人所固有的人格尊严和生命价值。人权的实现与生产力的发展水平紧密相关,与生产力发展相适应的物质文明、制度文明、精神文明和生态文明等的发展程度分不开。在制度文明和精神文明建设中,教育无疑是具有决定性的一环。正如《世界人权宣言》的导言中明确指出:“努力通过教诲和教育促进对权利和自由的尊重,并通过国家的和国际的渐进措施,使这些权利和自由在各会员国本身人民及在其管辖下领土的人民中得到普遍和有效的承认和遵行。”

“促进人的自由全面发展是人权的最高价值追求。每个人的自由发展是

一切人的自由发展的条件。人权的主体是人,人权事业发展从根本上说是人的发展,要为人实现自身潜能创造条件。”[①] 享有教育的权利,是人的自由而全面发展的重要前提。它关系着公民个人的健康成长和自我的发展与完善,关系到公民的生存条件和参与政治、经济、文化和社会生活的能力和水平。因此,接受教育是一项基本的人权,是行使所有其他人权的必需。它促进个人自由、赋权以及产生重要的发展利益。积极民主的教育可以培养具有自由、平等、包容和兼爱的责任公民,消极专制的教育可能培养具有专横、等级观念、崇尚暴力和奴化的顺民。论及自由对于人的价值,马克思作过极为精辟的论述。他说,“自由确实是人所固有的东西,连自由的反对者在反对实现自由的同时也实现着自由;他们想把曾被他们当作人类天性的装饰品而否定了东西攫取过来,作为自己最珍贵的装饰品”[②]。没有一个人反对自由,如果有的话,最多也只是反对别人的自由。自由不仅之于人不可或缺,而且之于其他价值来说它也居于首位。总之,自由是人之本质,接受教育是捍卫自由的手段。现在问题的关键,不在于是否接受教育,而在于接受什么样的教育。

两种不同的教育造就完全不同的人。“一个有奴性的人,要么摇尾乞怜,要么蛮横无理,二者必居其一。一个自由人则无所畏惧,庄严从容,坦然自若,无愧于人。”[③] 有什么样的人民才能建设什么样的国家。公民缔制民主自由的国家,顺民发育独裁特权的国度。正如胡适所说:“自由平等的国家不是一群奴才建造得起来的。”万丈高楼平地起。自由平等的国家有赖于教育培养与其匹配的公民。公民之养成始于学前教育,学前教育之基在家庭。没有“儿童是成人之父”,学生是教育之主,也就不可能有公民是国家之主。反之,如果儿童是成人之物,学生是教育之仆,那么,公民也只能是国家之仆。正如

---

① 《为人民谋幸福:新中国人权事业发展70年》白皮书,2019年9月22日,见 https://www.gov.cn/zhengce/2019-09/22/content_5432162.htm。

② 《马克思恩格斯全集》(第1卷),人民出版社1956年版,第63页。

③ [美]J. 范伯格:《自由、权利和社会正义——现代社会哲学》,王守昌等译,贵州人民出版社1998年版,第1页。

陈鹤琴所认为:“现在的儿童,就是未来的主人,社会的进化、国家的繁荣,要看这些未来主人的品格和才智而定。而培养这些主人的品格和才智,端赖优良的儿童教育。”[①] 因此,受教育权是其他人权的必需,学前儿童受教育权是后续阶段受教育权的必需。

二、摇篮中的权利:不能承受的生命之轻

学前儿童受教育权是对儿童接受学前教育的一种守护和保卫,而学前教育在儿童的健康成长和社会的良性发展中具有不可替代的意义。就本体价值来说,学前教育对儿童的大脑、认知、社会性、人格、气质、身体动作、美感的发展具有重要的价值。[②] 就衍生价值来说,一方面,学前教育对教育事业的协调发展促进作用;另一方面,从社会收益来看,学前教育具有很强的投资性。联合国教科文组织曾明确指出,“受过幼儿教育的孩子与没有受过这一教育的孩子相比,往往更能顺利入学,过早辍学的可能性也少得多”。[③]“高瞻学前教育方案”(High Scope Project)的研究证明,学前教育让儿童在进入小学学习时有了一个良好的准备,儿童所受的学前教育大大提高他们中、小学时的学习成绩和智力。美国佩里方案(Perry Project)对学前教育的效益分析发现:幼儿教育财政投入是一种最省钱的、回报率最大的公共投入,早期投入与成年收益之比为 1∶7.16。[④] 英国的 EPPE 项目研究表明,早期家庭学习环境和所上幼儿园的质量都会对儿童长期的成功具有重要的作用。[⑤] 这表明学前教育的收益要大于其他的花费,在学前教育上的投入可以为国家日后节省庞大的社会教育费和社会福利费,产生巨大的社会经济效益。然而,理论的证明并

① 陈鹤琴:《家庭教育》,华东师范大学出版社 2006 年版,自序。

② 参见杨晓萍等:《学前教育学》,西南师大出版社 2011 年版,第 28–32 页。

③ 《教育——财富蕴藏其中》,联合国教科文组织总部中文科译,教育科学出版社 1996 年版,第 112 页。

④ 转引自蔡迎旗:《幼儿教育财政投入与政策》,教育科学出版社 2007 年版,第 68 页。

⑤ 参见[英]西尔瓦等主编:《学前教育的价值——关于学前教育有效性的追踪研究》,余珍有等译,教育科学出版社 2011 年版,第 229 页。

不能立刻转化为制度的充分保障和学前儿童的实际享有。

然而,在日常生活和幼儿园教育中侵犯学前儿童权利的行为和主体是多种多样的。由于人权的整体性和不可分割性,对于学前儿童任何权利的侵犯都直接或间接危及其身心的健康发展,所以这里对教育过程和非教育过程侵犯学前儿童权利的行为一并列举。据统计,2008 年 1 月至 2011 年 1 月,见诸报端的有 428 件虐童案件,施暴的是父亲、母亲、继父、继母还有邻居等;2012 年 1 月,被媒体曝光的有 49 件教师体罚、变相体罚、猥亵、强奸学生案件,其中浙江省温岭市蓝孔雀幼儿园老师颜某虐童案件的关注度颇高。[①] 在保障学前教育事业发展的过程中,公共财政经费投入受限,幼儿教师质量、硬件投入、园所布局受到极大的影响。2010 年前后的校车安全事故频发对学前儿童上下学安全产生了影响[②]。由于事故的巨大外显性,经媒体的披露后对整个社会产生了强大冲击力,引发全社会对幼儿园的关注。多数校车安全事件频发的直接原因是超载或驾驶不当,其深层的制度原因是“撤点并校”后幼儿园布局不合理所致。教育部统计资料显示,从 1997 年到 2009 年,全国农村小学数量减少一半多,平均每天减少 64 所。[③] 笔者对 2009 年至 2012 年四年里媒体披露关于校车安全事故报道中统计

① 参见“4 年 428 起虐童案　谁来维护儿童权利?”网址:http://tieba.baidu.com/p/1980822390。其中,2012 年教师虐童案件有:2 月,北京三岁男童在幼儿园中被扎伤生殖器,幼儿园老师拒不承认;3 月,惠州德园学校小学部二年级女生上课时,被班主任兼数学老师徐丽萍脱裤至膝盖;3 月,广州一女童在幼儿园遭该园一名保安猥亵,下体流血不止;4 月,西安某幼儿园老师因吃饭前有人说话,让 30 多名孩子自扇嘴巴;5 月,北京一幼儿园老师直接用开水给 4 岁的孩子洗脚;10 月,番禺某康复中心老师因女童做运动不配合,将其凌空摔瘫;10 月,温岭幼儿园女老师微笑地用手揪起男童的左右耳朵使其双脚离地;10 月,太原一教师因孩子做错题,十分钟内狂扇幼童几十个耳光。

② 校车事件中影响最大的是甘肃正宁幼儿园校车事故。2011 年 11 月 16 日,正宁县榆林子小博士幼儿园学生接送面包车与一货车相撞,面包车载有 64 人。事故共造成 21 人死亡(其中 19 人是儿童),44 人受伤(其中 18 人重伤,26 人轻伤,全部是儿童)。此事故直接促成国务院紧急启动制定《校车安全管理条例》。

③ 相关数据参见教育部网址:http://www.moe.gov.cn/publicfiles/business/htmlfiles/moe/s6200/list.html。

的结果显示，平均每起事故死亡儿童5名(14起事故，共死亡70人)。[①] 从上可以推断，随着学校和幼儿园数量的减少，幼儿安全事故中幼儿死亡率呈增高趋势。

随着《国家中长期教育改革和发展规划纲要(2010—2020)》和《国务院关于当前发展学前教育的若干意见》(国发〔2010〕41号)的颁布实施，学前教育事业迎来了大发展。2011年，全国共有幼儿园16.68万所，在园幼儿(包括附设班)3424.45万人，幼儿园园长和教师共149.60万人，学前教育毛入园率达到62.3%。2020年，全国共有幼儿园29.17万所，其中，普惠性幼儿园23.41万所，占全国幼儿园的比例80.24%。在园幼儿4818.26万人，其中，普惠性幼儿园在园幼儿4082.83万人，占全国在园幼儿的比例84.74%。学前教育毛入园率达到85.2%。幼儿园教职工519.82万人，其中，专任教师291.34万人。[②] 在这十年里，学前教育事业取得巨大的进步，学前教育整体实现"有园上"到"上好园"的转型。但是也要清醒地看到，在"学前教育三年行动计划"实施中，存在运动突击式手段，重幼儿园所建设、轻内涵发展；财政经费投入重物质建设、轻软件建设等问题；普惠性幼儿园普而不惠等现象。这与学前儿童接受公平、有质量的学前教育尚有距离，特别是学前儿童平等地接受学前教育存在较大的问题。2020年新冠肺炎疫情的到来加剧了民办园的生存困难，其所在园幼儿接受教育带来了较大的障碍。

中国和外国都有侵犯学前儿童受教育权的现象，然而随着人权教育的普及、公民人权意识的觉醒和现代媒体的宣传使得侵权现象成为大众关注的焦点，以前没有这方面意识的人们开始觉察这种现象带给儿童身心发展的严重后果。尽管如此，对于学前儿童受教育权的性质和内容还是非常模糊的。因此，加强此方面的研究是比较迫切的。

① 参见张利洪：《学前儿童受教育权研究》，西南大学2013年博士学位论文附表1。

② 以上数据源自教育部全国教育事业发展年度统计公报。

三、学前儿童受教育权是学前教育法律的宗旨和判准

（一）中国特色社会主义法律体系的成就及其反思

1997年9月，江泽民在中国共产党十五大上的报告中指出："健全社会主义法制，依法治国，建设社会主义法治国家。"1999年3月15日第九届全国人大第二次会议通过中华人民共和国宪法修正案，在第五条增加一款作为第一款，规定："中华人民共和国实行依法治国，建设社会主义法治国家。"回顾历史，中国共产党从创建到确立依法治国的理念经过了近七十多年，中华人民共和国从成立到确立依法治国的理念经历了半个世纪，从确立依法治国的理念到形成中国特色社会主义法律体系仅仅花了十余年。2011年10月，国务院新闻办公室发布《中国特色社会主义法律体系》白皮书。白皮书声称，截至2011年8月底，中国已制定现行宪法和有效法律共240部、行政法规706部，初步形成以宪法为统帅，由宪法相关法、民法商法、行政法、经济法、社会法、刑法、诉讼与非诉讼程序法等多个法律部门组成的中国特色社会主义法律体系。[①] 截至2023年，现行有效法律增至295件。[②] 在295部法律中，其中有10部是教育法律，它们是学位条例（1980）、义务教育法（1986，2006）、教师法（1993）、教育法（1995）、职业教育法（1996）、高等教育法（1998）、国家通用语言文字法（2000）、国防教育法（2001）、民办教育促进法（2002）、家庭教育促进法（2021）[③]。

周旺生认为，规定在某个时间点形成法律体系，是中国的首创，有它的国

① 《中国特色社会主义法律体系》白皮书发布，见 http://www.gov.cn/jrzg/2011-10/27/content_1979498.htm。

② 《现行有效法律目录（295件）》（截至2023年4月26日十四届全国人大常委会第二次会议闭幕　按法律部门分类），见 http://www.npc.gov.cn/npc/c30834/202304/d1a1f85950964b41b74a2696abf192f7.shtml。

③ 在教育法学著作或教材中，关于国家通用语言文字法和国防教育法是否属于教育法律存在争议。但在《教育科技法典》（2013年第3版，法律出版社）中将其列入。

情根源——政府在立法方面的强力推动。“眼下近240部法律和众多法规、规章,是中国社会亘古未有的景观。官方的说法是,中国用30年的时间完成了西方上百年的立法。”① 中国特色社会主义法律体系具有什么特点?有人总结了四个特点:理性主义的建构思路;国家主义色彩;立法中心—行政辅助的运作模式和简约主义的风格。② 在教育领域中,1985年5月27日,中共中央作出《关于教育体制改革的决定》,指出教育体制改革“在简政放权的同时,必须加强教育立法工作”。1993年2月13日,中共中央、国务院印发的《中国教育改革和发展纲要》中又指出:“要抓紧草拟基本的教育法律、法规和当前急需的教育法律、法规,争取到本世纪末,初步建立起教育法律、法规体系的框架。”与中国共产党十五大报告的预计相比,这个纲要计划的目标超前了十年。依据《国家中长期教育改革和发展规划纲要(2010—2020)》的规定:“加快教育法制建设进程,完善中国特色社会主义教育法律法规。根据经济社会发展和教育改革的需要,修订教育法、职业教育法、高等教育法、学位条例、教师法、民办教育促进法,制定有关考试、学校、终身学习、学前教育、家庭教育等法律。”

回顾最近十多年的教育法制建设,修法硕果累累,新法制定只有唯一一部。2013年,国务院法制办公室发布《关于教育法律一揽子修订草案征求意见稿公开征求意见的通知》③。2015年8月,第十二届全国人大常委会第十六次会议初次审议了《教育法律一揽子修正案(草案)》。2015年12月27日,第十二届全国人民代表大会常务委员会第十八次会议第二次审议通过了《教育法律一揽子修正案》。由于教师法和民办教育促进法修正分歧较大,最终《教育法律一揽子修正案》只涉及教育法和高等教育法。2021年4月29日,

① 赵蕾、方可成:《未来的立法、修法,难度更大》,《南方周末》2011年3月10日。

② 朱景文、韩大元主编:《中国特色社会主义法律体系研究报告》,中国人民大学出版社2010年版,第44–49页。

③ 教育法律一揽子指的是教育法、高等教育法、教师法和民办教育促进法。

第十三届全国人民代表大会常务委员会第二十八次会议《关于修改〈中华人民共和国教育法〉的决定》第三次修正。2018 年 12 月 29 日，第十三届全国人民代表大会常务委员会第七次会议第二次修正高等教育法，第三次修正民办教育促进法。民办教育促进法在 2013 年 6 月 29 日第十二届全国人民代表大会常务委员会第三次会议中被第一次修正，在 2016 年 11 月 7 日第十二届全国人民代表大会常务委员会第二十四次会议中被第二次修正。2019 年 12 月，教育部发布《职业教育法修订草案（征求意见稿）》。2020 年 9 月，教育部发布《学前教育法草案（征求意见稿）》。2021 年，教育部发布《学位法草案》。2021 年 11 月，教育部发布《教师法（修订草案）（征求意见稿）》。2021 年 10 月 23 日，中华人民共和国第十三届全国人民代表大会常务委员会第三十一次会议审议通过《家庭教育促进法》。

改革开放四十多年以来，我国法制建设实现从“有法可依”到“以良法而治”的转型。在教育领域四十余年的教育法制进程中，2006 年颁布的新义务教育法是一个转折点。新义务教育法第一条将“保障适龄儿童、少年接受义务教育的权利”作为立法宗旨，且排在立法宗旨的第一位是前所未有的，是我国义务教育立法和教育法制建设进程中一个新的里程碑①。这体现了我国教育立法从国家社会利益本位向公民权利本位的转变，亦为后来的教育立法和修法奠定了权利的底色。教育法制的这种转型是与我国法制的整体转型和人权入宪是分不开的。

（二）我国法制建设经历了“刀”“水”之争的价值转向

“刀”和“水”（李步云语）分别指“法治”和“法制”。法治与法制是两个既有联系又有区别的一组概念。“法制”是法律制度的简称，是相对于政治、经济等制度而言的；“法治”是相对于人治而言的。法治的内涵有二：其一是治

① 参见刘复兴：《新〈义务教育法〉的突破与创新》，《教育研究》2006 年第 9 期。

理国家的前提要有一套良好的法律;其二是强调法律要有权威性。法律的权威性来源于其本身的正当性。正如伯尔曼说:“法律必须被信仰,否则它就形同虚设。”[①] 能够被公民所信仰的法律一定能够获得其正当性和被公民所服从。实行法治,当然要有健全的法制。历史上国家都有法律制度,但不一定都有法治。今天,这些观点已经成为更多人的共识,然而这些观点在中国从提出到进入宪法却经历了二十年的时间。[②] 张文显在总结中国法治 40 年从“法制”到“法治”的轨迹时指出其路径为从“法制”概念到“法治”概念,从“方针”到“方略”,从“法制国家”到“法治国家”,从“健全社会主义法制”到“健全社会主义法治”的演进特点。[③]

虽然从“法制”到“法治”仅是一字之变,但是其背后却隐藏着中国法律价值的重大转变。如果我们看不到这点,这将遮蔽我们对法律本真的追问,同时将导致中国法律哲学(包括教育法律哲学在内)丧失对中国法制建设进程的引领和指导作用。正如邓正来所言,“从 1978 年至 2004 年,中国法学在取得很大成就的同时也暴露了它所存在的一些问题,而它的根本问题就是未能

---

① [美]伯尔曼:《法律与宗教》,梁治平译,中国政法大学出版社 2003 年版,序言。

② “文革”之后,我国首先提及“法治”问题的学者是北京大学法律系前主任陈守一,但是对“法治”进行深入的研究并推动执政党写进宪法的学者是中国社会科学研究院法学研究员李步云。他不仅是“法治”入宪的主要推动者,而且也是“人权”入宪的主要推动者。李步云把“法制”与“法治”之争形象地比喻成“刀”“水”之争。关于法治的详细内涵和“刀”“水”之争参见李步云:“法的应然与实然”,《法学研究》1997 年第 5 期;“关于法治与法制的区别”,《人大工作通讯》1998 年第 8 期;“从‘法制’到‘法治’二十年改一字——建国以来法学界重大事件研究(26)”,《法学》1999 年第 7 期;“什么是良法”,《法学研究》2005 年第 6 期。还可见李步云著:《我的治学为人》,社会科学文献出版社 2010 年版,第 86–94 页、第 117–122 页和第 127–136 页。“法制”与“法治”的关系还涉及翻译的问题,一般情况下“法制”与“法治”分别对应“rule by law”和“rule of law”。邓正来在翻译哈耶克的《自由秩序原理》时指出:“这里需要强调的是,rule by law(依法而治)和 rule of law(法治)在中文世界的翻译中,很少加以区别,常常都通译成‘法治’;然而这两个术语在西方法理学和政治理论中有着很大的区别,必须加以明辨。简单言之,rule by law 所主张的是统治必须依照法律而进行,而不能依照个人的自由裁量而进行;但是 rule by law 并不回答所依之法律的内容应当为何的问题,而这个问题恰恰是 rule of law 所追问的核心问题,故本书译文将 rule by law 译作‘依法而治’,而将 rule of law 译作‘法治’。”(参见[英]弗里德利希·冯·哈耶克:《自由秩序原理》,邓正来译,生活·读书·新知三联书店 1997 年版,第 241 页。)从邓正来的翻译中可以佐证国内对“法治”研究的重要成果是在 1997 年后发表的。

③ 参见张文显:《中国法治 40 年:历程、轨迹和经验》,《吉林大学社会科学学报》2018 年第 5 期。

为评价、批判和指引中国法制/法律发展提供作为理论判准和方向的'中国法律理想图景'"。[①]过去三十年的中国法律哲学未能完成它的根本使命,然而在西方社会的发展过程中西方法律哲学为其立法和法制建设提供了其应有的贡献。邓正来认为,在18世纪以来,西方社会经历的大规模立法中,西方法学所做出的最大贡献就是为人们评价、批判或捍卫立法或法律制度提供了作为判准的各种各样的西方自然法观点或图景,并且完成了从立法哲学到法律哲学的转换。[②]该书的目的主要在于回答"中国为什么会缺失中国自己的法律理想图景"。孙国东将这一问题称为"邓正来问题"。[③]"邓正来问题"的本质拷问中国社会秩序的正当性问题,其生长性放在学前教育场域,其实质在于我们成人应该为学前儿童制订一套什么样的制度保障"幼有所育"。"幼有所育"是中共十九大描绘的七大民生之首。用什么标准来判断学前教育法律制度的合理性和有效性,学前儿童权利与学前教育法律制度的关系,学前儿童受教育权的性质、历史和保障等问题就是本文的核心问题之所在。

第二节　关于学前儿童受教育权的相关研究综述

有学者认为传统教育研究领域通常只包括课程与教学、教育评价。到了20世纪末,教育政策与教育法学蔚然成为教育研究的第三领域。在教育法学研究中,受教育权作为教育法学的逻辑起点,自然成为学者们研究中的核心领域。[④]近来关于受教育权研究综述或学术史回顾成为教育法学元研究的重

① 邓正来:《中国法学向何处去》,商务印书馆2007年版,第2页。

② 参见邓正来:《中国法学向何处去》,商务印书馆2007年版,第33-34页。

③ 孙国东、杨晓畅主编:《检视"邓正来问题":〈中国法学向何处去〉评论文集》,中国政法大学出版社2011年版,第2页。

④ 参见郭璨:《我国教育法学研究的热点与启示——基于2002—2015年〈中国教育法制评论〉刊载文献的分析》,载于劳凯声、余雅风主编:《中国教育法制评论》(第15辑),教育科学出版社2017年版,第263-279页。

要组成部分。[①] 为研究之需要，本节研究综述分受教育权研究、儿童受教育权研究和学前教育立法研究三个部分。已有关于受教育权研究主要聚焦在“受教育权是什么”和“怎样保护受教育权”两个方面。“受教育权是什么”研究包括受教育权的定义、性质、分类、内容、可诉性和司法救济等方面；“怎样保护受教育权”即受教育权的保障问题和特定权利主体（如流动儿童、残疾人等弱势群体）的受教育权实现问题。基于本研究的需要，关于受教育权的研究综述只着眼于受教育权理论研究方面。

一、受教育权研究

1. 受教育权与教育权的概念研究

受教育权：

（1）受教育权，特指《世界人权宣言》第 26 条的规定。[②]

（2）公民为自身利益，要求国家一定行为的权利，是公民从国家那里获得均等的受教育条件和机会的权利。[③]

（3）为确保公民健全人格及健康幸福的符合人性尊严的生活，而由学习协助者协助学习的一种权利；它要求国家提供学习条件及机会，并要求学习内容由国家、教育协助者在不损及学习权之目的及增进学习效果的条件下确定。[④]

（4）受教育权是一种人在现实社会中，以多种方式获得知识和技能从而

① 参见沈俊强：《近十五年我国儿童受教育权研究述评》，《教育科学论坛》2015 年第 13 期；熊佩萱、茹宁：《新中国成立 70 年来“受教育权”问题研究进展述评——基于文献计量学方法与社会网络分析技术》，《天津大学学报》（社会科学版）2020 年第 1 期；余雅风主编：《教育法学研究（当代中国教育学术史）》，福建教育出版社 2021 年版。

② 参见刘复之：《人权大辞典》，武汉大学出版社 1993 年版，第 681 页。《世界人权宣言》中的第 26 条规定参见附录。

③ 参见劳凯声：《教育法论》，江苏教育出版社 1993 年版，第 92 页。

④ 参见胡锦光、任端平：《受教育权的宪法学思考》，载于劳凯声：《中国教育法制评论》（第 2 辑），教育科学出版社 2002 年版。

促进自身的个性自由发展的基本权利。[①]

(5)公民依法所享有的、国家通过各种具体措施予以保障的，在各类学校和各种教育机构学习科学文化知识以及接受各种技能训练的一项基本权利。[②]

(6)所谓受教育权，是指公民依法享有的要求国家积极提供均等的受教育条件和机会，通过学习来发展其个性、才智和身心能力，以获得平等的生存和发展机会的基本权利。[③]

(7)受教育权是指公民(或自然人)依法享有的接受教育的权利或自由。[④]

(8)公民作为权利主体，为了人格的自我完善而具有的一项要求国家提供教育机会与设施，并不得侵犯受教育自由的基本权利。[⑤]

(9)受教育权利的基本含义，即教育法律关系主体依照国家法律的规定，所享有的接受教育的能力或资格。[⑥]

教育权：

(1)“教育权”一词，因主体不同，可以分别解释为：①公民接受教育的权利；②国家对一国教育的主权和兴办教育事业的权力；③国家各级教育行政机关对所辖范围教育进行管理的职权；④学校受国家委托而行使的教育职权；⑤教师受国家和学校委托而行使的教育职权；⑥学生在受教育过程中拥有的学习权以及适龄少年儿童要求受教育的权利；⑦家长作为儿童的监护人行使的保护儿童受教育权的权利。归纳起来，教育权便是国家的教育主权、

---

① 参见孙霄兵：《受教育权主体范式论》，华中师范大学2003年博士学位论文。另注：该句在后来出版的著作中表述为“受教育权是一种人在现实社会中、以多种方式获得知识和技能、从而促进自身的个性自由发展的基本权利”。这可能系排版的错误。参见孙霄兵：《受教育权法理学：一种历史哲学的范式》，教育科学出版社2003年版，第38页。

② 参见温辉：《受教育权入宪研究》，北京大学出版社2003年版，第15页。

③ 参见龚向和：《受教育权论》，中国人民公安大学出版社2004年版，第29页。

④ 参见范履冰：《受教育权法律救济制度研究》，西南大学2006年博士学位论文。

⑤ 参见申素平：《教育法学：原理、规范与应用》，教育科学出版社2009年版，第16页。

⑥ 参见尹力：《儿童受教育权：性质、内容与路径》，教育科学出版社2011年版，第18页。

公民的受教育权和家长、教师的教育权。①

(2)现代社会的基本教育权结构,由国家教育权、家庭教育权和社会教育权所组成。②

(3)确切地说,教育权是教育权力的省略语。本文所使用的"教育权"概念是包含着权利和权力双重意义的。③

(4)教育权有狭义、广义、最广义三种用法……教育权可包括教育的权力和权利两层含义:就权力的角度而言,教育权是指国家或各级地方自治团体在教育事务上所拥有的权限,以及其所属机关或公务员所应行使的公权力,亦即国家的教育高权;若就权利的角度而言,教育权则泛指公民在教育事务上所享有的各种权利,这时的教育权也被称为国民教育权或教育基本权。④

如果说权利和权力是受教育权和教育权的上位概念,反之,受教育权和教育权就是权利和权力的下位概念,它们之间的内在关联是受教育权和教育权是权利和权力在教育领域中的表现形式。那么,依据把权利分为道德权利和法律权利的标准来看,受教育权定义(5、6、7 和 9)明显属于法律权利的范畴,即受教育权的法律实体化;其他五种定义含有道德权利的意蕴。关于受教育权的定义(4、5、6 和 8)中,论者都将受教育权定性为基本权利。受教育权定义(1)是欧美学者的定义;(2)凸显受教育权的平等权属性;(3)从学习权的角度定义受教育权。前文列举关于受教育权和教育权的定义更多的是揭示各自的内涵,那么其外延又包括哪些?一种观点认为,受教育权包括教育权、受教育自由、教育自由和教育目的等四方面的内容⑤;另一种观点认为,最广义的教育权包含且大于受教育权的概念⑥。受教育权和教育权的各自定义

① 参见金含芬:《学校教育管理系统分析》,陕西人民教育出版社 1993 年版,第 58 页。

② 参见秦惠民:《现代社会的基本教育权型态分析》,《中国人民大学学报》1998 年第 5 期。

③ 参见尹力:《儿童受教育权:性质、内容与路径》,教育科学出版社 2011 年版,第 12 页。

④ 参见申素平:《教育法学:原理、规范与应用》,教育科学出版社 2009 年版,第 16–17 页。

⑤ 参见温辉:《受教育权入宪研究》,北京大学出版社 2003 年版,第 28 页。

⑥ 参见申素平:《教育法学:原理、规范与应用》,教育科学出版社 2009 年版,第 17 页。

还包含了二者究竟是什么关系的问题?一是并列关系,多数研究者持这种观点。二是包含关系,包含关系又分两种,一方面是教育权包含受教育权,持这种观点的学者有金含芬和申素平;另一方面是受教育权包含教育权,持这种观点的学者是温辉。由此可见,关于受教育权的内涵和外延可谓是没有定论的概念,正如所谓"一千人的眼中有一千个哈姆雷特"。

2. 受教育权的性质研究

科学地认识受教育权利的性质,是深入研究受教育权的一个基本前提,此问题也是学界争议比较大的问题。

第一种观点是兼子仁的"三说",即"公民权说""生存权说"和"学习权说"。[①] 此观点是受教育权性质影响最大的学说。"公民权说",认为受教育权利是一种政治权利,其实质就是享有主权的国民为扩充其参政的能力而要求国家帮助创造文化教育条件的权利;"生存权说",认为受教育权利是一种经济受益权利,其实质就是为了获得争取更好的生存能力而要求国家从经济角度提供必要的文化教育条件和均等的受教育机会的权利;"学习权说"认为受教育权利是一种要求完善和发展人格的权利,其实质是个人生来俱有的,要求发展成长的权利。[②] 在此基础上,有学者分析了各自的优缺点。公民权说和生存权说的优点在于有利于解决受教育权虚置的困境,但同时可能存在国家过于干预公民接受教育的自由,难以避免国家强制灌输其价值观念及在价值观念基础上产生的国家目标,从而使公民接受"头脑和心灵"的洗礼。[③]

第二种观点是从自由权与社会权的角度来讨论受教育权的性质,这是兼子仁的"三说"之后影响最大的一种看法。最早从自由权与社会权的角度系

---

① 参见兼子仁:《教育权的理论》,劲草书房昭和 51 年版,第 216–218 页。转引自劳凯声:《教育法论》,江苏教育出版社 1993 年版,第 93–94 页。

② 参见尹力:《儿童受教育权:性质、内容与路径》,教育科学出版社 2011 年版,第 40–46 页;龚向和:《受教育权论》,中国人民公安大学出版社 2004 年版,第 18–26 页;杨成铭:《受教育权的保护与促进》,中国法制出版社 2004 年版,第 25–30 页。

③ 参见高淑贞:《论受教育权》,吉林大学 2007 年博士学位论文,第 46 页。

统分析受教育权的当属胡锦光等人。其观点为“受教育权是兼备自由权与社会权两种性质的权利”[①]。这种观点一经提出就得到学界的普遍认同和传播，后续的研究都是在此基础上不断深入各个方面。也有人研究了大学的受教育权性质。[②]但是，这种观点也受到了一些学者的批判。如龚向和直接对社会权与自由权区分的理论基础提出了质疑，认为学界基本上将社会权与自由权之间的区别等同于积极权利与消极权利之间的区别，是对社会权性质的简单化、直觉化理解。[③]

第三种观点是从权利与义务的关系来看受教育权的性质，即受教育权究竟是属于权利还是义务。对此讨论主要是源于对《宪法》相关条款的解释。[④]具体有三种看法：第一，持肯定说；第二，持批判说；第三，折中说。劳凯声的观点属于第一种看法，龚向和的观点属于第二种看法，尹力的观点属于第三种看法。折中说认为，受教育权是作为权利义务复合的宪法规范，其本质属性是一项不可放弃的权利性规范，是以权利为本位的。针对 1982 年宪法第四十六条的内涵，我国传统的解释认为，这一规定表明受教育权既是公民的一项权利，同时又是公民的一项义务，是一条权利义务复合规范。[⑤]随着法学理论的发展和教育研究的进步，这种规定和解释遭到了学者的理性质疑。有人指出，“将某一权利，一方面界定为权利，另一方面又界定为义务，这必然产

---

① 参见胡锦光、任端平：《受教育权的宪法学思考》，载于劳凯声：《中国教育法制评论》（第 1 辑），教育科学出版社 2002 年版，第 50–51 页。

② 参见温辉：《受教育权入宪研究》，北京大学出版社 2003 年版，第 90–93 页。

③ 参见龚向和：《社会权与自由权区别主流理论之批判》，《法律科学西北政法学院学报》2005 年第 5 期。

④ 宪法第十六条规定：“中华人民共和国公民有受教育的权利和义务。”把同一事务既规定为权利又规定为义务除教育外，还有劳动。宪法第四十二条：“中华人民共和国公民有劳动的权利和义务。”

⑤ 参见李步云：《宪法比较研究》，法律出版社 1998 年版，第 543 页。不仅宪法学界这样解释，此后颁布的 1986 年《义务教育法》和 1995 年《教育法》中也均作了如是解释。可参见陈德珍：《义务教育法讲话》，法律出版社 1993 年版，第 75 页；国家教委师范教育司：《教育法导读》，北京师范大学出版社 1996 年版，第 41 页。

生理论上的困惑。公民受教育既是权利又是义务,作为权利,它可以放弃,作为义务,它必须履行,在实践中使受教育者感到无所适从"。[①] 对于公民来说,如果受教育也是一种宪法上的义务,那么,就意味着接受教育是一种法律上的强制性行为,如果拒绝接受教育,那么,就必须受到教育上的相应的制裁。因此,"这样的制度设计针对性是比较差的"。[②] 更有学者直接指出,宪法把受教育既规定为公民的权利,又规定为公民的义务,"实际上是不妥当的","混淆了权利主体与义务主体的关系"。[③] 经过诸多学者的努力,受教育权是公民的一项权利,而不是义务已经成为众人的共识。

从宪法权利的角度来看,学界最没有分歧的一种观点认为,受教育权属于具有宪法权利。[④] 温辉的博士学位论文和博士后出站报告对此进行了深入系统的研究,胡锦光、莫纪宏、申素平、刘松山等对此也做出了独特的研究。除了从上述几个方面去研究受教育权的性质之外,尹力还从基本权利与一般权利、绝对权利与相对权利、专属权与可转移权、积极权利与消极权利等角度对受教育权性质作了讨论。[⑤] 前面对于受教育权性质的讨论除了"学习权说"而外,都是基于受教育者本身之外的标准来界定受教育权,这恰好忽视了受教育者享受教育的内在过程。由此有人提出了从受教育过程本身的角度来看受教育权就是一种精神成长权、文化生活权。[⑥] 应该说,从这种视角去分析受教育权的性质所进行的探索是有益的。但是,当我们反思何谓"精神成长权""文化生活权"的时候,它们的内涵又是如此的宽泛,以至于难以确定。除

---

① 温辉:《受教育权入宪研究》,北京大学出版社 2003 年版,第 69 页。

② 莫纪宏:《受教育权宪法保护的内涵》,载于劳凯声主编:《中国教育法制评论》(第 2 辑),教育科学出版社 2003 年版,第 126 页。

③ 张庆福主编:《宪政论丛》(第 1 卷),法律出版社 1998 年版,第 31 页。

④ 学界常将基本权利等同于宪法权利,但是有论者认为,宪法权利是更为规范的表达。参见夏正林:《从基本权利到宪法权利》,《法学研究》2007 年第 6 期。

⑤ 参见尹力主编:《教育法学》(第 2 版),人民教育出版社 2015 年版,第 77–78 页。

⑥ 参见管华:《再论受教育权的性质与内容——基于受教育过程本身的思考》,载于劳凯声主编:《中国教育法制评论》(第 9 辑),教育科学出版社 2011 年版,第 169 页。

了接受教育的机会外,还有诸多实现精神成长、丰富文化生活的其他途径。

3. 受教育权的内容和范围研究

国内最早对受教育权的内容和范围进行研究的学者当是劳凯声教授,始见于他的博士学位论文。他把受教育权的内容和范围分为两个方面、六个层次。[①] 两个方面包括义务教育方面和义务教育以上的各级各类教育方面。六个层次即就学权利平等、教育条件平等、教育效果平等和扩大就学范围、竞争机会均等、成功机会均等。两个方面和六个层次的共同实质在于注重受教育权的平等内涵:起点平等、过程平等和结果平等。尹力在其博士学位论文中,在劳凯声教授研究的基础上提出,受教育权的主要内容包括受教育权的自由权、受教育的要求权和受教育的福利权。[②]还有把受教育权的内容分为学习机会权、学习条件权和学习成功权[③];受教育机会获得权、受教育条件利用权和公正评价获得权;[④]幼儿教育、义务教育、职业技术教育、高等教育、出国留学、成人教育、特殊教育、扫盲教育等;[⑤] 教育权、受教育自由、教育自由和教育目的等四方面内容。[⑥]新近有学者将受教育权内容体系化表述为:起点阶段的学习机会权、过程阶段的学习条件权和结果阶段的学习成功权。[⑦] 其中,学习机会权包括入学升学机会权、受教育选择权和学生身份权;学习条件权包括教育条件利用权、教育条件建设请求权和获得教育资助权;学习成功权包括获得公正评价权和获得学业证书学位证书权。

如果说讨论受教育权性质之时是"功夫在诗外",那么探讨受教育权的内

---

① 参见劳凯声:《教育法论》,江苏教育出版社 1993 年版,第 105–115 页。

② 参见尹力:《义务教育阶段儿童受教育权利研究》,北京师范大学 2000 年博士学位论文,第 22–23 页。

③ 参见龚向和:《受教育权论》,中国人民公安大学出版社 2004 年版,第 36–56 页。

④ 参见蒋少荣:《公民受教育权及其实践中的法律关系》,载于劳凯声主编:《中国教育法制评论》(第 1 辑),教育科学出版社 2002 年版,第 387–390 页。

⑤ 参见李步云:《宪法比较研究》,法律出版社 1998 年版,第 545–548 页。

⑥ 参见温辉:《受教育权入宪研究》,北京大学出版社 2003 年版,第 28–56 页。

⑦ 参见龚向和:《中国受教育权发展的体系化、公平化和优质化》,《人权》2021 年第 5 期。

容就是“金屋藏娇”。综上来看,基于接受教育起点的机会权、享受教育过程的条件权和完成教育的结果保障均是关于受教育权的内容研究的核心对象,不管其名称怎么表述,其要害都是万变不离其宗。

4. 受教育权的历史研究

受教育权的历史研究主要探讨受教育权的产生与演进;受教育权的国家化与国际化进程。受教育权是人类社会发展到一定历史阶段的产物,其产生条件有社会经济的发展、人权思潮的普及、社会主义运动的兴起和现代教育制度的发展等。[①] 另外,有人把受教育权的演变过程分为两个阶段:受教育权权利观的形成与受教育权的法律化。[②] 受教育权权利观的形成是欧洲中世纪后期历经一系列伟大思想解放运动的结果,其中最为主要的是文艺复兴、宗教改革和近代启蒙运动。受教育权在国内法的法律化包括两个方面:一方面是一般法律化;另一方面是宪法化。受教育权的一般法律化发端于德、法、美、英、日等资产阶级革命较早和成功的国家,随着社会主义国家的出现,受教育权开始进入各个国家的宪法。温辉专门分析了受教育权入宪问题,从经济、政治、社会和思想等方面阐述受教育权入宪的历史背景和历程。她认为,受教育权大规模入宪的进程是在受教育权得到国际法的明确宣示后发生的。[③] 受教育权的国际化指的是受教育权在国际法中的确认。一般的研究是把这个部分放在受教育权的法律体系中分析的,但是为了本研究的需要,把它归入历史的范畴也是合乎逻辑的。确认受教育权的国际文件主要有“一宣言二公约”,一宣言即《世界人权宣言》,二公约即《经济、社会、文化权利国际公约》和《儿童权利公约》。在这个方面,龚向和和申素平的研究堪为代表。沈俊强系统地研究了儿童受教育权的国际化与中国化历史进程,进而讨论了

① 参见劳凯声:《教育法论》,江苏教育出版社 1993 年版,第 94–102 页。

② 参见龚向和:《受教育权论》,中国人民公安大学出版社 2004 年版,第 61–69 页。

③ 参见温辉:《受教育权入宪研究》,北京大学出版社 2003 年版,第 77 页。

中国保护儿童受教育权的国际影响。① 关于受教育权的历史研究成果主要集中在20世纪90年代和21世纪初。这主要是因为历史研究取决于丰富的史料作为基础，若史料搜集没有突破的进展，研究成果就相对稳定。关于受教育权的历史研究还不得不提及孙霄兵的研究，他在其博士论文中从历史哲学范式论的视角把受教育权分成王权、神权、政权、物权和人权等五个阶段，这种研究无疑是深刻的、全面的②，但是这种分期超越了历史本真的发展阶段。正如前文所示，受教育权的产生和发展是人类近现代社会的事情，而把受教育权分成王权和神权基本上是处于前现代社会的阶段，这种对受教育权历史的无限追溯本身并不能证明受教育权的历史优越性，更无益于证成受教育权的历史合法性。这种倾向同样体现在另外一篇博士论文里。③

5. 受教育权的保障路径与救济研究

（1）受教育权的保障路径研究

受教育权是教育权的来源、目的和前提④，因此，受教育权的实现路径成为教育权的运用和保障。这样受教育权的实现路径就转变成教育权的实施路径，经由秦惠民确立教育权"（国家教育权、社会教育权和家庭教育权）三权并置"成为一个新的分析框架。尹力的博士论文和申素平的教育法学专著成为运用这个分析框架的典范。如果说前者的研究是第一个较为成功地运用"三权并置"的分析框架，那么后者的专著则是教育法学理论研究的一个重要进展。在笔者看来，该书比较成功地构建了一个以"受教育权—教育权"为核心范畴的教育法学理论体系，这个体系摆脱了行政法学教材的影子，使得教育法学独立地成为一个学术领域。另外，有人从受教育权事前保障的角度出发，依据受教育权保障的一般原理，从立法、执法两方面对受教育权保障进行

---

① 参见沈俊强：《中国儿童受教育权保护研究：历史进程与国际影响》，上海教育出版社2019年版。

② 参见孙霄兵：《受教育权法理学：一种历史哲学的范式》，教育科学出版社2003年版。

③ 参见芦琦：《关于古代受教育资格及其权利实现的考察比较——以"去特权化"为线索》，华东政法学院2007年博士学位论文。

④ 参见孙霄兵：《受教育权法理学：一种历史哲学的范式》，教育科学出版社2003年版，第78页。

了详尽的分析，进而提出了一些具体的保障措施。[①] 有学者采用“法权中心主义”为研究进路，从宪法平等条款探讨我国公民受教育权保护的平等标准、实施现状和法律保障机制。[②] 有学者从受教育权与国家义务的关系中检视了政府责任的样态与构建政府责任体系。[③] 有学者对新中国成立七十年来我国公民受教育权保障历史从理论逻辑、规范逻辑、实践逻辑进行了诠释。[④] 面对我国跨入后小康社会和全面建设法治国家的新时代，有学者从法典化出发，从基本权利功能体系视角对我国受教育权的立法确认历程及规范现状进行解释分析，并提出受教育权体系化保障的框架和内容。[⑤] 人类遭遇新冠疫情两年多以来，受教育权保障遭遇巨大的挑战。为此，有学者研究了后疫情时代公民受教育权保障的现实困境与制度策略。[⑥]

另外，两位学者从国际法的视角对受教育权保护标准和实施进行了有效的研究。国际人权法学者杨成铭在博士后出站报告中，建立了受教育权保护国际标准模型，这个模型旨在确定个人享有怎样限度的权利和国家承担怎样限度的义务。然后运用这个模型来测量我国受教育权实践的程度，从测量的结果中发现我国受教育权保护的成就与不足，最后针对面临的不足和挑战提出相应的对策。这些对策中包含了“夯实经济基础，加大教育投入，增强受教育权的可诉性，保护‘家长的权利’”等富有建设性的结论[⑦]。张卫国从国际法中关于受教育权条款的规定出发，依靠较为丰富的英文文献和案例对我国贯

---

① 参见龚向和：《受教育权论》，中国人民公安大学出版社 2004 年版，第 118–157 页。

② 参见冉艳辉：《我国公民受教育权的平等保护——以法权中心主义为进路》，中国政法大学出版社 2013 年版，第 17–74 页。

③ 参见史小艳：《义务教育阶段受教育权的政府责任研究》，华中科技大学出版社 2016 年版，第 67–124 页。

④ 参见魏文松：《新中国成立七十年来我国公民受教育权保障的历史逻辑与前景展望》，《理论月刊》2020 年第 2 期。

⑤ 参见申素平：《教育立法与受教育权的体系化保障》，《教育研究》2021 年第 8 期。

⑥ 参见魏文松：《后疫情时代公民受教育权保障的现实困境与制度策略》，《中国教育政策评论》2020 年。

⑦ 参见杨成铭：《受教育权的保护与促进》，中国法制出版社 2004 年版，第 280–398 页。

彻国际人权法进行了讨论。[①] 总之,从国际视角来研究受教育权保护是非常必要的,也是富有价值的。因为只有在比较中才能准确找到我们对受教育权保护的差距,有了差距才有更好的努力方向。关于这方面的研究还需大大地加强。

(2)受教育权救济研究

有权利就有救济,无救济即无真正的权利。在受教育权多年零碎的救济研究之后,2006 年之后出现了三篇针对受教育权救济研究的博士论文和博士后出站报告。首先,有人把受教育权的可诉性作为研究的支点。作者先从普遍人权、公民基本权利和新型社会权利等三个层面论证了受教育权的可诉性,然后从特别权力关系理论、教育契约理论、"代替父母"理论以及美国学校豁免权理论等方面论证了受教育权法律关系影响受教育权法律救济的性质和方式。最后通过历史和比较的方法,提出了建构符合国情的受教育权法律救济制度,即学生申诉制度、教育行政诉讼制度和教育公益诉讼制度。[②] 另外一位基于政治学的背景,从政府责任和司法保障对受教育权救济进行研究,该文的突出特点在于从我国与别国的历史长河中去探求受教育权救济的法律智慧,以期对构建我国的受教育权救济制度提供资源。[③] 最后,陈韶峰博士用多元法律关系理论分析了不同的受教育权纠纷案,考察了美国、台湾地区和大陆法律救济的现状和问题,并分别对就学和升学纠纷、退学和开除学籍纠纷、发放学历和学位证书三类最突出的受教育权纠纷进行具体的实务分析,最终提出完善我国受教育权法律救济制度的建议。[④] 在我国,受教育者的权利受到侵犯后进行维权救济步履维艰的情况下,这些研究必将为建设适合我国国情的受教育权救济制度提供有益的指导。学界通常将受教育权置

① 参见张卫国:《公民受教育权及其法律保障》,经济科学出版社 2011 年版,第 40–54 页。

② 参见范履冰:《受教育权法律救济制度研究》,西南大学 2006 年博士学位论文,第 104–131 页。

③ 参见夏志文:《受教育权救济问题研究——政府责任与司法保障》,苏州大学 2008 年博士学位论文。

④ 参见陈韶峰:《受教育权纠纷及其法律救济》,教育科学出版社 2010 年版,第 69–283 页。

于宪法学、行政法学角度讨论其性质和救济，这导致在实践中涉及受教育权侵权案件中民法救济难以介入，而行政救济往往无门可诉的问题，最终导致诸多受教育权侵权事件束之高阁。为此，要走出受教育权民事救济的理论迷思，充分认识到提供民事救济是完善受教育权保护方式、实现受教育权保障法秩序统一的必然要求。[①] 还有从民法学角度提出了受教育权民事救济的类型化研究。[②]

二、儿童受教育权研究

儿童受教育权研究是受教育权研究的起始，那是因为儿童本是受教育权首要关注的对象。不过，儿童受教育权研究毕竟不是受教育权研究的全部，高等教育学生受教育权因其高等教育的特殊性和对象的成熟性使得其与儿童受教育权相去甚远。按照《儿童权利公约》的定义，儿童通指未满 18 周岁的未成年人。儿童按照年龄和民事行为能力的不同，可分为无民事行为能力人、限制民事行为能力人和完全民事行为能力人。据《民法典》，无民事行为能力人为不满八周岁的未成年人，限制民事行为能力人为八周岁以上的未成年人，其中十六周岁以上的未成年人，以自己的劳动收入为主要生活来源的视为完全民事行为能力人。无民事行为能力人与限制民事行为能力人的划分基本对应于接受学前教育和义务教育学段的未成年人，分别通称为学前儿童和义务教育阶段儿童（或学生）。[③] 按照身体发展的健全性来讲，儿童可分为正常儿童和特殊儿童，特殊儿童更多指残疾儿童，或指超长儿童。按照成长环境的优越性和艰巨性，儿童可分为处境有利儿童和处境不利儿童。按照儿

---

① 参见周航：《走出受教育权民事救济的理论迷思》，《复旦教育论坛》2020 年第 6 期。

② 参见周航：《受教育权民事救济的类型化研究》，《华东师范大学学报（教育科学版）》2021 年第 6 期。

③ 根据《义务教育法》第 11 条，进入义务教育阶段儿童一般为 6、7 岁。在美国、加拿大等国，接受 early childhood education and care 的儿童可指 0 至 8 岁。义务教育阶段儿童一般指 6、7 岁到 16 周岁的儿童。

童与父母居住地的关系可分为,留守儿童与流动儿童。按照儿童所居群体的数量和特殊性和教育事业的不断发展,我国儿童受教育权研究成果主要分布在义务教育阶段儿童、留守与流动儿童、残疾儿童和学前儿童等。

1. 义务教育阶段儿童受教育权研究

劳凯声认为,保障义务教育阶段儿童受教育权的实现问题是整个受教育权问题的核心。因此,关注此问题成为尹力、管华等学者的首选。尹力基于"受教育权利是人权"和"一切以儿童的最大利益为首要考虑"的理念,从儿童与国家、学校、家庭和社会构成的法律关系出发,综合教育学、法学和社会学等多学科视角,对义务教育阶段儿童受教育权利问题进行了全面的探讨,最后提出了完善受教育权利保障体系的构想。[①] 管华从人权主体范围的扩展和儿童权利的切入研究了义务教育阶段儿童受教育权的性质及其保障,创见性地提出受教育权的本质实为儿童精神成长和文化生活的权利。[②] 沈俊强从国际组织与中国政府的互动关系中重点考察了中国落实儿童受教育权的历史与问题、国际社会对中国儿童受教育权问题的认知以及中国落实儿童受教育权的国际影响。[③] 申素平通过分析新中国宪法及义务教育法的立法历史,结合当下国情和实践中受教育履行矛盾出发,认为对义务教育阶段公民受教育权的理解应持权利义务复合观,而将受教育的权利理解为起点式及过程性的权利、受教育的义务理解为结果式及目标性的义务。[④] 在对儿童受教育权的基本理论问题研究之后,其保障问题就成为研究重心。管华以流动儿童为例,分析提出保障受教育权的"兜底"责任应由中央政府承担,确定中央政府承担责任的限度应制定义务教育必要教育设施的强制性国家标准,

① 参见尹力:《儿童受教育权:性质、内容与路径》,教育科学出版社 2011 年版,第 268–276 页。

② 参见管华:《儿童权利研究——义务教育阶段儿童的权利与保障》,法律出版社 2011 年版,第 84–87 页。

③ 参见沈俊强:《中国儿童受教育权保护研究:历史进程与国际影响》,上海教育出版社 2019 年版,第 280–308 页。

④ 参见申素平、陈梓健:《权利还是义务:义务教育阶段受教育权性质的再解读》,《北京大学教育评论》2018 年第 2 期。

该标准应作为儿童请求政府给付的司法依据。[①] 石连海分析了义务教育阶段儿童受教育权的影响因素和保障措施。[②] 韩世强以流动儿童受义务教育权的司法救济为对象,研究提出了应在行政诉讼领域确立"行政给付诉讼"作为一种新的司法尝试。[③]

2. 学前儿童受教育权研究

进入 21 世纪的第二个十年里,我国开始了对学前儿童受教育权的系统化研究,但研究成果无论是数量或质量完全不能与学前教育立法研究相比。其中重要原因是诸多学前教育立法文献会涉及受教育权,受教育权的重要性被掩盖在学前教育立法之中。尽管关于学前儿童受教育权本体研究的文献数不多,但是鉴于其对本研究的重要性,仍然独立综述。

何善平在博士毕业论文中首先对"3～6 岁儿童受教育权"概念作了定义,强调其优先性和福利性。[④] 然后,分析了 3～6 岁儿童受教育权具有的自然性、道德性、法律性和目的性四个逻辑渊源。在此基础上,阐述了 3～6 岁儿童受教育权的性质、价值、型态和内容。论者认为,3～6 岁儿童受教育权的具体型态表现为自由、利益、资格与发展可能性[⑤],其受教育权体系的基本内容为平等、人格、健康、条件、收益和救济[⑥]。此观点与已有的受教育权内容研究区分较大,这可能是其对象不同所导致,但是通常讲,受教育权内容不将平等和救济等因子纳入其中。另有观点认为,以儿童"人权"为轴心,学前儿童受教育

① 参见管华:《义务教育阶段受教育权保障之道——以流动儿童为例》,《中国教育法制评论》教育科学出版社 2014 年版,第 11 页。

② 参见石连海:《义务教育阶段残疾儿童受教育权保障的思考》,《中国特殊教育》2010 年第 4 期。

③ 参见韩世强:《流动儿童受义务教育权的实现及司法救济——兼论超法规路径的行政诉讼变革》,《华中师范大学学报》(人文社会科学版)2008 年第 5 期。

④ 参见何善平:《3～6 岁儿童受教育权保护研究》,陕西师范大学 2013 年博士学位论文。

⑤ 参见何善平:《3～6 岁儿童受教育权保护研究》,陕西师范大学 2013 年博士学位论文,第 58–60 页。

⑥ 参见何善平:《3～6 岁儿童受教育权保护研究》,陕西师范大学 2013 年博士学位论文,第 81–90 页。

权的核心内容是生活与自由。[①]提到学前儿童受教育权，不能忽略游戏权。何善平认为，3～6岁儿童受教育权的本质就是游戏权。论者将游戏权分为广义的游戏权和狭义的游戏权，广义的游戏权与受教育权通用，狭义的游戏权相当于上课权。也有论者认为，游戏权是学前儿童受教育权的核心内容。[②]刘智成研究了儿童游戏权的内涵、基础、性质、内容等。[③]论者认为，学习权是学习型社会中游戏权的应有之义。游戏权与儿童受教育权、学习权二者具有紧密的关系，但是它们之间的关系更是复杂的，更不能直接等同。在进行游戏权研究时亦不能割裂游戏、教育和学习的关系。

三、学前教育立法研究

学前儿童受教育权的保障可分为消极保障和积极保障。消极保障针对的是国家主体，其不侵犯即为保护，积极保障又分为事前保障和事后保障。国家事前保障主要指学前教育政策制定和立法，事后保障即司法救济等。这里只综述学前儿童受教育权的立法保障研究。关于学前教育立法研究综述类已有多篇[④]，这里扼要综述如下。

1. 学前教育立法综合研究

庞丽娟团队从学前教育立法的迫切性、立法基础和立法建议等维度方面

---

① 参见王录平、李会玲：《学龄前儿童受教育权的属性与内容探析》，《法学教育研究》2019年第1期。

② 参见张利洪：《游戏权是学前儿童受教育权的核心内容》，载于劳凯声、余雅风主编：《中国教育法制评论》（第12辑），教育科学出版社2014年版，第148–158页。

③ 参见刘智成：《儿童游戏权的理论与实践研究》，中国社会科学出版社2018年版，第65–94页。

④ 参见张露萍：《中国学前教育政策法规学术史研究（1978—2018）》，西华师范大学2019年硕士学位论文；程晨、虞永平：《我国学前教育立法研究的回顾与展望》，《教育学术月刊》2019年第9期；张寰、吴颖：《学前教育立法研究：历程、主题与述评》，《法学教育研究》2019年第1期；刘峰、魏宝红：《"学前教育立法论坛"会议综述》，《法学教育研究》2019年第1期；苌庆辉、吴佳颖、陈涵：《中国学前教育立法研究的知识图谱分析——基于CNKI（1994～2019）的数据》，《法学教育研究》2020年第2期；刘晓红：《我国学前教育立法研究现状的可视化分析》，《教育理论与实践》2020年第14期；裴长安、吕玮钰：《我国学前教育立法的研究热点与展望——基于CiteSpace的文献计量分析》，《教育探索》2021年第10期。

对学前教育立法作了开创研究。成果提出学前教育立法需要解决的重点问题有学前教育的性质与地位、政府责任、管理体制与机构、投入体制、办园体制、教师队伍建设和督导评估与问责制度等。[①]陈鹏等研究了学前教育立法中的立法宗旨、学前教育权利义务配置和保障制度等问题。[②]申素平等提出了学前教育立法亟待厘清的几个基本理论问题即学前教育立法须解决好国策与基本权利,免费性与义务性,特权与权利,普惠性与非营利性等问题。[③]吴遵民等研究了学前教育立法的国内外现状、立法难度和立法若干具体建议。[④]学前教育立法需要思考立法依据、立法条件、立法导向、文化传承等一系列问题[⑤],要从教育学、法学、公共政策学等多维度全面考虑法律内容[⑥],同时需要处理好十大关系:学前教育立法应处理好速度与质量、需求与供给、中央与地方、教育部门与其他部门、公办与民办、去小学化与幼小衔接、编制与待遇、家长与园所、促进与监管,以及汉族与少数民族等[⑦]。近有两本著作对学前教育立法作了全面细致的研究。有论者对学前教育的性质、政策演进、域外立法启示、理论基础、立法核心、立法内容,以及与现有法律体系的协调等方面揭示了学前教育立法的诸多方面。[⑧]

---

① 庞丽娟、韦彦:《学前教育立法——一个重大而现实的课题》,《学前教育研究》2001年第1期;沙莉、庞丽娟、刘小蕊:《通过立法强化政府在学前教育事业发展中的职责——美国的经验及其对我国的启示》,《学前教育研究》2007年第2期;庞丽娟、韩小雨:《中国学前教育立法:思考与进程》,《北京师范大学学报》(社会科学版)2010年第5期;庞丽娟:《加快推进〈学前教育法〉立法进程》,《教育研究》2011年第8期。

② 陈鹏、高源:《我国学前教育立法的现实诉求与基本问题观照》,《陕西师范大学学报》(哲学社会科学版)2017年第6期。

③ 申素平、周航:《学前教育立法亟待厘清的几个问题》,《中国教育学刊》2019年第4期。

④ 吴遵民、黄欣、屈璐:《我国学前教育立法的若干思考》,《复旦教育论坛》2018年第1期。

⑤ 杨宗科:《关于学前教育立法的几点思考》,《法学教育研究》2019年第1期。

⑥ 王大泉:《学前教育立法工作需要解决的主要问题——在学前教育立法论坛上的讲话》,《法学教育研究》2019年第1期。

⑦ 管华:《学前教育立法应处理好十大关系》,《湖南师范大学教育科学学报》2019年第1期。

⑧ 兰岚:《学前教育立法研究》,人民出版社2020年版。

2. 学前教育立法比较研究

有人通过对二战以后美、日、中三国学前教育发展的法规与政策的梳理，提出对我国幼教的启示：幼教法规与政策体系的完善；幼教经费投入的法规保障；幼教师资培养制度的健全；家园共育的政策导向。[①] 有人综合运用文献法、比较法和访谈法等多种研究方法，对美国、英国、德国、日本、巴西、印度和中国台湾地区等七个国家和地区近年来学前教育立法的背景、主要内容与特点进行了较为深入、系统的探讨。经研究得出这些国家学前教育立法的主要经验有：公益性与公平性是学前立法的根本原则与价值追求；强化政府在学前教育事业发展中的主导地位；保障学前教育财政投入；稳定幼儿教师队伍；强化中央立法权，完善学前教育法律体系等。这些重要经验可以为我国学前教育立法提供有益借鉴与参考。作者最后建议，我国应该加快相关立法，并在结合我国学前教育发展的实情上充分地借鉴国际学前教育立法经验。[②]

在幼儿教师队伍建设方面，有人总结了台湾地区的立法经验：明确规定并不断提高幼儿教师的资质；明确规定幼儿教师的任用制度；十分重视幼儿教师的在职进修与研究；注重保障幼儿教师的合法权利和待遇。[③]有人对英国学前教育立法在管理体制和保障政府职责方面进行了较深入的研究与分析，指出其具有以下主要特点：强化各级政府特别是中央政府的职责；凸显地方当局在儿童教育和保育中的地位与责任；明确各相关部门职责，保障并促进跨部门协作；明确并强化相关重要部门负责人的职责与权力；增加学前教育财政投入并单列预算；完善学前教育国家督导制度等。[④] 有人研究墨西哥的学

① 参见赵华民：《当代美、日、中幼儿教育法规与政策的比较研究》，陕西师范大学 2000 年硕士学位论文。

② 参见沙莉：《国际学前教育法律的研究：特点、经验及其启示》，北京师范大学 2009 年博士学位论文。

③ 参见庞丽娟、夏靖、沙莉：《立法促进高素质幼儿教师队伍建设：台湾地区的经验及其启示》，《教师教育研究》2009 年第 4 期。

④ 参见庞丽娟、沙莉、刘小蕊：《英国布莱尔政府学前教育改革政策及其主要特点》，《比较教育研究》2008 年第 8 期。

前义务教育法得出对中国学前教育的启示为:从促进社会公正与和谐、保障儿童平等受教育权的角度出发,提高对普及学前教育重要性的认识;提升学前教育投资主体重心,加大中央与省级财政投入;大幅度提高学前教育预算等。[①]

3. 学前教育立法内容研究

学前教育立法的主要内容聚焦在立法宗旨与精神、重要条款和对《学前教育法草案(征求意见稿)》的评议。有论者认为,公共性是学前教育的基本属性,维护和提升学前教育的公共性是学前教育的立法宗旨。[②] 有论者认为,学前教育法应是一部权利保障法[③],立法遵循学龄前儿童权益优先、公益普惠、政府主导、依法管理与保护幼师、社会协同等五项原则[④]。近来论者提出学前教育立法须明确普惠性民办幼儿园的性质、家长教育权条款、财政投入具体标准、虐童行为法律责任等。[⑤]

2020 年 9 月 7 日,教育部公布《学前教育法草案(征求意见稿)》(后简称"征求意见稿"),对其研究成为一个热点。论者指出,"征求意见稿"是对《中共中央　国务院关于学前教育深化改革规范发展的若干意见》的继承与超越,但是关于 0—3 岁的普惠性托育服务、把普惠性学前教育纳入政府基本公共服务、幼儿教师待遇的实质性保障、教育财政性经费的比例、农村学前教育

---

① 参见余强:《墨西哥〈学前义务教育法〉的制定与实施及其对我国的启示》,《学前教育研究》2010 年第 11 期。

② 参见余雅风、吴会会:《论学前教育立法的宗旨与原则》,《湖南师范大学教育科学学报》2019 年第 3 期。

③ 参见张新民:《论我国"学前教育法"的立法精神、内容和技术》,《法学教育研究》2019 年第 1 期;虞永平:《保障儿童受教育权是学前教育立法的核心追求》,《幼儿教育》2021 年合刊第 1 期。

④ 参见徐靖:《论〈学前教育法〉立法中应遵循的基本原则》,《湖南师范大学教育科学学报》2019 年第 6 期。

⑤ 参见唐淑艳、龚向和:《学前教育立法中普惠性民办幼儿园的性质定位》,《湖南师范大学教育科学学报》2019 年第 6 期;王雅荔、王君妍:《学前教育立法中的家长教育权条款研究》,《湖南师范大学教育科学学报》2019 年第 3 期;席晓娟:《学前教育财政投入立法保障研究——基于政策法律化的视角》,《湖南师范大学教育科学学报》2020 年第 31 期;赵阳、孙绵涛:《学前教育立法必须明确虐童行为法律责任》,《湖南师范大学教育科学学报》2020 年第 3 期。

成本分担机制等问题还有待更加重视。[①]有论者认为,"征求意见稿"虽然载明了儿童利益最大化原则,但是存在弱化儿童利益最大化原则地位、评估儿童最大利益的考量因素过少、缺乏儿童利益最大化原则的程序性保障等不足。[②]还有论者认为,"征求意见稿"不乏亮点,但在学前教育是否应当纳入义务教育体系、学前教育应当采取幼托一体化还是幼托分离、学前教育中政府财政投入占比、学前教育课程是否应当去小学化、学前教师是否应当纳入教师编制及学前教师的任职资格等问题上仍存有争议。[③]

四、学术史视野中的文献评论

从某种意义上说,漠视学术史的"研究"谈不上是真正的学术研究。[④]关于学前儿童受教育权的研究无疑应放在教育法学和学前教育学研究的历史背景中去讨论和阐发,而教育法学和学前教育学的更大背景则是教育学与法学的交叉。学前教育乃教育发生的时序起点,还因学前教育内含了家庭、社会和制度化教育机构的协同共育问题,使得其间的教育与权利问题变得尤为纷繁复杂。将学前儿童受教育权的研究放在教育法学和学前教育学研究的历史场域去讨论既是必要,也须超越,因为已有的受教育权研究话语无法完全容纳学前儿童受教育权的全部。

1. 从受教育权研究脉络说起

有论者将教育法学的正式发展分为三个阶段:教育法学初具型态期(1993 年至 2002 年);教育法学迅速发展期(2003 年至 2016 年);教育法学走

① 参见王海英:《学前教育立法"征求意见稿"是对"深改意见"的继承与超越》,《早期教育(教育教学)》2020 年第 12 期。

② 参见曾皓:《儿童利益最大化原则在学前教育立法中的落实》,《法学》2022 年第 1 期。

③ 参见刘悦、姚建龙:《学前教育立法的亮点与若干争议问题——以〈学前教育法草案(征求意见稿)〉为例》,《中国青年社会科学》2021 年第 4 期。

④ 参见谢维扬:《也谈学术规范问题》,《中国社会科学》1999 年第 4 期。

向成熟期(2017年始)。[①] 教育法学三阶段划分的主要依据是以关于受教育权的系列研究成果为标准。在第一阶段中,论者提及我国第一部教育法学学术专著《教育法论》1993年出版。在该书中的第三章标题为"教育法与受教育权利的保障",作者鲜明地提出"教育立法须确立保障公民受教育权的基本原则"的观点。[②] 在第二阶段中,论者以2003年出版的《变革社会中的教育权与受教育权:教育法学基本问题研究》作为标志。从该书的标题中可以看出受教育权是教育法学的基本问题之一。因此,可以说教育法学三阶段的划分完全适用于受教育权的研究进展。受教育权研究的第一阶段主要解决受教育权的法理问题,重点讨论的是受教育权的定义、性质、分类、内容、可诉性和司法救济等方面。受教育权研究的第二阶段主要是分析教育领域受教育权的落实问题,其主要的对象是儿童受教育权、少数民族受教育权等。受教育权研究的第三阶段聚焦残疾儿童、处境不利儿童等弱势儿童受教育权的保障问题。

从研究者背景来看,以宪法学、法理学、行政法学和法制史等学科为背景的研究成果占了六成左右,以教育学原理为背景的教育学者的研究成果占了四成左右。这些研究成果立足自己的学科基础,对受教育权展开了全景式的研究。总体上看,关于受教育权的研究呈现出从整体到部分,从纯理论到理论和实践相结合的特点。受教育权前期成果为本研究奠定了良好的研究基础,具体体现在概念界定、理论基础和分析框架方面。其中不少研究更是给予本文直接的启示,比如孙霄兵、秦惠民、龚向和、尹力和陈恩伦等学者的研究成果。具体而言,孙霄兵从法理学的视角研究受教育权对教育法律的价值意义,秦惠民和龚向和对教育权和受教育权的三分法构成本研究相关部分的分析框架,尹力运用他们的分析框架为本研究提供了很好的示范,陈恩伦对学习权的研究启发本研究对学前儿童受教育权的分类。受教育权成为教育

① 参见余雅风:《我国教育法学的发展及其对教育法治的回应——基于学术史的视角》,《教育学报》2021年第1期。

② 参见劳凯声:《教育法论》,江苏教育出版社1993年版,第115页。

法学理论体系的逻辑起点[①],亚受教育权的研究也成为教育子领域法学研究无法绕开的基点。

2. 从学前教育政策法规研究路向出发

《学前教育立法——一个重大而现实的课题》一文的发表标志着学前教育政策法规开始成为学前教育研究和教育法学研究的重要对象。[②]2013年同时产生了两篇关于学龄前儿童受教育权研究的博士论文。[③]因此,关于学前教育立法研究学术史暂可分为两段:第一阶段为学前教育立法研究的初步形成期(2001年至2012年);第二阶段为学前教育立法研究的发展期(2013年至2020年);第三阶段为学前教育立法研究走向成熟期(2021年至今)。该三阶段划分兼及学前教育政策法规的两个重大变革事件,一个是《国家中长期教育改革和发展规划纲要(2010—2020)》,另一个是2020年《民法典》的颁布实施。后者使得学前教育立法研究置入法典化情境之中。学前教育立法研究的第一阶段更多处于呼吁式的呐喊,未深入其研究的核心;第二阶段开始抵及学前教育立法的基础部分即受教育权研究;第三阶段可称之为法典化背景下的学前教育立法研究。学前教育立法成果越来越多,质量越来越高是与诸多学者的持续介入和国家加快建设法治国家、法治政府和法治社会分不开的。但是,我们尚未进入"前人栽树,后人摘桃"的学前教育法治时代,我们正处在"继续栽树"的时刻。学前教育立法研究已经进入了高质时代,但是与新时代呼唤的学前教育良法相比,还有不少重要问题需要继续研究。

3. 已有研究存在的不足

第一,多数研究都只把受教育权与教育权独立出来进行研究,这样研究也许更加深入,但是它却割裂了二者本来相辅相成的关系,可能导致得出片

① 参见龙洋、孙霄兵:《对我国教育法学理论体系逻辑起点的思考》,《教育学报》2011年第6期。

② 参见张露萍:《中国学前教育政策法规学术史研究》,西华师范大学2019年硕士学位论文,第19页。

③ 参见张利洪:《学前儿童受教育研究》,西南大学2013年博士学位论文;何善平:《3-6岁儿童受教育权保护研究》,陕西师范大学2013年博士学位论文。

面的结论，进而遮蔽了问题的本质。受教育权研究对我国建设法治国给教育法提供的要求回应不够。前文已经有所论及，建设法治国不能仅仅停留在"形式法治"的范畴，更重要的是"以良法而治"。正如邓正来在《中国法学向何处去》一书中对中国法学的诊断所指出，中国法学应该实现从立法哲学到法律哲学的转变。这一论断不仅仅指的是整体的中国法学，对于教育法学来说也属恰当。虽然有人已经开始从教育哲学的层面来研究受教育权，但是对处于转型期的中国当下社会建设法治大国的需求是远远不够的。学前儿童受教育权研究应该定位为评价、批判和指引包括"学前教育法"在内的中国学前教育法制发展提供理论判准和方向的"中国学前教育法律理想图景"。[①]

第二，从理论基础来看，目前关于学前儿童受教育权和学前教育立法的研究成果缺乏扎实的理论支持。学前儿童身心发展的特殊性导致不能直接套用一般受教育权理论来分析学前儿童受教育权的特殊性，这要求在分析和论证学前儿童受教育权时需要从其他领域去寻求证成。证成学前儿童受教育权可利用自然法理论，但是自然法理论在中国大地上缺乏根基，分立的个人知识观和艾伦・德肖维茨(Alan Dershowitz)提出的"权利来自人类经历的恶行"等权利来源论都是具有较强解释力的理论基础[②]。在受教育权的整个研究中，现有研究基本上都是借用传统的"权利—义务"关系理论作为分析视角，这无力去揭示教育权利与教育权力、国家教育权与国家教育义务等概念之间的关系，在实践中教育权的配置难以厘清等矛盾。为克服此问题，童之伟教授提出的"法权中心主义理论"是一个可供选择的解释框架[③]。另外，还有学前儿童受教育权在儿童权利体系中的地位和作用也缺乏探讨等。

第三，为回应法典化的要求，学前教育立法研究不能不对此作出有力的

① 参见张利洪、张露萍：《回顾与展望：改革开放 40 年我国学前教育政策法规研究的实证分析》，《法学教育研究》2019 年第 1 期。

② 参见[美]艾伦・德肖维茨：《你的权利从哪里来?》，北京大学出版社 2014 年版。

③ 参见童之伟：《法权与宪政》，山东人民出版社 2001 年版。

回应。2020 年,全国人大通过《民法典》之后,我国进入了后法典时代。2021 年 4 月 22 日全国人大拟研究启动环境法典、教育法典、行政基本法典等条件成熟的行政立法领域的法典编纂工作。为此,学界开始紧锣密鼓地召开教育法典化相关研究,但是学前教育立法研究尚未对此作出回应。为了推进教育法典化进程和学前教育立法优化,加强法典化的学前教育立法研究必要且重要。

第四,强化交叉学科知识体系下研究学前教育立法,提升其研究品位。进行学前儿童受教育权和立法研究对知识的复合型结构要求不低。学前教育学、教育基本理论、法理学、教育法学和立法学等专业知识都是研究者都应有所通晓的理论储备。如果有其缺失,可能导致相应研究存在诸多瑕疵。比如不少学者认为教育或者学前教育的基本属性是公益性或公共性,进而在此基础上论证学前教育立法宗旨是维护学前教育的公益性。这些论断的前提不符合教育基本理论的观点。这里面犯有一个根本问题就是未能严格区分教育立法对象必须区分教育活动与教育事业之别[①]。从严整讲,教育立法整体只能针对教育事业,而不能直接溯及个人教育活动。

① 参见胡德海:《教育学原理》,甘肃教育出版社,1998 年版,第 496–500 页。

第一章 人权、受教育权与学前儿童受教育权

"儿童、仆人、无产者,或许甚至奴隶,通过长大、放弃仆人的职业、购买财产或赎买他们的自由,使得他们有一天成为独立的人。"[①] 正如论者所言,18世纪以前的妇女与儿童都不被视为健全的个人,因为他们缺乏理性的能力和自主地为自己决定的自由。18世纪的美国《独立宣言》和法国《人权和公民权宣言》宣称,人人生而平等。"人权"这个词语中的"人"应理解为一个发挥功能的人类行动者。[②]教育是一项人权,因为它对这种能动性的运用来说是十分必要的。学前儿童需要通过很多阶段才能成为一位真正的人类行动者,而受教育权对他来说,不可或缺。

第一节 作为人权的受教育权

一、人权与教育

教育造就了人。夸美纽斯指出:"人不受教育就不能成为一个人。"康德

① [美]林·亨特:《人权的发明:一部历史》,商务印书馆2011年版,序言第13页。

② [英]詹姆斯·格里芬:《论人权》,徐向东等译,译林出版社2015年版,第42页。

认为,“人是唯一必须受教育的造物”。由此可以得出,人权与教育的共同任务都在于维护和创造个人的尊严与价值。以笔者目前所接触的文献来看,对人权与教育的关系进行了系统深入的阐释的学者当属美国教育哲学家、受教育权研究者乔尔·斯普林格(Joel Spring)和国内学者湛卫清,因此后面笔者的讨论将建立在这两位学者的观点之上。笔者将人权与教育的关系概括为教育是人权谱系中的基础部分,人权是教育内容中的灵魂部分,下面对此进行简单的分析和论证。

教育是一项人权,这是 2004 年 11 月 25—30 日由联合国教科文组织和欧洲教育法律与政策协会(European Association for Education Law and Policy)在荷兰阿姆斯特丹合作举办的“关于受教育权和教育中的权利全球会议”上发表的《阿姆斯特丹宣言》(*Declaration of Amsterdam on the Right to and the Rights in Education*)所确定的。教育是一项人权,那么其在人权谱系中的地位如何?斯普林格说:“完全可以说,在当今世界,一定水平的教育是人类行为的必要条件,因此,是首要的人权。”[①] 这里的人权之前还有生命权,也就是说,如果生命权才是首要的人权,那么,接受教育的权利就是第二人权。在斯普林格看来,人权教育是保护所有人权的关键所在。[②]湛卫清在论证教育是一项人权时认为,教育可以提升人权,教育可以促进人的劳动权利、政治权利的实现,教育可以保障人们享有文化权利;人权与教育同具“文化性格”;人权、教育同受社会影响。他最后指出:“人权离开教育,人权难以普及,人权意识的提升会有困难,人权问题层出不穷的现象难以从根本上得到遏制;教育若无人权,培养人的教育便异化为对动物的驯养、对产品的加工,教育很难为文明社会准备具有一定人权意识的国民。”[③]

① [美]乔尔·斯普林格:《脑中之轮:教育哲学导论》,贾晨阳译,北京大学出版社 2005 年版,第 279 页。

② [美]乔尔·斯普林格:《脑中之轮:教育哲学导论》,贾晨阳译,北京大学出版社 2005 年版,第 280 页。

③ 湛卫清:《人权与教育》,北京师范大学出版社 2009 年版,第 44 页。

二、权利与权力辨析

“问一位法学家‘什么是权利’？就像问一个逻辑学家一个众所周知的问题‘什么是真理?’同样使他感到为难。”[①] 因此,要给权利下一个确切的定义是一件不易之事。自康德之后,关于什么是权利的观点不知何其多。基于本研究的需要和定义本身的合理性程度的考虑,笔者选取了政治哲学和人权哲学的观点。在政治哲学中,权利这一术语主要有三种使用方式:“(1)描述一种制度安排,其中利益得到法律的保护。(2)表达一种正当合理的要求,即上述制度安排应该建立并得到维护和尊重。(3)表现这个要求的一种特定的正当理由即一种基本的道德原则,该原则赋予诸如平等、自主或道德力等某些基本的个人价值以重要意义。‘法律权利’这一术语是在第一种意义上使用的,而‘道德权利’(以前又叫‘天赋权利’)则是在后两种意义上使用的。‘人权’在以上三种意义上都可以使用。”[②] 夏勇认为:“权利是为道德、法律或习俗所认定为正当的利益、主张、资格、力量或自由。[③] 这个定义不是完美的,这不完美性并不是论者的研究能力或知识缺陷所导致,而恰好是权利本身的复杂性或者说权利本身就具有的不可定义性决定的。实际上,上述五个要素(利益、主张、资格、力量或自由)中的任何一个要素都能表示权利的某种本质,因此,以这五个要素中的任何一个要素为中心词给权利下一个定义都不为错。而以哪一个要素或哪几个要素为原点来界定权利,则取决于界定者不同的价值取向和理论主张。

综合上述的两种观点,本研究给出权利的定义:权利是为习俗、道德或法律所认定为正当的自由或利益,包括道德权利、法定权利和实有权利。之所

---

① [德]康德:《法的形而上学原理——权利的科学》,沈叔平译,商务印书馆1991年版,第39页。

② [英]戴维·米勒主编:《布莱克维尔政治学百科全书》,邓正来主编兼主译,中国政法大学出版社2011年版,第500页。

③ 夏勇:《权利哲学的基本问题》,《法学研究》2004年第3期。

以确定自由或利益是因为:第一,人生来就是自由的,自由是人之为人的本质属性;第二,本研究的指向对象为儿童,经由《儿童权利公约》达致的儿童利益最大化原则理应成为一切研究儿童权利的指导思想,本研究当然遵循此指导原则。

英语中"权力"(power)一词来自法语的 pauvoir,后者源自拉丁文的 potestas 或 potentia,意指"能力"(两者都源自动词 potere,即能够)。在罗马人看来,potentia 是指一个人或物影响他人或他物的能力。potestas,还有一个更狭义的政治含义,是指人们通过协同一致的联系和行为所具有的特殊能力。像其他基本词汇一样,"权力"一词的含义和适用标准始终存在着争议。尽管对这个概念的界定存在分歧,大多数分析家们还是对权力进行诸多的定义。例如,霍布斯认为,"'权力'和原因是同一回事,原因和结果与权力和行动相对应;而且,双方是相同的事物……无论由于什么原因使行动者拥有对其对象产生作用所需的所有条件(即各种属性之结合),我们认为,他只要愿意便有权力产生这种影响。行动者的权力和有效的动因是一回事"。[①] 马克斯·韦伯把权力定义为"在社会交往中一个行为者把自己的意志强加在其他行为者之上的可能性"[②]。现代汉语词典对"权力"的解释有两种:"政治上的强制力量;职责范围内的支配力量。"[③]

通过对上述权力定义的分析发现,不同定义中都包含有权力共同要素,即权力主体对目标客体具有某种强制或支配力量,这种力量可以保证主体获取预期的结果。此时,权力与强制的含义就极为相近。

力量是夏勇的权力定义中的五个要素之一,"权 + 力(力量或能力)"合成

① [英]戴维·米勒主编:《布莱克维尔政治学百科全书》,邓正来主编兼主译,中国政法大学出版社 2011 年版,第 448 页。

② [英]戴维·米勒主编:《布莱克维尔政治学百科全书》,邓正来主编兼主译,中国政法大学出版社 2011 年版,第 448 页。

③ 中国社会科学院语言研究所词典编辑室编:《现代汉语词典》(修订本第 3 版),商务印书馆 1996 年版,第 1048 页。

了权力。因此,权利与权力有时是可以互通的,但从指称的范畴来说,权利大于权力。正如是,"'权利'一词有时又用来意指'权力'"[①]。但是,随着现代学术分科体制的确立,二者已经呈现泾渭分明的态势,权利更多地属于法律哲学的范畴,权力更多地属于政治哲学的范畴,又因为二者本出一体,所以还是"剪不断,理还乱"。当把权利分成私法权利与公法权利之时,公法权利中的"权利"恰当准确的表达应为"权力"。在法权体系中,权利与权力是一对对应的范畴。权力,乃权力者能依法强制他人服从的法力。其二者不同之处表现在:(1)实施主体不同。权利的主体在于公民个体,权力的主体在于公权力机关或机构。(2)实施的内容不同。权利侧重于"利",权力侧重于"力(强制力)"。(3)指向对象的确定程度不同。权利的指向对象是不定的,但是权力的指向对象是特定的。(4)法律对权利和权力的要求不同。权利与义务相对应,有时是可以让渡的。权力与职责相对应,是不可让渡的。(5)根据其规定的法权的不同,法律又可区分为权力法与权利法,民法为权利法,行政法为权力法。[②]

三、受教育权与教育权辨析

如果说权利和权力是受教育权和教育权的上位概念,换言之,受教育权和教育权就是权利和权力的下位概念,它们之间的内在关联是受教育权和教育权是权利和权力在教育领域中的表现形式。正如前面讨论权利与权力时,二者存在一种交叉或重叠的关系。这种关系影响到对受教育权和教育权的理解。这可以从已有对二者的界定中看出端倪。

---

① [英]丹尼斯・劳埃德:《法理学》,许章润译,法律出版社 2007 年版,第 185 页。关于权利与权力的区别详见张文显主编:《法理学》第二版,高等教育出版社和北京大学出版社 2005 年版,第 113–114 页。

② 江平主编:《民法学》,中国政法大学出版社 2001 年版,第 48 页。

（一）受教育权辨析

第一种观点认为，受教育权是接受人权教育的权利。[①]第二种观点认为："公民为自身利益，要求国家一定行为的权利，是公民从国家那里获得均等的受教育条件和机会的权利。"[②]第三种观点认为："受教育权是公民借助国家法律以及各种具体措施所提供的物质保障，得以接受知识、技能、思想品德的专门培养的权利。"[③]第四种观点认为："教育法律关系主体依照国家法律的规定，所享有的接受教育的能力或资格。"[④]那么，依据上文把权利分为应有权利和法律权利来看，第一、二种观点既可以理解为含有道德权利的意蕴，又可以理解为法律权利的范畴；第三、四种观点明显属于法律权利的范畴，即受教育权的法律实体化。在上面的四种观点中，除第一种观点外，其他三种定义中都明确地指出受教育权的义务主体（即国家），也许这对于义务教育阶段儿童来说是恰当的，但是这不符合本研究的对象。

根据以上观点和本书中权利的定义，本书中的受教育权指的是个人权利在教育中的衍生，是受教育者应该享受的不容侵犯的，要求家庭、社会和国家能确保其个人身心健康发展的基本学习机会及条件的自由或利益。对此定义需要说明几点：第一点，该定义表明了受教育权与权利的关系，明确这种关系有利于认识受教育权在权利系谱中的地位；第二点，该定义中的受教育权主体主要指儿童（0—6、7岁）；第三点，该定义中的受教育权既是一种应有权

---

① ［美］乔尔·斯普林格：《脑中之轮：教育哲学导论》，贾晨阳译，北京大学出版社2005年版，第271–274页。从斯普林格的人权观来看，受教育权的具体内涵就是经他改写的《世界人权宣言》第26条的内容："1.每个人都拥有受教育权，包括人权教育在内。教育应当是免费的，至少在初级和基础阶段应当如此。初级教育是义务性的。技术教育、职业教育和更高一级的教育对所有的人都应当平等开放。2.教育应当强调个人和政府保护人权的义务。3.父母有权选择给予子女何种教育。但父母的选择当以人权教育为界。所有形式的教育都要包括人权教育在内。"

② 劳凯声：《教育法论》，江苏教育出版社1993年版，第92页。

③ ［日］大须贺明：《生存权论》，林浩译，法律出版社2001年版，第167页。

④ 尹力：《儿童受教育权：性质、内容与路径》，教育科学出版社2011年版，第18页。

利，又是一种法律权利；第四点，受教育权的实现需要家庭、社会和国家等多方面合力提供保障。

（二）教育权辨析

第一种观点认为："教育权在国家人权法上是一揽子权利，除了受教育的权利和自由以外，还包括设立和管理教育机构的自由、保护学生免受不人道纪律措施以及学术自由和大学自治等内容。显然，受教育权不等于教育权，受教育权仅仅是教育权的核心内容而已。"① 第二种观点认为："确切地说，教育权是教育权力的省略语。本文所使用的'教育权'概念是包含着权利和权力双重意义的。"② 第三种观点认为："教育权有狭义、广义、最广义三种用法。……教育权可包括教育的权力和权利两层含义：就权力的角度而言，教育权是指国家或各级地方自治团体在教育事务上所拥有的权限，以及其所属机关或公务员所应行使的公权力，亦即国家的教育高权；若就权利的角度而言，教育权则泛指公民在教育事务上所享有的各种权利，这时的教育权也被称为国民教育权或教育基本权。"③ 第一种观点深受国际人权学者艾德的影响，这种影响主要在法学界。它的鲜明论点即受教育权是教育权的组成部分。第二种观点与本文的研究前提一致。综上，本研究的教育权指的是家庭、社会和国家等教育主体必须履行教养儿童的义务或职责，这个定义当然是从狭义方面讲的。

四、受教育权的性质与分类

可以从诸多维度研究受教育权的性质，比如从基本权利的角度来看，受教育权属于入宪的基本权利，因此对国家的立法行为、行政行为和司法行为

① 肖泽晟：《宪法学——关于人权保障与权力控制的学说》，科学出版社 2003 年版，第 275 页。

② 尹力：《儿童受教育权：性质、内容与路径》，教育科学出版社 2011 年版，第 12 页。

③ 申素平：《教育法学：原理、规范与应用》，教育科学出版社 2009 年版，第 16–17 页。

都具有拘束力。这里笔者首先认同受教育权是一项入宪的基本权利,而不是义务。[①] 要说受教育权是义务,那也不是受教育者的义务,而是教育者提供的义务。学界首先阐明此观点当属龚向和,他说:“受教育,包括受义务教育和非义务教育,是公民应该享有而由国家、社会、学校和家长予以保障的基本权利,而绝不是同时应承担的义务。”[②] 在基本权利说的基础上,以下重点讨论复合权说。

复合权说认为,受教育权兼具自由权与社会权两种性质的权利。胡锦光等人率先提出这种观点[③],高淑贞在其博士学位论文中对此进行了更加深入的研究。后者从受教育的自由对个人存在的必要性和基本权利的内在核心等角度论证了受教育权的性质。他引用了台湾学者许育典的观点,该观点认为:

> 在专制独裁的国家,教育乃以国家和独裁者的存在发展为中心,教育目的在于培养服从权威的“顺民”因此控制教育的每一环节,一方面希望国民习得技能为国家的经济发展贡献,另一方面使国民在成长过程中,接受国家为方便统治而预设的思想教育。在此概念下,“教育”当然成为国家的“权利”,国民反而有“受教育”的义务。
>
> “法秩序以人的自我实现为目的之最重要且最基本的体现,乃是宪法上基本权利的规定。吾人若仔细观察我国(台湾地区)宪法的基本权利目录规定,将发现每个个别的基本权利规定,均涉及人

① 《宪法》(1982 年)的第四十六条:“中华人民共和国公民有受教育的权利和义务。”关于同一项权利为权利义务说的还有第四十二条的规定:“中华人民共和国公民有劳动的权利和义务。”新中国前三部宪法对受教育权都是规定为权利说,而不是义务说。由于宪法的明文规定,所以受此影响学界多有赞同如此说法。当然,这种说法同样遭到不少学者的批判。

② 龚向和:《受教育权论》,中国人民公安大学出版社 2004 年版,第 14 页。

③ 参见胡锦光、任端平:《受教育权的宪法学思考》,载于劳凯声主编:《中国教育法制评论》(第 1 辑),教育科学出版社 2002 年版,第 57 页。

格的自由开展(人的自我实现)的核心保护内涵,亦即自我开展权及自我决定权。因此,人的自我实现的保障,具有整合所有基本权利的功能,而成为所有基本权利最重要的本质。透过基本权利的客观法面向的作用,使得基本权利成为所有法秩序的基本价值决定。因此,基本权利实具有对立法、行政及司法的导向功能,同时也是这些国家权力在进行或执行时,必须以基本权利的核心本质——让人民拥有最大可能性的自我实现之自由空间——作为指导原则。"①

从基本权利具有"主观权利"与"客观法"的双重性质更能确认受教育权的复合权学说。作为主观权利的受教育权核心功能是防御国家对公民受教育自由的干预,作为客观法的受教育权被赋予开放性的特质,其含义不再限于排除国家干预,在"客观价值秩序"这一抽象可能性之下,一切有助于受教育权实现的具体行为和具体制度都可能被解释为基本权利的内涵而被正当化。这就让我们不得不十分谨慎地处理受教育权的双重性质。由于受教育权带有很强的意识型态色彩,所以,有关论者的论述对思考和认识受教育权的双重性具有很大的启示意义。有论者指出:"国家对基本权利的作用从来都有两个方面,一方面是保障,另一方面是侵害,两个方面相互交织……客观价值秩序理论强调基本权利要求国家帮助的功能侧面,就可能压抑其排除国家侵害的功能侧面。换言之,如果在基本权利保障上过分倚重国家力量,最终可能导致基本权利反而被过度限制或剥夺的后果。"② 从"主观权利"与"客观法"看受教育权的复合权学说的启示是,在强调其社会权属性的同时仍然必须将自由权属性置于受教育权的中心地位,自由权是受教育权的目的取向,社会权是受教育权的手段取向。

此处的受教育权分类必须区分两种标准:一是按照某一外在于受教育权

① 许庆雄:《宪法入门》,台湾月旦出版社 1996 年版,第 156–157 页;转引自高淑贞:《受教育权论》,吉林大学 2007 年博士学位论文,第 50–51 页。

② 张翔:《基本权利的双重性质》,《法学研究》2005 年第 3 期。

的标准来划分完整的受教育权型态，另一个是基于某一内部的标准对受教育权的构成要素或内容进行划分。提出这种区分是针对目前学界分析受教育权时对其要素、内容、体系和结构等不加区分所造成的逻辑混乱进行的矫正。有论者认为受教育权包括教育权、受教育自由、教育自由和教育目的等四方面的内容。[①]姑且不论其内容是否合理，实质上可以将这里的内容理解为按照受教育权的内在构成要素的标准来划分受教育权，这也正如论者本人所言，"从权利方面对受教育权的内容予以探讨，把握受教育权作为一项基本权利所应具有的理性内核和实质要素"。[②]有论者分别对权利结构和权利体系下了定义，然而在后面对受教育权的体系研究中却造成前后矛盾。龚向和认为："权利结构是指权利内部各要素按照一定方式构成有机体，这个有机体与其各要素之间是整体与部分的关系，而且缺少一个要素或者一个排列方式的变动都会引起权利本质的相应变化（质变），就如分子结构一样。而权利体系则往往是把一个事物当成一个整体，并按一定标准划分为若干组成部分，这个整体与其各组成部分之间的关系是种属关系，缺少其中的一个要素或者变换各要素的排列关系不会影响到权利根本性质的变化，但会产生数量上的变化（量变），造成体系的不完整、不严密。"[③]该定义准确地揭示了权利结构与权利体系之不同，前者强调的是"整体与部分的关系"，后者强调的是"种属关系"。随后论者按照受教育权产生、发展的过程将受教育权分为学习机会权、学习条件权和学习成功权，并明确指出，"三者共同构成受教育权完整、严密的体系"。[④]表面看来这种划分很"严密"，其实不然，因为论者完全忽视了构成受教育权的内在标准和外在标准的区分。

在笔者看来，从内在标准来看，论者的这一划分比较完美，然而，笔者必

① 参见温辉：《受教育权入宪研究》，北京大学出版社 2003 年版，第 28 页。

② 温辉：《受教育权入宪研究》，北京大学出版社 2003 年版，第 28 页。

③ 龚向和：《受教育权论》，中国人民公安大学出版社 2004 年版，第 36-37 页。

④ 龚向和：《受教育权论》，中国人民公安大学出版社 2004 年版，第 37 页。

须指出的是，倘若受教育权缺失这三个子权利中任何一个，都不能构成受教育权主体享有的完整权利。这好比任何水分子的结构离开了氢原子和氧原子都不能称其为“H_2O”的物质。论者的错误在于将内部标准等同于外部标准，其结果导致将构成要素混淆于权利体系。存在类似问题的还有这样的表述，“与国际人权法中的受教育权的内容相比，国内法中的受教育权内容实质上是受教育权的结果，而国际人权法中受教育权的内容实质是受教育权的体系”。[①] 论者进而指出造成此差异的原因是“由国际社会和国内社会在保护受教育权方面的不同权利来源和义务范围所决定的”。[②] 也许有此原因，但是更为深层的原因是标准不统一。这好比将构成水分子的氢原子和氧原子等同于淡水和海水。这种划分标准不统一所带来的严重后果，不仅仅是造成受教育权研究内部的混乱，而且会造成研究受教育权的学术共同体之间的交流障碍，进而使得受教育权研究处于低水平的重复。经由上面的剖析可以达成的结论是，讨论受教育权的要素、内容、结构时应该适用内在标准，讨论受教育权的体系应该遵循外部标准。

下面，笔者着重从外部标准讨论受教育权的体系分类。按照接受教育的地点不同可以把受教育权分为在家受教育权、在社会组织受教育权和在公立幼儿园受教育权；按照接受教育机构的性质来看可以分为公立教育机构受教育权和私立教育机构受教育权。下面重点从时间的维度来对受教育权体系分类进行讨论。按照受教育权主体的对象不同可以把受教育权分为学前儿童受教育权、义务教育阶段儿童受教育权、高中生受教育权和大学生受教育权等。与这种划分的标准相似的是按教育的层次不同包括初等教育、中等教育、职业技术教育、高等教育与基本教育等五个层次。[③] 论者说明依据的标准是联合国教科文组织于 1997 年制定的《国际教育标准分类》(International

① 杨成铭:《受教育权的促进和保护》,中国法制出版社 2004 年版,第 21 页。

② 杨成铭:《受教育权的促进和保护》,中国法制出版社 2004 年版,第 32 页。

③ 参见申素平:《教育法学:原理、规范与应用》,教育科学出版社 2009 年版,第 31 页。

Standard Classification of Education, ISCED)。但是以笔者的查证，1997 年的国际教育标准分类并不只五个层次，不管怎么加工，学前教育(pre-primary education)都不能少。2011 年 9 月 5 日，联合国教科文组织重新修订和发布了新的《国际教育标准分类》，教育标准分类从原来 1997 年的七级变成了现在的九级。依此标准，受教育权可以分为早期儿童受教育权、初等受教育权、初级中等受教育权、高级中等受教育权、中等后非高等受教育权、短线高等受教育权、学士受教育权、硕士受教育权和博士受教育权。① 与之相似的分类是宪法学者较早提到的。② 但从划分的内容来看存在标准不清和内容重复的问题，比如，出国留学与高等教育特殊教育与幼儿教育等可能存在交叉。因此，这种分类不够严谨。

第二节　学前儿童与受教育权

如果以 1789 年美国的《权利法案》和法国的《人与公民权利宣言》作为确立成人人权的标志事件，1989 年联合国《儿童权利公约》作为确立儿童人权的标志事件的话，人权主体范围从白种成年男子扩展到儿童就经历了整整两百年的时间。③ 若以 1919 年德国的《魏玛宪法》作为确立受教育权入宪的起点标志，1982 年《宪法》作为确立我国学前儿童受教育权入宪的起点标志，从德国到中国，从受教育权入宪到学前儿童受教育权入宪经历了六十余年的历史。在终身教育体系的背景下，学前儿童成为受教育权的主体与学前教育

① 每级名称是依照 2011 年 9 月 5 日，联合国教科文组织发布的《国际教育标准分类》的中文版译本加上受教育权确定的。联合国教科文组织官网，http://unesdoc.unesco.org/images/0021/002191/219109e.pdf。

② 一般包括以下主要内容：幼儿教育、义务教育、职业技术教育、高等教育、出国留学、成人教育、特殊教育、扫盲教育等。详见李步云主编：《宪法比较研究》，法律出版社 1998 年版，第 545-548 页。参见温辉：《受教育权入宪研究》，北京大学出版社 2003 年版，第 28 页。

③ 人权主体范围的扩展详见管华：《儿童权利研究——义务教育阶段儿童的权利与保障》，法律出版社 2011 年版，第 7-32 页。

成为独立的学段紧密勾连,因此探讨学前教育就成为题中之义。

一、学前儿童与学前教育

若把“学前儿童”视作一个专有名词的话,欲恰当地理解这个概念务必明确“学前”和“儿童”的内涵,关键之处又在“学前”。由于前文已经提及了儿童的内涵,所以这里只讨论何谓“学前”。完整的“学前”当指学前教育。一方面,为了理解学前儿童而讨论学前教育并不是可有可无的事情;另一方面,学前儿童受教育权作为一个使用法学话语体系的概念来说,它直接指向国家颁布的有关法律。因此,对它的理解也将涉及对我国法律中相关条款的准确理解。我国1982年《宪法》第19条第2款规定:“国家举办各种学校,普及初等义务教育,发展中等教育、职业教育和高等教育,并且发展学前教育。”1995年《教育法》第17条规定:“国家实行学前教育、初等教育、中等教育、高等教育的学校教育制度。”这两个条款都是我国学前教育存在合理性的最权威法律条文。然而,如何解释这两个条文的合理性却成了一个问题,即“国家举办各种学校”是否包含实施学前教育的幼儿园教育?从这个称述中可以推出另一个问题,即“学校”概念可以包括“幼儿园”?换句话说,“幼儿园”算得上是一种“学校”类型吗?在第二个条文里,如何解释作为一个学段的“学前教育”是一种“学校教育制度”?如果根据语义解释法,“学前教育”就是一种“学校教育制度”,这符合通行对“学前教育”和“学校”概念的理解吗?由此看来,不得不讨论“学前教育”的问题。

(一)学前教育的“是”与“不是”

也许有人认为,学前教育一词已经是一个内涵明确、外延清晰的规范概念了,比如由学前教育所构成的“学前教育学”“学前教育史”“中国学前教育史”“学前教育研究”“中国学前教育研究会”“学前教育法”“学前教育专业”“学前教育系”“学前教育学院”等专有名词已经成为人们进行学术思考和制度建构的起点。如果细细地去审视一下这些冠名为“学前教育”的“葫芦”里面究竟卖的是什么“药”，一定会有不少有意义的发现，其中比较突出的是有些所谓的“学前教育学”和“学前教育史”等学科教材卖的就是“幼儿教育学”和“幼儿教育史”的“药”。将“学前教育”等于“幼儿教育”的实质是把学前教育窄化。[①] 另外一个现象是，我国现有 56 所名为“幼儿师范高等专科学校”的高校 [②]，而实际上“幼儿师范高等专科学校”却没有“幼儿教育”专业。显然，这些高校是为幼儿教育培养师资力量，然而，打开这些高校的网页就明白无误地看到有“学前教育、幼教保育、初等教育、早期教育、幼儿园管理”等专业，独缺“幼儿教育”。这种现象的实质在于将幼儿教育扩大化。

“学前教育”等于“幼儿教育”，“幼儿教育”等于“学前教育”，这是学前教育的“是”还是“不是”？看来，“是”与“不是”是个问题。稍早对“学前教育”概念提出质疑的学者是陈桂生。他认为：“‘学前教育’，如果循名责实，它其实是一个不甚确切的名目。”[③] 接着有人发出了“学前教育还是‘教育’吗”的呐

① 笔者在这里暂时无法考察学界最早使用“学前教育”一词的时间，但是从“幼儿教育”到“学前教育”的这一转变实为学前教育研究或学前教育学科史不可回避的一个重要理论问题。不过，我们可以从某些专有名词的变化中看出一些端倪。1987 年，《学前教育研究》创刊；1989 年我国出版了第一本高等师范院校《学前教育学》教材，参见黄人颂主编：《学前教育学》，人民教育出版社 1989 年版；1992 年经民政部批准，中国教育学会幼儿教育研究会更名为中国学前教育研究会；“北京师范大学学前教育专业是新中国成立最早的学前教育专业之一，其前身是北京师范大学家政系，1949 年 5 月 6 日北京师范大学家政系改名为保育系，在 1952 年我国高等院校调整期间，保育系被并入教育系，改名为学前教育专业”。参见中国学前教育研究会编：《百年中国幼教（1993—2003）》，教育科学出版社 2003 年版，第 100–101 页。笔者对该段文字的部分叙述表示怀疑，不过事实真相尚待考证。这种怀疑来自这样的表述，“（南京师范大学学前教育系，笔者加）80 年代初开始招收学前教育硕士研究生。90 年代初，经国务院学位办批准学前教育系又成为我国第一个具有幼儿教育学博士学位授予权的机构”。参见，同上书，第 103 页。1997 年，教育部颁布的《授予博士、硕士学位和培养研究生的学科、专业目录》中将“幼儿教育学”改为“学前教育学”；1998 年，教育部颁布的《普通高等学校本科专业目录》中将“幼儿教育”专业改为“学前教育”专业。

② 高等教育数字局：《看看各省有多少所幼儿师范高等专科学校?》，2022 年 3 月 12 日，见 https://baijiahao.baidu.com/s?id=1716935926846411995&wfr=spider&for=pc。

③ 陈桂生：《“学前教育”辨析》，《学前教育研究》2002 年第 6 期。

喊[①]。近来,有人撰文指出,“学前教育”实为“幼儿教育”。[②]针对此文的观点另有论者指出,“学前教育”与“幼儿教育”不同。[③]从上可以看出,实践中出现的乱象本质来源于认识上的混乱不清。统观上面的观点的主要分歧在于如何理解“学前”与“教育”?关键又在后者,因为对“教育”的不同理解将对思考幼儿教育小学化、幼儿教育义务化和如何摆正家庭教育与公共教育的关系等重大问题产生影响。在学界,“学前教育”指从初生到学龄前儿童的教育已成为多数人的共识,“幼儿教育”指三至六岁儿童的教育也同样如此。因此,不能将“学前教育”等同于“幼儿教育”,二者之间呈现包含与被包含关系。实践中误将二者互相等同只能解释为实践脱离了理论。其实,与学前教育混用的概念还有早期教育。[④]影响对学前教育、早期教育、幼儿教育的理解还关涉学校教育的内涵,从提取公因式的方法出发,这四个概念内涵“教育”。对这四个概念的判断与认知根源上都是来自对“教育”的不同理解。

几乎每本教育学著作或教育基本理论研究中都会涉猎对教育概念的理解问题。曾有爱好者对古今中外不同的教育定义统计不下百种。通常认为,狭义的教育就是学校教育,广义的教育包括学校教育、社会教育和家庭教育,如“广义的教育是泛指一切增进人们知识、技能、身体健康以及形成或改变人们思想意识的活动。狭义的教育是指社会通过学校对受教育者的身心所施加的一种有目的、有计划、有组织的影响,以使受教育者发生预期变化的活动”。[⑤]就此而言,“有目的、有计划、有组织”是区分广义教育概念和狭义教育概念的逻辑依据。事实上在学校提供的教育中,包含着大量无自觉目的、无计划或无组织的影响,譬如学校中非正式的人际关系和教师个人教学风格。

① 参见王海英:《学前教育还是教育吗?——从深圳的公办园转企说开去》,《学前教育研究》2007年第1期。

② 参见荣司平:《“学前教育”实为“幼儿教育”》,《中国社会科学报》2012年7月30日。

③ 参见杜成宪:《“学前教育”与“幼儿教育”不同》,《中国社会科学报》2012年8月22日。

④ 参见张利洪:《学前教育:概念的混用与澄清》,《陕西学前师范学院学报》2018年第2期。

⑤ 南京师范大学《教育学》编写组:《教育学》,人民教育出版社1984年版,第1页。

“有目的、有计划、有组织”的实施主体是教育者。可是在教育实践活动中，教育者的“目的”必须转化成学习者主体才能实现。狭义教育最本质的规定性在于，以承认他者（教育者）为前提，“外在地加诸‘自我’的活动”[①]。这种教育实乃“他人教育”[②]。真正的教育不是他人教育，而是自我教育。[③]自我教育也可称为学习或自学。自我教育与他人教育的关系就如我国的“太极图”所表示的阳往阴来、辐辏轮转的辩证发展。陈桂生经由古今中外的相关文献分析得出，不管是狭义的教育，还是广义的教育，其本义都是道德人格之完善，转义为个性的完善和社会性人格的完善。[④]

借用彼得斯通过“结果—过程”分析教育概念的启发[⑤]，本文采用“结果—主体”的方式分析教育概念。在彼得斯和陈桂生关于教育的定义基础上，教育的结果就是受过教育、人格完善的人。教育的主体是受教育者和他教育者，且受教育者本人为第一教育主体，他教育者为第二教育主体，因为所有外在的教育主体教授的内容最终都须通过受教育者本人才能完成。无此，没有第二条路径。因此，本文对教育的理解是，通过教育者的引导，学习者和教育者共同作用于学习者的成长和人格完善的实践活动。由于之前学前教育的定义深受教育（特别是学校教育）传统定义的影响，让其背负了诸多不应有的负担。

狭义上的学校教育就是正式地进行系统知识学习的教育，如果按照这种内涵去理解学前教育就一定导致对其特殊性的消解，以及学前教育存在合理性危机的出现，在幼儿教育阶段，知识取向和小学化倾向将是难以避免的问

---

① 项贤明：《泛教育论——广义教育学的初步探索》，山西教育出版社 2004 年版，第 126 页。

② 参见张晓静：《自我教育——当代学校教育的主题》，《教育研究》1994 年第 10 期。

③ 参见[苏]苏霍姆林斯基：《给教师的建议》，杜殿坤编译，教育科学出版社 1984 年版，第 341 页。

④ 参见陈桂生：《普通教育学纲要》，华东师范大学出版社 2009 年版，第 7-11 页。

⑤ 参见初萌：《什么是教育 —— 分析教育哲学家彼得斯的观点及评述》，《中国人民大学教育学刊》2013 年第 4 期。

题。学前、学龄前就是上学之前,就是小学之前(pre-primary education)。[①] 小学教育属于正规教育,学前教育属于非正规教育;小学教育又属于义务教育,在我国现行法律体系下,义务教育具有在校性、强制性和统一性。如果意识到这些特征,学前教育就是学前教育,而不会是幼儿教育,更加不能将幼儿教育义务化。学前教育之所以称其为学前教育,实际上关涉三个问题:儿童何时开始入学为宜;儿童从几岁起入早期儿童机构为宜;儿童从几岁起入以教育为主的儿童机构为宜。对于这些问题的不同回答就将决定着家庭教育与幼儿园教育的关系定位。本研究所指的学前教育是指从受精卵形成八周后的胎儿至入小学教育的儿童以游戏为基本方式直接感知、实际操作和亲身体验获得经验的活动,包括学前家庭教育、学前社会教育和学前制度化教育。[②] 从时间的维度来看,分为胎儿教育(八周后至满 1 周岁)、婴儿教育(1—3 岁)和幼儿教育(4—6、7 岁)三个时期。这种划分是以人类学和生理学的知识为基础。

1. 直立行走带给人类特有的"子宫外时期"

直立行走不仅标志着"裸猿"从猿到人的转变,而且在很大程度上影响了婴儿的早期生活。与一般动物相比,人类存在十余年的儿童期,在动物界中唯独人类才有这种现象。大多数种类的哺乳动物,包括猿类在内,都是从婴儿期几乎直接进入成年期。在人类童年期中,第一年是一个非常特殊的时期,因为所有的人类都是早产儿。正如所言,"与其他哺乳动物相比,人必须在子宫中度过很长的时间,人'提早'一年来到世界上,以致人不得不有'子宫外时期'"。[③] 为何人类会存在一个这样的时期?这与人类进化脱离于一般哺乳动物存在密切关联。人类经过几百万年的进化后异于动物的标志之一就

① 《国际教育标准分类》[Revision of the International Standard Classification of Education(ISCED)],见联合国教科文组织官网。

② 张利洪:《学前教育:概念的混用与澄清》,《陕西学前师范学院学报》2018 年第 2 期。

③ [德]蓝德曼:《哲学人类学》,彭富春译,工人出版社 1988 年版,第 221 页。

是直立行走。直立行走后的人类生产产生了复杂的变化,其中人类胎儿若想顺产的话,必须综合平衡万有引力的作用、胎儿头部的重量和产妇骨盆的大小等因素。人类从四足行走到直立行走,地球对妊娠期妇女的引力大小不会发生改变。但是当人类直立行走之后,孕妇腹部和产道从与地面平行到与地面垂直,随着胎儿体重的一天天增加,这使得孕妇腹部和产道在抗拒地球引力时变得愈来愈难,这进而影响到婴儿生产时头部的重量。这一变化对于一个仅活几十年的生命体来说也许不算什么,但是对于人类演进达百万余年的时期来说,任何细微的变化都可能在长期的进化过程中产生巨变,正如北美一只蝴蝶扇起的微风到了中国就能变成飓风。在产妇骨盆大小进化有限和万有引力不变的情况下,胎儿头部的大小就成为决定性的因素。“根据与其他灵长类的比较所进行的一项简单的计算显示,平均脑量为 1350 毫升的智人的妊娠期应该是 21 个月,而不是实际经历的 9 个月。”① 据人类学家的研究成果表明,人类胎儿出生时脑重占成人脑重的 1/3,灵长类动物胎儿出生时脑重占成人脑重的 1/2,一般哺乳类动物胎儿出生时脑重占成人脑重的 70%。“在脑子于生命的早期生长到成年的大小这个问题上,人与猿是相似的;于是,如果人像猿一样必须把脑量加倍,则人类新生儿的脑量必须有 675 毫升……但是骨盆开口的增大是有限度的,有效的两足行走的工程学的需要设定了这个限度。当新生儿的脑量为其现在的数值——385 毫升时,便达到了这个限度。”② 因此,0—1 岁就是人类婴儿最柔弱、最无助的“子宫外时期”。这个时期也是婴儿不能自己移动、前语言和自我意识萌芽时期。

2. 1—3 岁阶段的生理基础

1—3 岁阶段指的是儿童出生后的第 2 年和第 3 年,有人把这个时期叫

① [英]理查德・利基:《人类的起源》,吴汝康、吴新智、林圣龙译,上海科学技术出版社 1997 年版,第 37 页。

② [英]理查德・利基:《人类的起源》,吴汝康、吴新智、林圣龙译,上海科学技术出版社 1997 年版,第 38 页。

幼儿期,有人叫幼儿前期,为了避免名称的模棱两可带来的不确定性,本研究直接用时间范畴来指称。[①] 经历了最脆弱的 infant(本意就是不能说话)时期后,满 1 岁的孩子开始独立行走和说话,这两项变化意味着婴儿开始了自己独立探索世界和认识世界的过程。这对于儿童来说是革命性的变化,因为他们开始逐步摆脱成人的控制。这种变化是建立在相应的生理和心理发展水平之上的。生理方面的变化主要体现在大脑、牙齿等方面。婴儿刚出生时的脑重仅占成年时期的 1/3 左右。到第一年末时婴儿脑重达到 800—900 克,接近成人脑重的 60%。到第二年末时婴儿脑重增加到 1150 克左右,接近成人脑重的 70%。3 岁时婴儿脑重已接近成年人的脑重范围。[②] 此时的儿童大脑神经系统经历髓鞘化过程,20 颗乳牙已经出齐,动作的稳定性、协调性有待发展。

3. 4—6、7 岁阶段的生理基础

4—6、7 岁是儿童正式进入学校以前的一个时期,所以叫学前期。又因为这是儿童进入幼儿园时期,所以又叫幼儿期。[③]7 岁儿童的脑重达到了 1300 克左右,基本上接近成人的脑重,神经纤维继续增长,髓鞘化基本完成,第二信号系统获得进一步发展。这一切都使得幼儿做好了进入幼儿园的生理准备。如果此定义比较合理的话,那么它将有效地区分学前教育(pre-primary education)和学校教育(school education)的关系。首先,学校是一个以间接经验为主的系统性知识进行学习的场所,幼儿园则完全相反;其次,学校的知识学习是以非游戏方式为主,而幼儿园的学习是以游戏方式为主。所以,将学前教育译成 pre-school education 就有误导人的取向,而译成 pre-primary education、early childhood education、education of young children、care and

① 参见人民教育出版社幼儿教育室编:《幼儿卫生学》(第 2 版),人民教育出版社 2002 年版,第 31 页。

② 参见庞丽娟等:《婴儿心理学》,浙江教育出版社 1993 年版,第 67 页。

③ 参见朱智贤:《儿童心理学》(第 4 版),人民教育出版社 2003 年版,第 184 页。

education of young children 都可行，但是从简洁性来说 pre-primary education 当为上乘。

对此定义需要说明的是，对于儿童时段的划分是有争议的。争论的焦点主要有二：一是分期名称的表达形式问题，二是每个名称之后的时间所指范围。比如在一本较有影响的心理学书中，用"乳儿""婴儿"和"学前儿童"分别指称 0 至 1 岁的儿童、从 1 至 3 岁的儿童和从三岁到六七岁的儿童。[①] 在一本教育史教材中，同一个称谓"婴儿期"在一处指"1 至 6 岁"，到了另外一个地方又指"出生后的两年"。[②] 其实，只要读者稍加留意就会发现，这些状况不在少数。对于这个问题，笔者只能依照更为流行的用法作出上面的表达。在明晰了学前教育的内涵之后，下面主要从理论基础和现实发展中探寻其存在的各种论据。

（二）学前教育存在的理论依据

1. 古代先贤对教育阶段的划分

在西方古代先贤中对教育阶段划分作过直接论述并富有代表性与深远影响的，首推柏拉图与亚里士多德。在《理想国》一书中，柏拉图认为：儿童从出生到 6 岁就应接受教育，主要方式是游戏，这是第一阶段的教育。从游戏中看出儿童天性的差异，并训练他们遵守秩序。在他看来："儿童游戏同政法的稳定与否是很有关系的。因为如果给儿童安排同样的游戏，采用同样的游戏方式，使其爱好相同的玩具，那么邦国的庄严的制度就会稳固并且保持下

---

① 参见朱智贤：《儿童心理学》（第 4 版），人民教育出版社 2003 年版，第 112、141、184 页。

② 参见吴式颖主编：《外国教育史教程缩编本》，人民教育出版社 2003 年版，第 154、202 页。与汉语世界对于儿童分期比较模糊的情况来看，英文的表达较为精准。例如，用"embryo"指称人类从受孕到生长八周大的胎儿；"fetus"指称人类从受孕后第八个周到出生时的胎儿；用"neonate"尤指出生不满四周的新生儿；用"infant"指处于生命早期阶段不满周岁的婴儿，本义指不会说话；用"toddler"指一岁到两岁半之间的学步儿等。当然这里呈现的都是这些词汇的基本含义，在实际的使用过程中也另有所指。另外，在英文表述婴儿大小时常常使用多少月份来计算，由于婴儿各项发展都是日新月异，所以这样更为统一和方便。

去,不致被破坏。"[①] 正式学习阶段是 7—17 岁,儿童进入初等学校接受初级课程。在教学内容上,柏拉图接受了雅典以体操锻炼身体,以音乐陶冶心灵的和谐发展的教育思想,为儿童安排了简单的读、写、算、唱歌,同时还十分重视体操等体育训练项目。17—20 岁的青年升入国立的"埃弗比"接受军事教育,并结合军事需要学习文化科目,主要有算术、几何、天文、音乐。20—30 岁,经过严格挑选,进行 10 年科学教育,着重发展青年的思维能力,继续学习"四科",懂得自然科学间的联系。30 岁以后,经过进一步挑选,学习 5 年,主要研究哲学等。至此,柏拉图形成了相对完整的金字塔形教育体系。柏拉图对教育阶段的划分是与他的人性论、政治观及教育观紧密相连的。在柏拉图那里,对教育阶段的划分标准是基于人先天存在的差异特质使其可能承担的社会角色而定。

与柏拉图不同的是,亚里士多德主要是以个体发展的特点与需要来划分教育阶段。他认为人以七年为人生一期,从婴儿出生后到 7 岁为人生第一期,这一期主要是通过做游戏、听故事的方式让孩子的身体得到充分的成长和发育。第二个七年是长身体和学习各种基本知识并重的阶段。第三个七年是发展的高级阶段,以发展纯理性和道德为目标。亚里士多德的阶段论最大的价值在于他注意了人本身的发展阶段特点。正如所言,"有两个原则必须记住:一个是什么是可能的;另一个是什么是适当的……但是这两点跟人的年龄有关系"。[②] 这一点对西方近代教育学制确立产生了深刻的影响。

在我国古代先哲中,孔子以自己"吾十有五而志于学,三十而立,四十而不惑,五十而知天命,六十而耳顺,七十而从心所欲,不逾矩"[③] 的感悟而道出人生的分期。这种对个人生命史的提炼,虽然深刻,但是拿来作为普遍的个

---

① 华东师范大学教育系、杭州大学教育系合编:《西方古代教育论著选》,人民教育出版社 1985 年版,第 78 页。

② 华东师范大学教育系、杭州大学教育系合编:《西方古代教育论著选》,人民教育出版社 1985 年版,第 120 页。

③ 杨伯峻:《论语译注》(第 3 版),中华书局 2009 年版,第 12 页。

体分期的标准还是欠妥。我国最早系统论述教育的《学记》里面也有关于教育分期的相似描述。“比年入学，中年考校：一年视离经辨志，三年视敬业乐群，五年视博习亲师，七年视论学取友，谓之小成。九年知类通达，强立而不反，谓之大成。”[①]从这里可以看出，《学记》的记载是以受教者接受的教育内容与目标来划分的，这与柏拉图的标准较为接近。然而历史证明，这种偏离人本身的标准是不足取的。

2. 近代教育家对教育阶段的划分

捷克教育家夸美纽斯是近代第一个对这一问题作出回答的有影响的人物。在《大教学论》中，他明确地把教育时间分成四个阶段，即婴儿期、儿童期、少年期和青年期，每期为六年，其分别对应的学校叫母育学校、国语学校、拉丁语学校和大学与旅行。[②]第一阶段的教育在家庭进行，第二阶段的教育以学习母语为主，第三阶段的教育重点在于发展智力，第四阶段主旨在培养人的意志力。夸美纽斯的这一分类已经涉及人的心理能力的生长次序问题。法国思想家、启蒙运动的开拓者卢梭在《爱弥儿》中以他独有的风格阐明了对人生阶段及教育的观点。他也把教育分为四个阶段，即婴儿期的教育（出生后的两年），以身体的养育、自然而健康成长为唯一的教育目标；儿童期的教育（2至12岁），属感性教育阶段；青年期的教育（12至15岁），主要任务是发展理智；青春期的教育（15至20岁），培育情感和意志。福禄培尔把人的教育的年龄范围划分为幼儿期和少年期两个大的发展阶段，幼儿期分为婴儿期和幼儿期两个阶段，少年期分为少年早期和少年后期，少年早期主要指学前

---

① 高时良：《学记研究》，人民教育出版社2006年版，第81页。这段话的译意：学生到了规定的年龄进入大学，国家每隔一年考查他们学业及操行成绩一次：第一年考查学生析句分段的能力和学习的志向；第三年考查学生是否专心学习和与周围的人是否和睦相处；第五年考查学生学识是否广博，同老师是否亲密无间；第七年考查学生研究学问的本领和识别朋友的能力。符合标准的就叫作“小成”。另九年，做到认识事物触类旁通，闻一知十，和政治上成熟，意志坚定不移。符合标准的就叫作“大成”。出处同上，第87页。

② 参见［捷］夸美纽斯：《大教学论》，傅仁敢译，教育科学出版社1999年版，第204页。

期。[①]1840年把儿童教育机构命名为“德国幼儿园”，标志着世界上第一所幼儿园的诞生。福禄培尔的教育思想具有浓厚的神秘主义色彩，其关于年龄分期界分不清，降低了其指导性。

3. 现代心理学家对人的研究也为划分学制提供了理论支撑

现代心理学自创建以来，对人的心理的研究取得了累累硕果，呈现出多支多面的局面，归纳起来主要分为两类。第一类是从整体上研究人生的阶段发展问题。其中以精神分析学派的创始人弗洛伊德(S.Freud)为代表。他按“动欲区”的变化，把人从出生到性成熟分为五个阶段：1. 口唇阶段(第1年)；2. 肛门阶段(第2年)；3. 男性生殖器崇拜阶段(3—5年)；4. 潜伏期(6—12年)；5. 生殖阶段(12岁到青春期结束)。[②]弗洛伊德以人的性机能发展状态和表现方式为标志划分人生阶段，并特别强调5岁以前的童年期对人一生发展的重要性，并且这个过程是不可逆的。第二类是对人的心理某一方面发展做深入的探讨，如皮亚杰的认知发展理论、科尔伯格的道德判断“三水平六阶段”理论等。

集合古代先贤、近代教育家、心理学家对人的研究，学前教育作为一个独立的学段已经获得了足够的理论支撑。但如果仅仅有理论上的充分阐发和论证，而离开了社会的发展的实际和专业分工的需要，这一切也难以变成实在的制度模式。

(三)学前教育制度的发展

学前教育可分为家庭作坊式教育和公共化教育。在人类文明发展的长河中，家庭作坊式教育占据了绝大多数的时间，公共化教育是人类进入工业化大生产后，劳动技术的提高和劳动分工精细化的产物。这可以从历史曾经使用的教育(pedagogy)一词的本义中看出，即“关于儿童的学问”，这个本义

① [德]福禄培尔:《人的教育》(第2版)，孙祖复译，人民教育出版社2001年版，第21–27页。

② 参见[美]赫根汉:《人格心理学导论》，何瑾、冯增俊译，海南人民出版社1986年版，第36–41页。

就是教育的原初意思。此意思在“班级授课制”的学校教育出现之后产生了巨大的变化，这种变化在以系统性的正式学习为主的阶段存在很大的合理性，然而若用这种合理性去取代或者消减原初的学前教育就产生了学前教育与初等教育的张力。这种替代或消减有时使得我们忘记了本色的学前教育的重心在家庭，而不在公共教育机构。只要我们回顾一下历史便能证明这一观点。[①]

从学前教育的定义、理论基础和当今多数国家的学制安排中可以看出，作为独立学段的学前教育有其存在的合理性，然而这种合理性的实现并不是自然而然的，而是需要我们“视其所是”，“勿作其非”。

二、学前儿童受教育权与教育权

学前儿童受教育权是受教育权的一个组成部分，它具备受教育权的一般属性和特征。因此，讨论受教育权与教育权的关系就可以回答学前儿童受教育权与教育权的关系。

从权利与权力的关系看受教育权与教育权的关系大致有如下区别：(1)实施主体不同。受教育权利的主体即受教育者，教育权的主体即具有人格意义上的自然人或法人。(2)实施的客体不同。受教育权的客体是受教育者接受教育行为，教育权的客体是教育者提供给受教育者作为教育影响的内容和手段，以及保障受教育行为的完成的其他条件。(3)指向对象的确定程度不同。受教育权的指向对象是不定的，但是教育权的指向对象是特定的。(4)法律对受教育权和教育权的要求不同。除了义务教育阶段的受教育权外，受教育权是可以让渡和选择的。教育权是不可让渡的。从权利与权力的关系看受教育权与教育权只能看到二者与其他权利类型的共性，而看不到受教育权与教育权所具有的特殊性。因此，下面从教育过程看受教育权与教育权的关系。

---

① 参见杨晓萍、李静主编：《学前教育学》，西南师范大学出版社 2011 年版，第 7–11 页。

就教育活动的发生说，教育对象是教育活动发生的前提，没有作为教育对象的受教育者的存在，整个教育过程就是“无源之水”。正是因为教育对象的存在，教育者才有了用“文”之地。正如陈桂生先生所指出：“就教育的发生来说，教育者不过是一种‘工具’，受教育者应是教育的主人。这种比喻虽有失礼貌，但就教育关系而不是社会身份关系来说，情况正是如此；然而，现实的教育过程却常常表现为教育者是教育过程的主宰，而受教育者反而成为教育者的‘工具’。尽管如此，近代以来教育变化的趋势，却是把这种颠倒了的关系颠倒过来。”[①] 在教育过程中，教育者的主导地位体现在教育内容（教育资料）的选择和供给。在教学过程中，教育者和受教育者的关系是一个动态的过程，因此任何孤立地讨论谁居于主导地位、起何作用都是机械的。在教学过程中，调动学生主动性乃是衡量教学活动成功与否的关键，就此而言，可以说教师居于主导地位。但是，当我们把教育理解为个体社会化和社会个体化的双向互动过程时，教育活动获至的结果既可能是他者的影响，同时也可能是主体自我教育的作用。这种状况的存在导致师生之间由静态的“师教生学”关系转变为动态的“共生互学”关系。[②]

从教育过程中教学内容的安排和师生关系的互动中可以得出这样的结论，“受教育权是更基本的概念，是逻辑在先的概念。……其原因是：第一，受教育权是教育权的根由和来源。第二，受教育权是教育权的意义和目的。第三，受教育权是教育权的前提和中心内容”。[③] 除此之外，由学生在学习过程中他者和自己的双因素以及“共生互学”关系还可以推出另外一个观点，学生既拥有受教育权，又拥有教育权。这个观点使得我们需要修正受教育权和教育权拥有各自不同主体的假设。

---

① 陈桂生：《教育原理》（第 2 版），华东师范大学出版社 2000 年版，第 12 页。

② 参见吴康宁：《学生仅仅是“受教育者”吗？——兼谈师生关系观的转变》，《教育研究》2003 年第 4 期。

③ 孙霄兵：《受教育权法理学：一种历史哲学的范式》，教育科学出版社 2003 年版，第 78 页。

第二章　学前儿童受教育权的基础

上文讨论了学前教育作为一个独立学段的合理性,那么学前儿童受教育权的存在有了现实的根基。但是,仅仅有现实的依据还不足以完全证明学前儿童受教育权,还应从哲学、法律上分析其认识根据和法律根基。本文从知识论和权利的来源两个方面论证学前儿童受教育权的哲学基础;从国际法、宪法和普通法三个方面论证学前儿童受教育权的法律基础。哲学流派纷繁复杂,即使是同一流派里面其各家的价值和认知都难以统一,也不能统一。哈耶克作为 20 世纪西方古典自由主义的坚决捍卫者,20 世纪西方最重要的思想家之一。他先后将从默会知识、分散的个人知识和无知论作为论证个人自由和自发秩序的哲学基础,在自发秩序的基础上解决了他的社会秩序正当性的问题。从分散的个人知识到整个社会秩序的进化和形成中间存在一个巨大的鸿沟,这个鸿沟就是社会中的人是如何"成人"的,这就是教育与人的关系。哈耶克的知识观论证的是整个社会科学的基础,因此,从这里出发,将哈耶克的知识论作为学前儿童受教育权的基础实是可靠的起点。

第一节　学前儿童受教育权的哲学基础

哈耶克知识论的出现是在其研究领域从经济学扩展到整个社会科学转

变的过程中逐步确立的,其间充分地学习和借鉴了波兰尼的默会知识观,因此,讨论哈耶克的知识论不能不先谈波兰尼的默会知识观。

一、哈耶克的知识论基础

(一)波兰尼的默会知识

根据不同的划分标准可以把知识分成多种类型。按照人类对不同领域的认识结果可以把知识分成自然知识、社会知识和人文知识等(根据科学主义的取向也叫作自然科学知识、社会科学知识和人文科学知识),这一分类广泛地在大学系科设置、图书分类等知识制度中使用。这是早已有之的事情。到了20世纪50年代,英国科学哲学家卡文·波兰尼(Karl Polanyi)在批判笛卡尔开创的实证主义传统知识观时,根据是否可以通过语言符号的方式加以表达这一角度把知识分为"显性知识"(explicit knowledge)与"缄默知识"(tacit knowledge,也译作"默会知识")。[①] 由波兰尼开创的缄默知识给哲学、经济学、史学、教育学和心理学等学科发展和研究带来了巨大的影响。他在1958年《人的研究》一书中明确指出:"人类有两种知识。通常所说的知识是用书面文字或地图、数学公式来表达的,这只是知识的一种形式。还有一种知识是不能系统表述的,例如我们有关自己行为的某种知识。如果我们将前一种知

① "tacit knowledge"的译法可有多种,石中英将其译成"缄默知识",而邓正来将其译成"默会知识"。前者的理由是,"尽管从词义上说,'tacit knowledge'既可以译为'隐性知识''不可言说的知识',也可以译为'缄默知识',而且译为'隐性知识'可能更为准确。但是,考虑到这种知识在强调客观性、普遍性和价值中立性标准的现代知识型中根本被剥夺了'知识'的权利,是一种长期以来不被承认也不敢声张知识权利的知识,因此觉得'缄默知识'的译法反映出这种知识被压迫的历史命运,同时也能够传达出这种知识渴望重新获得知识权力的冲动,是一种比较传神的译法"。参见石中英:《知识转型与教育改革》,教育科学出版社2001年版,第258页注释1。必须承认,将"tacit knowledge"译为"缄默知识"和"默会知识"都达到了翻译的"三字"标准(信、达、雅)。如果硬要从二者译法中再二选一的话,笔者觉得,"默会知识"是更好的选择,因为"默会"既可以表达"缄默",又可以呈现"体会",而"体会"概括了一句习语"只可意会,不可言传"的内涵,这有利于读者通过母语就能准确地理解异域的学术思想。

识称为显性知识的话,那么我们就可以将后一种知识称为缄默知识。"[①] 自波兰尼提出缄默知识的概念之后,关于缄默知识究竟具有什么样的内涵一直存有分歧。在挪威哲学家格里门(H.Grimen)看来,这个概念至少有四种不同的理解:第一种理解被称为"有意识的欠表达论";第二种理解被称为"格式塔式的默会知识论";第三种理解被称为"认识的局域主义论";第四种理解被称为"强的默会知识论"。[②] 按照这种理解,格里门就把前面三种理解称为较弱的主张。在波兰尼和格里门的阐释中都出现了"表达"(articulation)字样,那么该词汇在二人的表述中是否"表达"一样的意思?正如郁振华的分析所言,"对波兰尼来说,articulation 这个词就等于'语言表达',而在格里门那里,articulation 不仅包括了语言的表达,也包括了非语言的表达。因此,笔者将格里门的 articulation 译为'表达',而将波兰尼的 articulation 译为'语言表达'"。[③] 郁振华进而分析得出,在波兰尼那里,默会知识这个概念有两种不同的含义,一是指由动物的非言述的智力发展而来的人的认识能力、认识机能,另一个是指在默会认识的动态结构中人们对辅助项的认识。前者原则上是非语言所能穷尽的,后者原则上则是能用语言来表达的。所以,波兰尼既主张强的默会知识论,也主张格式塔式的默会知识论。

波兰尼把第一类知识称作明确知识,把第二类知识称作默会知识。在完全明确知识占主导地位的情况下,人们所理解的知识,通常是指用语言符号来表达的知识。然而,默会知识却不采取语言的表达形式,它是我们在行动中所拥有的关于某事物的知识。默会知识不仅在日常生活中存在,而且在非常理性化的科学研究中也存在。波兰尼指出,在科学活动中,科学家们总是要使用许多的概念,总是要做出许多的预设,甚至要在科学活动中怀着某种信念。没有这些概念、预设或信念,科学活动根本就不能进行。但是,有趣的是,科学家

① 转引自石中英:《知识转型与教育改革》,教育科学出版社 2001 年版,第 223 页。
② 参见郁振华:《从表达问题看默会知识》,《哲学研究》2003 年第 5 期。
③ 郁振华:《从表达问题看默会知识》,《哲学研究》2003 年第 5 期。

们对于这些东西也并没有非常清晰的了解,而且当他们试图去系统陈述它们的时候,它们又是显得那样地令人难以置信。波兰尼由此指出,当科学家们接受了一套科学的概念、预设或信念并将这些作为自己科学活动的解释性框架时,他们可以说就生活于它们之中,就像他们生活于他们自己的身体之中一样。它们是科学活动终极的框架,所以既不能被肯定也不能被否定,因为无论肯定还是否定都必须在另外一个确定的框架内进行。因此,在知识的系谱中,默会知识与显性知识一样大量存在,并且它们担负着更大的使命与作用。用他自己的话说,即"我们所认识的多于我们所能告诉的"。[①]"即使我们承认,宇宙的精确知识确实是我们最重要的精神财富,我们甚至可以说,人们最杰出的思想行为在于产生这种知识。人类心灵最伟大的状态就是将迄今为止未标明的区域纳入到它的控制之下。这种行为更新着既有的显性知识框架,因此,它们不可能在既有的(显性知识)框架中进行。……只有通过运用与老鼠在学习走迷宫过程中所使用的同样的缄默力量,才有可能发现基本的新知识。"[②]应该说,波兰尼对显性知识与缄默知识的经典区分与论述,基本上还是处于哲学论述的阶段,是为着构建一种新的知识理论——"个人知识"理论服务的。

(二)哈耶克的个人知识

哈耶克利用自生自发秩序等概念构建了一个宏大的社会理论体系,而建立这个体系的理据就是其知识论基础。这些基础概念包括"分立的个人知识""知道如何"的默会知识和"无知"(邓正来语)。[③] 三个概念分别对应于哈

① Polanyi, M.The Tacit Dimension, Routledge& Kegan Paul, c1966, p55.

② 转引自石中英:《知识转型与教育改革》,教育科学出版社 2001 年版,第 227 页。

③ 要理解哈耶克的知识论观点,了解他心中的"知识"究竟是什么无疑是个基础性的问题,然而极少见到哈耶克直接对"知识"作出界定。哈耶克仅在一处对"知识"进行了说明。他说:"显而易见,在我通常使用'知识'(knowledge)这个术语的场合,改用'信息'(information)这个术语也往往会更可取一些,因为'信息'这个术语所明确指称的就是有关特定事实的知识(the knowledge of particular facts),而不是人们所认为的明确'知识'(plain knowledge)所指涉的那种理论知识。"参见[英]哈耶克:《法律立法与自由》(第 3 卷),邓正来等译,中国大百科全书出版社 2000 年版,第 263 页。

耶克不同时期的思想重心。事实上,哈耶克本人极少对知识观进行系统的论述,加之本身的复杂性和时间跨度很大,因此要准确地理解并清晰地阐明这个问题并不是易事。

哈耶克的“分立的个人知识”是在20世纪30年代针对社会主义计划计算论战中提出的,集中在《经济学和知识》《社会科学的事实》和《知识在社会中的利用》等论文中。尤其是第一篇论文的发表,可以说是哈耶克学术生涯中的一个重要转折点,因为他由此建构了“分立的个人知识”概念。在该文中哈耶克指出,“这里显然存在着一个知识分工的问题,它与劳动分工问题非常相似,起码具有同等的重要性。但是,自从我们的科学诞生以来,后者就是研究的主要课题之一,而前者则完全被忽略。尽管在我看来这个问题实际上是作为社会科学的经济学的中心问题。我们妄图解决的问题是,每个仅拥有一点知识的许多人自发的相互活动,怎样导致了价格与成本相一致的状态,等等”。[①] 哈耶克经由“分立的个人知识”概念的引入标志着其研究的对象从经济学领域扩大到整个社会科学领域。哈耶克以“知识种类”的存在为前提区分了个人知识与理论知识(或科学知识)的界分及其关系。个人知识强调的是特定时空下的情景知识,而哈耶克所谓的理论知识就是我们通常理解意义上的知识观。在哈耶克的知识系谱中,人之行动往往立基于其无意识拥有的观念或以默会方式拥有的知识,因此个人知识优先于理论知识。正如其本人明确指出:“是那些更可能为特定个人所支配的知识重要呢?还是那些我们认为更为被经适当挑选的专家所组成的权威机构所掌握的知识重要?如果当前人们广泛地认为后者更为重要,那只是因为一种叫科学知识的知识在公众的想象中占据了至高无上的地位,以致我们几乎忘了这种知识并非绝无仅有。”[②]“今天,谁要是认为科学知识不是全部知识的概括,简直就是异端邪说。但是稍加思索就会知道,当然还存在许多非常重要但未组织起来的知识,即

① [英]哈耶克:《个人主义与经济秩序》,贾湛等译,北京经济学院出版社1989年版,第48页。
② [英]哈耶克:《个人主义与经济秩序》,贾湛等译,北京经济学院出版社1989年版,第76页。

有关特定时间和地点的知识,它们在一般意义上甚至不可能称为科学的知识。但正是在这方面,每个人实际上对所有其他人来说都具有某种优势,因为每个人都掌握可以利用的独一无二的信息,而基于这种信息的决策,只有由每个个人作出,或由他积极参与作出,这种信息才能被利用。"[①]

哈耶克"分立的个人知识"具有一定的限度,1952 年他在理论心理学专著《感觉秩序》(*Sensory Order*)中,第一次意识到了吉尔伯特·赖尔关于"知道如何"(knowing how)的知识与"知道那个"(knowing that)的知识在性质上的区别以及这种区别所具有的重要意义。1960 年发表《自由秩序原理》一书时才论及波兰尼的"默会知识"观。由于上文已经讨论了默会知识的基本观点,尽管哈耶克的默会知识观不是完全同于波兰尼等人的知识观,无疑这对于我们帮助理解后面将要讨论的儿童观不会造成障碍,因此,这里对哈耶克的默会知识观就不再作具体的介绍。[②] 不作介绍并不等于其本身不重要,相反,哈耶克的默会知识观在从"知"到"无知"的知识观转变中起着承上启下的作用。无知观确立的标志是在 1960 年《自由秩序原理》之后,而《自由秩序原理》也意味着哈耶克的社会理论研究达到了一个顶峰。无知观的确立为哈耶克的自由理论体系奠定了扎实的认识论基础。正如 J.Barry 对哈耶克社会理论的评论,"构成哈耶克社会哲学之全部基础的,乃是一种关于知识的理论。此一理论最为重要的特征乃是哈耶克对人之无知的强调"。[③] 哈耶克无知观相对集中地展现在《自由秩序原理》的第二章"自由文明的创造力"和《法律、立法与自由》(第一卷)的第一章"理性与进化"两个部分。哈耶克主张无知观主要是基于两个事实:一是完全知识(perfect knowledge)难以整全地解释真实的世界;二是在知识增长爆炸的时代里,由于存在知识的分工特点,处于特定时空

---

① [英]哈耶克:《个人主义与经济秩序》,贾湛等译,北京经济学院出版社 1989 年版,第 77 页。

② 参见邓正来:《知与无知的知识观》,载邓正来:《哈耶克社会理论》,复旦大学出版社 2009 年版,第 89–97 页。

③ N.Barry, Hayek's Social and Political Philosophy, London: Macmillan, 1979, p.9. 转引自邓正来:《哈耶克社会理论》,复旦大学出版社 2009 年版,第 98 页。

下的个人必然处于无知的状态。关于哈耶克的无知观,可以用哈耶克本人的一段话表述为:“我们的整个文明的基础是,而且也必定是,我们相信诸多我们不能够知道其在笛卡尔的意义上究竟是否为真的事实。据此,我们必须提请读者在阅读本书的时候要牢记这样一个事实,即每个人对于大多数决定着各个社会成员的行动的特定事实,都处于一种必然的且无从救济的无知(the necessary and irremediable ignorance)状态之中。”① 如果每个人都处于必然的无知状态之中,且作为个人的知识是分散的、不完全的、有时甚至是彼此冲突的,那么人类文明如何获得进步?一如哈氏所言,“如何能够做到人人都从此种知识中获益,便成了一个我们必须正视的大问题”。② 对于这个问题哈氏已经指出,“文明始于个人在追求其目标时能够较其本人所拥有的更多的知识,始于个人能够从其本人并不拥有的知识中获益并超越其无知的限度”。③“作为文明社会成员的人在追求个人目的方面,之所以比脱离了社会而独自生活的人更能成功,其部分原因是文明能使他们不断地从其作为个人并不拥有的知识中获益,而另一部分原因则是每一个个人对其特殊的知识的运用,本身就会对他人实现他们的目的有助益处,尽管他并不认识这些人。”④

(三)哈耶克知识论在思想史中的地位和作用

人本性善还是性恶在思想史始终占据着一席之地,长久以来,人们对于这一问题的思考与争辩从未停止,然而,其取得的结果仍然难以让人满意。我们用非此即彼的二分法看到的世界是残缺的,但搁置善恶的二分,从知识

① [英]弗里德利希·冯·哈耶克:《法律、立法与自由》,邓正来译,中国大百科全书出版社2000年版,第8页。

② [英]弗里德利希·冯·哈耶克:《自由秩序原理》,邓正来译,生活·读书·新知三联书店1997年版,第22页。

③ [英]弗里德利希·冯·哈耶克:《自由秩序原理》,邓正来译,生活·读书·新知三联书店1997年版,第19页。

④ [英]弗里德利希·冯·哈耶克:《自由秩序原理》,邓正来译,生活·读书·新知三联书店1997年版,第19页。

论的视角也许会生发出另外的世界。关于知识论在思想史具有什么样的地位和作用,用作者的原话是最好的表达:“正是形形色色的至善论,不时摧毁着各种社会业已获致的各种程度的成就。如果我们多设定一些有限定的目标、多一分耐心、多一点谦恭,那么我们事实上便能够进步得更快且事半功倍;如果我们‘自以为是地坚信我们这一代人具有超越一切的智慧及洞察力,并以此为傲’,那么我们就会反其道而行之,事倍功半。”[①] 哈耶克为何能够在社会学、政治哲学、经济学、法学和心理学等领域都取得斐然的成就,这与哈氏放弃善恶论的纷争,建立以“知”与“无知”为基础的方法论个人主义是密不可分的。哈氏的知识论基础服务于他的整个哲学和社会科学研究,隶属于社会科学的学前教育学当然可以借鉴。

二、从哈耶克的知识论看儿童观

儿童观是个人观在童年阶段的投射和表现,是成人对儿童的根本看法和总体认识,因而脱离成人世界的个人观孤立地讨论儿童观可能导致片面或无力。由此,首先从个人主义与整体主义之争看现代个人观的确立。

(一)个人观

1. 个人主义的本来面目

个人主义(individualism)的英文单词由三个部分组成(即 in+dividual+ism)。从词源上看,individual 源于拉丁词 individualis 以及 individuus,这两个词都包含不可分割、有特性的意思。[②] 在西方,作为一种思潮的个人主义兴起于 19 世纪。因此,卢克斯分别从 19 世纪的法国、德国、布克哈特、美国和英

① [英]弗里德利希·冯·哈耶克:《自由秩序原理》,邓正来译,生活·读书·新知三联书店 1997 年版,导论第 11 页。

② 参见[英]雷蒙·威廉斯:《关键词:文化与社会的词汇》,刘建基译,三联书店 2005 年版,第 231 页。

国等考察了语义史中的“个人主义”。[①]在此基础上,论者认为个人主义的基本观念包含了人的尊严、自主、隐私和自我发展等四个要素。[②]那么,个人主义究竟是什么? 丛日云认为,在西方,个人主义是一种政治哲学,是对个人在社会中的地位,社会共同体的性质,个人与他人、个人与社会整体之间关系的一种本体论认识。他把个人主义概括成六个基本命题,把握住了这六个命题也就把握住了个人主义的核心。这六个命题是:第一个命题,独立的个人是社会的本原和基础;第二个命题,个人是社会的终极价值;第三个命题,所有的人都是独立、自由和平等的;第四个命题,个人与他人、社会和国家之间的界限;第五个命题,个人对自己的行为负责,推己及人的利他行为,以个人为基础的公共道德;第六个命题,自制自律的人格,自组织行为,对抽象的公共权威的服从。[③]这六个命题对一个极富多元意义的术语“个人主义”来说,基本上涵盖了它的核心内容和主要命题。但是,笔者认为这六个命题的逻辑关系有些混乱,且归纳不够精练。在这六个命题基础上,笔者把个人主义的核心命题归纳为三点:第一个命题,所有的人都是独立、自由和平等的;第二个命题,个人是社会的本原和基础,社会服务于个人;第三个命题,在个人与他人、社会和国家之间存有界限,在个人与他者的交往中,个人必须为自己的行为负责。这样修正的理由是:第一,丛日云的第三个命题实际上是关于个人本体论意义上的论断,没有这个论断难以推断出其他命题,因此作为第一命题实为恰当;第二,丛日云的第一、二个命题回答的是个人与社会的关系,因此合并成一个命题更好;第三,修改后的第三个命题回答的是个人自由与社会秩序的关系,即前五、六命题的合并,因为第六个命题可以从第五个命题中推出,因此新的表述只包含了第五个命题。为了更好地理解这三个命题,回顾大师们

---

① 参见[英]卢克斯:《个人主义》,阎克文译,江苏人民出版社 2001 年版,第 1–38 页。

② 参见[英]卢克斯:《个人主义》,阎克文译,江苏人民出版社 2001 年版,第 41–67 页。

③ 丛日云主编:《西方文明讲演录(全国高等院校通识课教材)》,北京大学出版社 2011 年版,第 86–97 页。

的思想证成命题是必要的。

在洛克的自然学说基础上,美国宪法和法国人权宣言庄严地向人类宣示:人们生来是而且始终是自由平等的。这一命题在人类经历两次世界大战大屠杀之后获得全世界的认可。1948 年 12 月 10 日,联合国大会通过并颁布《世界人权宣言》中的第一条重申,“人人生而自由,在尊严和权利上一律平等。他们赋有理性和良心,并应以兄弟关系的精神相对待。”英国哲学家穆勒在《论自由》中开宗明义就介绍了本篇论文的主题,不是所谓的意志自由(即那个与被误称为‘哲学必然性’的信条不巧恰相对立的东西),而是公民自由或曰社会自由,也就是社会所能合法施加于个人的权力的性质和限度。①那么社会或国家施加于个人的权力的原则是什么?“该原则就是,人们若要干涉群体中任何个体的行动自由,无论干涉出自个人还是出自集体,其唯一正当的目的乃是保障自我不受伤害。”“在仅仅关涉他自己的那一部分,他的独立性照理来说就是绝对的。对于他自己,对于其身体和心灵,个人就是最高的主权者。”② 该原则严复称之为群己权界论。这个原则就是后来有人所说的,剥夺自由的唯一理由就是为了更好地保护更大的自由。在个人追求最大的幸福过程中,个人的自由就意味着绝对的自由吗?绝对的自由最终导向的就是绝对的缺乏自由,因此,自由本身就意味着自制和自己负责。每个个体都要为他的行动和选择负责和承担一切的后果,当且仅当是他自己遵从内在的意志而不是外界所强制下做出的行动和选择。正如哈耶克所言,“他应当只对他自己的行动负责(或对那些由他监管的人的行动负责)——而不应当对那些同样具有自由的其他人的行动承担责任”。哈氏接着指出:“欲使责任有效,责任还必须是个人的责任(individual resposibility)。在自由的社会中,不存在任何由一群体的成员共同承担的集体责任(collective responsibility),除非他们通过商议而决定他们各自或分别承担责任。……正如针对一项财产而

① [英]约翰·穆勒:《论自由》,孟凡礼译,广西师范大学出版社 2011 年版,第 1 页。

② [英]约翰·穆勒:《论自由》,孟凡礼译,广西师范大学出版社 2011 年版,第 10 页。

言，如果所有的人都有所有权，那实际上无异于没有人有所有权，因此，所有的人都有责任，也就是没有人有责任。”个人主义提供的是低度道德，这种道德是每个人作为人之为人都能信奉和践行的。但是，它在中国的传播过程中却被妖魔化。

2. 个人主义在中国

把个人主义当作一门学说引进中国当属严复翻译《群己权界论》(即现在通常叫的《论自由》)等著作开始之后，梁启超、康有为、陈独秀、李大钊、胡适等一大批当时的社会精英参与讨论和传播个人主义的学说，“五四”新文化运动是中国近代以来个人主义曾经占据上风的时期。这一时期，“新青年们”对家族制度的批判和对新型个人观的阐发，不仅仅是出于道义的批判和民族主义的激励，更是对自由主义理论资源的自觉运用。梁启超的《少年中国说》堪为其中阐发新型个人观的代表之作。在文中，梁启超指出：“少年智则国智，少年富则国富，少年强则国强，少年独立则国独立，少年自由则国自由，少年进步则国进步，少年胜于欧洲，则国胜于欧洲，少年雄于地球，则国雄于地球。”但是，后来在救亡压倒图存、保国保种胜于改良建设的局势下，提倡个人主义的个人本位观显然已经不合时宜，也无助于济世了，所以这一时期，对于现代政党来说，为了实现民族的独立和振兴，更多强调个人的义务和对个人自由的限制存有一定的历史合理性。虽然这在战争的条件下充分整合各种力量为民族的崛起服务，但是由于受传统思想文化的影响，对整体主义的本质认识不够明确，因此出现了个人利益绝对服从集体利益等绝对化的理解，使得独立自主的个性意识还没有得到充分的认可和发展的机会就在各种革命的名义和暴风骤雨式的运动中扫荡殆尽。

在群己关系上，以前长期流行的理论特别是意识型态宣传偏重于讲群众，不敢讲个人，以为一讲个人，就与个人主义、自我中心主义划不清界限。其实，这是一个相当大的误解。马克思和恩格斯从来不讳言个人，他们在《共产党宣言》中指出：“代替那存在着阶级和阶级对立的资产阶级旧社会的，将是这样一个联合体,在那里,每个人的自由发展是一切人的自由发展的条件。"[①] 他们在《德意志意识形态》中指出:"全部人类历史的第一个前提无疑是有生命的个人的存在。"[②]

1978年以后的三十多年时间里,当代中国的社会文化发生了巨大的变迁,自我意识、个人权利的观念空前高涨,一个个人主义的社会已经来临。然而,90年代中期以后,在市场经济得到初步发育和物欲化的消费主义时代来临之时,崇尚独立自由而又负责的个体并没有如期出现。正如许纪霖所指出:"从历史反观现实,我们不得不问:假如个人主义社会真的是现代性的宿命,那么,我们究竟要的是什么样的个人主义?"[③]

3. 回归健全的个人观

我们需要什么样的个人主义?回归古典、健全和趋向和谐的个人主义。回归古典的个人主义首先就是要区分真假个人主义。哈耶克反对从笛卡尔、卢梭以来的"唯理主义的个人主义",因为这种主义主张社会发展中的理性建构与设计,主张工程师的态度,社会的管理和控制主要是由工程师来完成。这种"唯理主义的个人主义"在哈耶克看来,有可能导向集权主义,会给社会带来灾难性的后果,因而是一种"伪个人主义"。所谓"真个人主义"对个人理性保持审慎的态度,承认个人理性与心智的有限性和易错性,这种易错性允许个人有犯错误的权利,并不因他或她犯错误而剥夺其应有的权利。现代性制度的确立与发展依赖于众多个人的自发的、自由的实验,而不是依赖于某些人的精密计划与设计。"个人主义"承认:"第一,任何人都不可能知道谁知道得最清楚;第二,我们能够据以发现这一点的惟一途径便是一种社会过程,而在这个过程中,每个人都可以自由地去尝试和发现他自己所能够做的事情。"[④]

① 《马克思恩格斯选集》(第1卷),人民出版社2012年版,第422页。

② 《马克思恩格斯选集》(第1卷),人民出版社2012年版,第146页。

③ 许纪霖:《大我的消解:现代中国个人主义思潮的变迁》,载许纪霖、宋宏编:《现代中国思想的核心观念》,人民出版社2011年版,第208页。

④ [英]哈耶克:《个人主义与经济秩序》,贾湛等译,北京经济学院出版社1989年版,第21页。

回归健全的个人主义可以从我国20世纪初期的个人主义理论资源去寻找未来社会建设的养分。胡适是近代中国知识分子当中重要的自由主义思想家。1930年初，他在《介绍我自己的思想》中写道："个人若没有自由，国家也不会有自由，一个强大的国家不是由一群奴隶所能造成的。"李大钊也指出："真正合理的个人主义，没有不顾社会秩序的；真正合理的社会主义，没有不顾个人自由的。个人是群合的原素，社会是众异的组织……真实的秩序，不是压服一切个性的活动，是包蓄种种不同的机会使其中的各个分子可以自由选择的安排。"①

和谐的个人观包括两个维度：一是个人自身的和谐，二是指个人与他者（群体或他人）之间的和谐。个人自身的和谐包括四个层面的内容：第一，在日常生活中，现实的个人既是一种感性主体，也是一个理性主体；第二，在社会政治层面上，个人自身的和谐意味着个人的伦理维度、政治维度和历史维度的协同发展；……第四，在价值观念层面上，个人自身的和谐意味着尊严、自主、隐私和自发发展这些现代价值原则之间的和谐。②构建和谐的个人观需要注意两个倾向：极端个人主义和整体主义两种倾向。极端个人主义就是利己主义，整体主义就是极权主义。

胡适在20世纪初特别写了一篇《非个人主义的新生活》，在文中区分了真假个人主义。③他指出："假的个人主义就是为我主义（egoism），他的性质是

---

① 李大钊全集（第3卷），河北教育出版社1999年版，第579页。转引自顾红亮、刘晓虹：《想象个人：中国个人观的现代转型》，上海古籍出版社2006年版，第88页。

② 顾洪亮、刘晓虹：《想象个人：中国个人观的现代转型》，上海古籍出版社2006年版，第298页。

③ 胡适的真假个人主义与哈耶克的真假个人主义是有所不同的。后者的立场立基于其反对笛卡尔的"唯理主义的个人主义"和自己构建的"无知观"方法论上面。时至今日，对于廓清"真""假"个人主义还有很长的路要走，还有很多思想和条条框框需要突破。关于利己主义、整体主义和集体主义的思想更多的认识请参见易中天：《自私未必就不好——〈像三聚氰胺一样活着〉编辑后记》，载《公民心事：权利、责任、常识》，广西师范大学出版社2011年版，第13-18页；刘晓虹：《中国近代群己观变革探析》，复旦大学出版社2001年版，第6-7页；杨建朝：《从虚假到真实：集体主义教育反思》，《教育学报》2011年第5期；杨韶刚：《集体主义与个体主义道德文化的教育反思》，《教育学报》2011年第5期等文献。

自私自利,只顾自己的利益,不管群众的利益。真的个人主义就是个性主义(individuality),他的特性有两种:一是独立思想,不肯把别人的耳朵当耳朵,不肯把别人的眼睛当眼睛,不肯把别人的脑力当自己的脑力。二是个人对于自己思想信仰的结果要负完全责任,不怕权威,不怕监禁杀身,只认得真理,不认得个人的利害。”[①] 胡适的论述极好地表明利己主义(egoism)的本质特征。整体主义(holism)即“一种与个人主义相对立的学说,它赋予社会整体以特有的地位……在本体论方面,它不同意把分析单位降低到个人的层次上。作为一种伦理的话和政治的学说,它把个人置于集体利益之下”。[②] 利己主义和整体主义都是妨碍我们建立健全的个人观的两种倾向,对此我们必须保持警惕以避免陷入其中。

(二)哈氏视域中的儿童观

了解和认识儿童,既是教育儿童的前提,又是研究儿童受教育权的前提和出发点。如果出发点错了,那么后面的路程走得越远,就错得越离谱。因此,哈耶克的知识论为确立适宜的儿童观提供哲学上的支持。

有人把儿童观分为社会主导型态的儿童观、学术理论型态的儿童观和大众意识型态的儿童观。[③] 有人从观念主体的角度把儿童观分为四种型态:社会法规型态的儿童观、思想理论型态的儿童观、行为动机型态的儿童观和大众观念型态的儿童观。[④] 虽然后者的划分没有明确地指出受前者的影响,但是,事实上二者的划分极其相似,只是后者多了一种型态“行为动机型态的

① 胡适:《非个人主义的新生活》,转引自于许纪霖、宋宏编:《现代中国思想的核心观念》,人民出版社 2011 年版,第 225 页。

② [英]戴维·米勒主编:《布莱克维尔政治学百科全书》,邓正来主编兼主译,中国政法大学出版社 2011 年版,第 245 页。

③ 参见虞永平:《论儿童观》,《学前教育研究》1995 年第 3 期。

④ 姚伟:《儿童观及其时代性转换》,东北师范大学出版社 2006 年版,第 47 页。

儿童观”[①]，根据各自阐述的内涵来看其他三个型态的名称不同，但实质上相同。毋庸置疑的是，对儿童观的分类研究为甄别各种真假儿童观提供了重要的指导作用，更为深化儿童观的研究开放了广大的空间。然而这种划分存有不足，首先是划分的标准和内容不一致。依照论者的标准来看，“社会法规型态”等能作为观念主体？反过来从划分内容来看，“社会法规型态”等不是观念主体，而是存在型态。其实，遵照论者的标准，把它们改成“立法者的儿童观”“学者的儿童观”“教师的儿童观”和“大众的儿童观”似乎更为恰当。但是，此时关键的问题转化为如何理解“大众”一词，正如后者所说大众即为“每个社会成员”，难道立法者、学者和教师就是特殊动物而不是普通的社会成员吗？从常识来看，他们肯定是属于每个社会成员，顶多属于特殊的社会成员。其次，这种分类的解释力不强。依据哈耶克知识论的标准，这里把儿童观分为显性的儿童观和隐性的儿童观；完全知识意义上的儿童观和无知意义上的儿童观。先看显性的儿童观和隐性的儿童观。

显性的儿童观是指能够用明确反思和陈述的知识进行指导的儿童观，其型态有家长、教师、学者和立法者言说的儿童观。隐性的儿童观是指不能清晰地反思和陈述的知识指导下的儿童观，其型态可分为家长、教师、学者和立法者无法言说的儿童观。从表面上看，在社会运转中起主要作用的是显性的儿童观，比如立法者的儿童观，它具有强制性、示范性和前瞻性。立法者的儿童观体现在他们制定的教育政策、方针和法律法规中，而这些政策法规往往起作用时都是事后救济，而事后救济还难以做到完全的保障，因此，立法者的儿童观真正起的是补充的作用。隐性的儿童观表面看来软弱无力，实际上却是起着基础和主导作用。在儿童遭遇的成人世界里，儿童所受的各种待遇都是成人潜意识里对儿童的认识和看法的自然流露。在开放自由社会中，由于

① “行为动机型态的儿童观”：教育行为动机型态的儿童观是由教育者所持有，主要表现为教育行为动机的儿童观，是最具有实践意义的儿童观。参见姚伟：《儿童观及其时代性转换》，东北师范大学出版社 2006 年版，第 53 页。

多数的社会成员崇尚民主和对话,社会成员之间存在丰富的“重叠共识”[①],因此显性的儿童观和隐性的儿童观基本上趋于一致。在封闭专制社会中,由于社会成员独立性弱,主体间的对话渠道不畅和交流机制不健全,主体间的奴役与被奴役关系较重,因此显性的儿童观和隐性的儿童观趋向于对立状态。从某种程度上说,转型社会所要实现的变革就是显性的儿童观和隐性的儿童观的对立状态趋向于和谐一致的状态。

完全知识意义上的儿童观就是全知全能的完全受理性支配的儿童观。在完全理性的支配下,人们自以为可以认识和掌握整个世界,自以为对儿童的认识和理解完全正确。完全知识意义上的儿童观无视儿童的多样性和不可替代性,小大人和父辈的私产就是这种儿童观支配下的产物。持有这种儿童观的父母去支配和控制儿童,当早期儿童在接受教育的家庭和托幼机构教育习惯于这种控制后,若还想改变他们的行为模式和认知结构,那几乎是不可能的。与完全知识意义上的儿童观相对的是无知意义上的儿童观,这种每个人必然无知的儿童观是前者的致命对手。持有无知观的成人不会想当然地认为自己是儿童的绝对权威,而是充满敬畏和心悦诚服地承认儿童是待完成的完整的独立个体,每个儿童都是不可复制和独一无二的。从发生学来看,学前儿童其身上自带了人类长久持续进化的生物密码和遗传信息,这些密码和信息在很大程度上对于整个人类来说都还是默会知识,但是它们被学前儿童好好地保护着,因为它们尚未遭到成人的“肆意”破坏。学前儿童具有的默会知识就是他们的“个人知识”,加上其父母的遗传机制、家庭养育环境的独特性决定了每个学前儿童的独特存在。

综上,隐性的儿童观和无知的儿童观比显性的儿童观和全知的儿童观居于更基础和决定性的地位,但并不意味着成人在儿童成长和发展的过程中就

---

① “重叠共识”是罗尔斯为处理当今社会如何在多样性的基础上达成一致意见、协调行动和稳定秩序的问题而提出的重要概念。参见童世骏:《关于“重叠共识”的“重叠共识”》,《中国社会科学》2008年第6期。

不再重要。此种认识下的儿童与成人的关系好比哈耶克所指“文明始于个人在追求其目标时能够较其本人所拥有的更多的知识,始于个人能够从其本人并不拥有的知识中获益并超越其无知的限度”。[①]这句话这里可以理解成,“教育文明”始于儿童为了发展他们的天性,让他们能够独立自由地去探索世界和参与适宜他们的各种活动和训练,成人在不破坏儿童发展本身存在的节奏和韵律的前提下,运用儿童并不拥有的知识使其获益和超越其无知的限度。

三、学前儿童的权利始于成人的恶行

从知识论的角度证成学前儿童受教育权存在的合理性,这从逻辑的严整性来讲是可靠的,但是它不能直接回应学前儿童受教育权与社会事件经验的关联性。2004 年,德肖维茨发表《你的权利从哪里来》,该书提出“权利来自恶行”的论断。[②]这一论断从人类经验出发论证权利的来源为我们认识权利的证成提供了耳目一新的崭新思维。纵观人类的经验历史,儿童权利的证成经历了比成人权利更加复杂和曲折的历史,而学前儿童权利的证成是一件远未完成的事业。“权利来自哪里?这个问题的答案之所以如此重要,是因为权利的来源决定了权利的地位与内容。”[③]审视儿童成长史,提出“儿童权利来自成人的恶行”并不是多么石破天惊的理论。学前期是儿童睁眼看世界的第一阶段,受教育权是其权力谱系的重要一环。为此,这里从论证“儿童权利来自成人的恶行”证成学前儿童受教育权的来源的经验基础。

---

① [英]弗里德利希·冯·哈耶克:《自由秩序原理》,邓正来译,生活·读书·新知三联书店 1997 年版,第 19 页。

② 该书的英文标题:Rights from Wrongs: A Secular Theory of the Origins of Rights(2004)。中文译本只翻译了本书的正标题,英文副标题未译出。事实上从副标题能刚好地理解作者的原意,“权利来源的世俗理论”。

③ [美]艾伦·德肖维茨:《你的权利从哪里来》,黄煜文译,北京大学出版社 2014 年版,第 1 页。

(一)权利为何来自恶行

《你的权利从哪里来》是迄今为止唯一一部专门研究权利来源的著作。该书作者首先从经验主义的理论立场出发,批驳了自然法学和法律实证主义的权利来源主张,进而提出自己的权利来源观点。在此基础上,笔者将讨论德肖维茨对自己观点的验证与局限性分析。最后笔者结合中国近三十年的背景分析该理论在中国的适用性。

(二)对传统权利来源思想的批判

权利来源于自然法和实定法是权利来源的经典理论。权利来自造物主是权利来源说最为经典和持久的学说,该说强调权利的神圣不可侵犯性,因为上帝是神圣不可侵犯的。从逻辑推演来看,出自上帝之口的权利由于内容不容证明或否认,因此容易被别有用心的人随意加以乱用,以求自己的权威或合法。正如,“造物主含混不清的话语可以为任何意识型态所用”。[①]德肖维茨认为,自然法主张权利来自法律之外的观点,尽管其具有启蒙价值,但是其具有不可克服的模糊性、神秘性而被怀有不良意图的人或组织为恶利用。权利的第二个来源是自然或人性。造物主之手创造了自然,这蕴含了“凡存在必正当”。但是,人世间长久存在的奴役、种族屠杀哪能称得上正当。德肖维茨指出:“有趣的是,宗教基要派人士总是将自然美好而正面的结果归功于上帝,却很少将自然的丑恶与负面归咎于上帝。”[②] 德肖维茨认为,将人性视为单一的善推演出规范权利,这就陷入休谟把实然与应然混淆的自然主义谬误之中。

权利源于自然法的学说自 20 世纪法律实证主义的出现后遭遇第一次严重的挑战。法律实证主义认为,权利不来自于造物主与自然法,它来自法律。

---

① [美]艾伦·德肖维茨:《你的权利从哪里来》,黄煜文译,北京大学出版社 2014 年版,第 19 页。

② [美]艾伦·德肖维茨:《你的权利从哪里来》,黄煜文译,北京大学出版社 2014 年版,第 24 页。

“对传统法律实证主义者来说，答案很简单：权利来自写下法律的人。”[①] 权利源于制定法律的人，若人有时变得任性或唯我而行时，权利也会被制定法律的人所消灭或限制。权利来自法律，这使得评价法律的道德标准无处安身，“恶法亦法”的灾难难以避免。权利源于自然法或实定法遵循自上而下的逻辑。德肖维茨挑战古典自然法与古典法律实证主义的权利取向，提出权利的第三条道路——以培养而非自然为基础的经验取向。将权利理论建立在人们所公认且力图避免的过去恶行上，这比以人类经验以外的来源为前提的理论更具经验性、可观察性与可争辩性。[②]

（三）基于人类经验的视角：权利出自恶行

我们生活在一个不尽公正的世界，但是我们对公平正义的追求却是永无止境。德肖维茨为我们追求公正的世界开辟了一条可以践行的道路。德肖维茨在批驳权利来源于自然法与实定法的不足之后提出，“权利是经验与历史——尤其是极端的邪恶——所教会我们的更好选择”。[③] 这句话告知我们权利来自恶行需要经历两个阶段：如何辨别恶行；我们如何选择。区分善恶并不总是一件容易的事情。何谓善、何谓恶可能因不同判断主体预设的价值立场不同而难以界分。德肖维茨认为，尽管人类对善恶不易达成共识，但是对于什么是重大不义，人们要比什么是完全正义更能形成共识[④]。比如十字军东征、宗教裁判所对布鲁诺的审判、美国奴隶制度、斯大林时期的饥饿与整肃、犹太人大屠杀、南京大屠杀等如今凡是理性人都会认为是极端恶行。德肖维茨不赞同亚里士多德的欲建设理性政治体制之前须先定义最可欲生活观点，

---

① [美]艾伦·德肖维茨：《你的权利从哪里来》，黄煜文译，北京大学出版社2014年版，第32页。

② 参见[美]艾伦·德肖维茨：《你的权利从哪里来》，黄煜文译，北京大学出版社2014年版，第7页。

③ [美]艾伦·德肖维茨：《你的权利从哪里来》，黄煜文译，北京大学出版社2014年版，第69页。

④ 参见[美]艾伦·德肖维茨：《你的权利从哪里来》，黄煜文译，北京大学出版社2014年版，第70页。

他认为“我们只要对最不可欲的生活方式达成共识并试着对抗这些邪恶便已足够”[①]。为避免最不可欲的生活方式,恶行迫使我们设计出一套权利体系来防止它们再度发生。以自由权、社会权、发展权为标志三代人权的确立就是与反抗不同类型的恶行斗争所分不开的。其中最为典型的是,《世界人权宣言》《公民政治权利公约》《经济社会文化权利公约》为避免第二次世界大战中侵犯和践踏人权的种种暴行再次出现而由联合国制定出来。这恰如德肖维茨所言:“诸多历史事例显示,重大恶性的认识往往伴随权利的急速出现。”[②]

经验是权利形成的必要条件,不是充分条件,即不是所有的恶行都会变成权利。以恶行为基础建立权利理论要求人们作出选择,并立即行动。如果我们对别人遭受的恶行不闻不问,权利也会对我们冷眼相待。与恶斗争就是为权利而斗争,为“培养”权利。权利从来都不是什么人恩赐的,而是人争来的。正如,“你应当累得满头大汗才吃到你的面包”。[③] 面对恶行,诸多时候没得选择。即使如此,我们也要作出自己的选择,至少我们主观上不能放弃追求正义。选择了正义,我们就选择了弃恶扬善,选择了捍卫权利。负面的经验配上正确的选择是权利形成的充要条件。德肖维茨认为,将不义历史刻画成权利“来源”并不精确。更为精准的说法是:“不义的经验可以刺激权利,但真正的来源是人类从经验中学习以及在法律与意识中确立权利的能力。”[④]

(四)对于权利始于恶行的验证与限度

权利无法自我证成,也无法光靠逻辑证成。德肖维茨认为,自然法提倡者在实定法之外寻找权利来源,他们实际上问的是我们如何评价现存的法律;法律实证主义者则是描述现存法律并在立法程序上探求权利来源。德肖

① [美]艾伦·德肖维茨:《你的权利从哪里来》,黄煜文译,北京大学出版社2014年版,第71页。

② [美]艾伦·德肖维茨:《你的权利从哪里来》,黄煜文译,北京大学出版社2014年版,第82页。

③ [德]耶林:《为权利而斗争》,郑永流译,法律出版社2012年版,第52页。

④ [美]艾伦·德肖维茨:《你的权利从哪里来》,黄煜文译,北京大学出版社2014年版,第104页。

维茨批判权利的自然法与实定法来源论,建立了基于人类负面经验的权利来于不正义的经验。权利来自恶行说修正了权利源于自然法与实定法的谬误,但是它不可能消解其合理性。权利第三来源说就如前面一样,它本身并不是完美的权利理论。权利来自恶行,新增的权利可能产生新的恶行。正如,“其一,关于权利的真理不可能一蹴而就;其二,我们对权利的认识,就像我们对其他道德问题的认识一样,仍然处于很幼稚的阶段”。[①] 权利的设定受制于人们对于恶行经验的甄别,这种甄别可能会有偏差甚至误解,而导致权利设定不当,由此可能难以制止恶行,加上权利可能存在误用与滥用,更可能会产生出新的恶行。“有权利的世界是个有风险的世界,但经验告诉我们,没有权利的世界风险更大。”[②]

(五)儿童权利始于成人恶行的证成

德肖维茨的权利来源说具有较强的解释力和广泛的适切性,对于儿童权利的证成具有极大的启示。尽管权利出自恶行理论是有缺陷的,但是世上本无完美的权利理论。有人指出,德肖维茨的权利观与马克思主义存在内在一致性。[③] 论者认为,马克思确立了科学的实践观。马克思的实践取向与德肖维茨的经验取向具有一定的共同点。他们都反对具有神学色彩的观点,慎重地看待物质生活条件对权利的限制。这使得德肖维茨的观点容易为中国学者和大众认可和接纳。世界的历史是成人写就的,人类权利史经历了从男人到女人、从白人到其他人种、从成人到儿童的一个过程。《公民权利和政治权利国际公约》《经济、社会、文化权利国际公约》诞生之后,儿童权利保护问题依然未能得到解决。在战争、饥饿、流行病等事件中儿童往往是最先买单的对

---

① [加]萨姆纳:《权利的道德基础》,李茂森译,中国人民大学出版社 2011 年版,第 183 页。

② [美]艾伦·德肖维茨:《你的权利从哪里来》,黄煜文译,北京大学出版社 2014 年版,第 124 页。

③ 张函:《论德肖维茨的权利观——以权利的来源为视角》,贵州大学法律系 2016 年硕士学位论文,第 37 页。

象。为切实解决儿童权利保护问题,波兰的亚当·洛帕萨教授倡议起草《儿童权利公约》。1989年,联合国大会通过了该公约,随后本公约就成为国际认可程度最高的国际公约。该公约是对权利来自恶行的又一例证。德肖维茨在书中未专门提及儿童的权利,但是这不妨碍我们接着说。下面笔者结合中国最近三十年的历史谈谈儿童权利与成人恶行的关联。

1. 1994年新疆克拉玛依大火:罪恶之火未能结出绚烂之花

> 1994年12月8日,新疆克拉玛依市教委和新疆石油管理局教育培训中心在克拉玛依市友谊馆举办迎接新疆维吾尔自治区"两基"(基本普及九年义务教育、基本扫除青壮年文盲)评估验收团专场文艺演出活动。全市学生、教师及有关领导共796人参加。在演出过程中,舞台纱幕被光柱灯烤燃,火势迅速蔓延至剧厅,各种易燃材料燃烧后产生大量有害气体,由于友谊馆内很多安全门紧锁,从而酿成325人死亡、132人受伤的特大火灾事故。在伤亡中,中小学生288人,干部、教师及工作人员37人,受伤住院者130人。主流媒体一篇报道的"让领导先走"成了克拉玛依大火的最大标签。[①] 据《一个轮回后的真相1994—2006年:克拉玛依大火》报道,当时克拉玛依本地官员全部逃生,但从乌鲁木齐来的自治区官员23人中有17人死亡6人受伤。

时至今日,克拉玛依大火快过去三十年了。倘若这场大火没有发生,288个中小学生如今人到中年,正是人生的巅峰。这么多年过去了,事件中的官员、政府和主流媒体对这场大火的反思是很不够的。笔者通过查询CNKI期刊网,相关的文章更多是从消防安全的角度去总结和反省这个

① 关于克拉玛依大火的主流媒体报道不多。较为权威的资料有:刘冰、刘光牛:《人祸猛于火——克拉玛依"12·8"惨案的警示》,《湖南消防》1995年第3期;张悦:《一个轮回后的真相1994—2006年:克拉玛依大火》,《南方周末》,2014年12月9日;刘婉滢:《为了忘却的纪念——目击克拉玛依大火十年纪事》,《北京文学》2005年第8期;徐辛(导演):《克拉玛依》(纪录片),2010年3月28日首映。

特大事故。这个大火起于消防不安全，酿成大错却是救援思想的错乱和措施不够得力所致。不总结历史就易重犯，在2008年汶川大地震的救援中又出现类似的事件。克拉玛依大火虽然未能直接结出绚丽之花，但是多年后的新冠肺炎疫情防控早已证明了政府践行人民至上、生命至上的执政理念。

2. 2008年三鹿奶粉事件催生《食品安全法》

2000年后，我国持续发生诸多的食品安全事件，比如2005年的孔雀石绿海鲜、2006年的苏丹红鸭蛋、2008年的三聚氰胺奶粉、2005年至2011年皮革奶、2010年的地沟油、2011年的瘦肉精和塑化剂超标、2013年镉大米、2015年的僵尸肉、2016年的外卖卫生、注水肉（主要是猪肉与牛肉）等。其中，2008年的三聚氰胺奶粉事件是国内食品安全历程中的分水岭，此次事件影响之大、范围之广，波及国际。因此，本文以三鹿集团三聚氰胺奶粉事件作为分析的样本[①]。

> 2008年3月，南京儿童医院把10例婴幼儿泌尿结石样本送至该市鼓楼医院进行检验，三鹿问题奶粉事件浮出水面。7月16日，甘肃省卫生厅接到甘肃兰州大学第二附属医院的电话报告，称该院收治的婴儿患肾结石病例明显增多，经了解均曾食用三鹿牌配方奶粉。7月24日，河北省出入境检验检疫局检验检疫技术中心对三鹿集团所产的16批次婴幼儿系列奶粉进行检测，结果有15个批次检出三聚氰胺。8月13日，三鹿集团决定“偷梁换柱”。

---

① 三聚氰胺奶粉事件又称中国奶制品污染事件、中国奶粉污染事故、中国毒奶制品事故、中国毒奶粉事故，由于此次事件中三鹿集团生产的婴幼儿奶粉影响最大，因此也称三鹿事件。三聚氰胺（Melamine），俗称密胺、蛋白精，低毒化工原料，几乎无味，微溶于水，长期摄入会导致人体泌尿系统结石，不可用于食品加工或食品添加物。成人摄入少量三聚氰胺可以通过多喝水排出体外，所以成人的泌尿系统一般不易结石，但是婴儿若喝了含三聚氰胺奶粉，由于量大，且喝水少的话，易得结石，严重出现肾衰竭。2012年7月2日，国际食品法典委员会第35届会议审查通过了液态婴儿配方食品中三聚氰胺限量标准，具体为：液态婴儿配方食品中三聚氰胺限量0.15mg/kg。本文关于三鹿事件的描述参见《中国青年报》，2019年1月1日的“特别报道”栏目。

> 9月9日，媒体首次报道“甘肃14名婴儿因食用三鹿奶粉同患肾结石”。当天下午，国家质检总局派出调查组赶赴三鹿集团。9月11日，除甘肃省外，陕西、宁夏、湖南、湖北、山东、安徽、江西、江苏等地也有类似案例发生。9月12日，联合调查组确认“受三聚氰胺污染的婴幼儿配方奶粉能够导致婴幼儿泌尿系统结石”。9月13日，党中央、国务院启动国家重大食品安全事故I级响应，并成立应急处置领导小组。2008年毒奶粉事件导致婴儿致死4人，给近30万婴幼儿的生命带来了无情的摧残，这一代儿童被称为“结石了一代中国人”。①

2008年9月18日，国家质检总局发布公告，决定废止《产品免于质量监督检查管理办法》，同时撤销蒙牛等企业“中国名牌产品”称号。9月22日，国家质量监督检验检疫总局局长李长江因“毒奶粉”事件引咎辞职。10月8日，卫生部等五部门公布了乳及乳制品当中三聚氰胺临时限量标准。其中1000克婴幼儿配方乳粉中允许存在1毫克三聚氰胺。10月9日，温家宝签署国务院令，公布了《乳品质量安全监督管理条例》。该事件最终导致三鹿集团破产，作为中国名牌的蒙牛、伊利、光明奶等乳品企业在人们心中形象大损，使得整个国产乳制品生产遭遇信任危机，导致多个国家禁止进口中国奶粉。毒奶粉事件暴露出国内奶粉企业对生命健康的完全漠视，完全不把婴儿当人看。《2005年度辽宁省饲料产品质量安全监测计划》都规定了动物饲料中三聚氰胺的含量不得超过2mg/kg，而三鹿奶粉三聚氰胺含量高达6196.61 mg/kg。② 为进一步升级保障食品安全，维护公众身体健康和生命安全，2009年2月28日第十一届全国人民代表大会常务委员会第七次会议通过《食品安全法》，取代1995年的《食品卫生法》。2018年，国务院发布《国务院办公厅关于推进奶业振兴保障乳品质量安全的意见》，十年之后国产奶业依然尚未恢复元气。

---

① 陈和平：《对三聚氰胺奶粉事件的法理学思考》，《经济研究导刊》2010年第1期。

② 陈和平：《对三聚氰胺奶粉事件的法理学思考》，《经济研究导刊》2010年第1期。

从食品安全事故来看,儿童权利始于成人之恶本身即是一种恶。我们不禁要问,儿童权利为何一定通过成人之恶才能伸张和重视。回顾历史,笔者无比同情那些遭受不幸的孩子。对这些孩子经历的最好铭记就是扩张儿童的健康权利,为儿童保护提供更好的儿童权利理论。

3. 2011年甘肃正宁校车事故促成《校车安全管理条例》

> 2011年11月16日9时许,甘肃省庆阳市正宁县榆林子镇下沟村境内发生一起幼儿园校车与重型自卸货车相撞的重大道路交通事故,造成21人死亡,43名幼儿受伤,直接经济损失约1088万元。事故调查组调查后认定,正宁"11·16"重大道路交通事故是一起责任事故。正宁县榆林子镇小博士幼儿园驾驶人杨某(在事故中死亡)驾驶非法改装的校车,严重超员,雾天超速,占用对方车道逆向行驶,在发现相向重型自卸货车时,向右避让,重型自卸货车向左避让,导致两车正面相撞,是造成这起重大道路交通事故的直接原因。根据事故调查报告,甘肃省政府对相关责任人进行了处理,正宁县人民政府县长张某等16名庆阳市、正宁县及榆林子镇的政府、教育、交警部门的责任人分别受到党纪政纪处理。榆林子镇小博士幼儿园董事长李某,作为法定代表人对事故负直接领导责任,7月20日以交通肇事罪一审被判有期徒刑7年。[①]

校车安全事故是教育事故中的重灾区,因为一般的校车安全事故中死亡或受伤儿童都比其他事故的人数多、危害重。进入21世纪后,我国的校车安全事故增多,特别是在2010年前后,校车安全事故进入高发期。校车安全事故频发从表面上看是幼儿园管理不善、校车司机违规驾驶、汽车驾驶文明不高所致,实际上其根本原因是我国长期对基础教育投入严重不足,相关部门管理和监督严重缺位。其中,甘肃正宁"11·16"校车事故成为一个标志

---

① 《甘肃正宁"11·16"校车事故18名责任人被追究责任》,2012年8月2日,见http://www.gov.cn/jrzg/2012-08/02/content_2197217.htm。

事件。一个小小的面包车实载了64个人,其中62人为幼儿,坐在车上的幼儿成了真正的"面包"。该事故的发生将相关职能部门推上了舆论的风口浪尖。2011年11月,温家宝总理组织有关部门开始起草《校车安全管理条例(草案)》。2012年3月28日国务院第197次常务会议通过《校车安全管理条例》。

4. 北京红黄蓝幼儿园等喂药与虐童事件与《中共中央国务院关于学前教育深化改革规范发展的若干意见》

> 2014年3月10日,陕西省宋庆龄基金会下属的枫韵幼儿园和鸿基新城幼儿园先后被曝出,在未告知家长的情况下,长期给园内孩子集体服用处方药"病毒灵",不少孩子出现头晕、出汗、腿疼、肚子疼等相同症状,引发众多家长的不安和不满。2014年3月15日,吉林市芳林幼儿园被曝长期给孩子们喂疑似病毒灵的一种叫"聪明豆"的药片,园内100多名幼儿受影响。2014年3月17日,湖北省宜昌市夷陵区馨港幼儿园给幼儿集体喂食疑似"病毒灵"药片,引发209名幼儿家长的恐慌。2014年3月18日,安徽黄山市育才幼儿园被曝天天往孩子嘴里喷药,幼儿园称喷剂成分是板蓝根冲剂和生理盐水。①

> 2017年11月22日晚开始,有十余名幼儿家长反映朝阳区管庄红黄蓝幼儿园(新天地分园)国际小二班的幼儿遭遇老师扎针、喂不明白色药片,并提供孩子身上多个针眼的照片。2017年11月28日晚,北京市公安局朝阳分局官方微博@平安朝阳通报红黄蓝新天地幼儿园事件调查结果。2018年12月26日上午,北京市朝阳区人民法院依法对被告人刘亚男虐待被看护人案公开宣判,以虐待被看护人罪一审判处刘亚男有期徒刑一年六个月,同时禁止其自刑罚执行完毕之日或者假释之日起五年内从事未成年人看护教育工作。

① 案情选编自 http://www.eefung.com/hot-report/13953049567370266。

媒体不断披露的幼儿园喂药事件引发了全社会的关注。3 月 17 日，教育部办公厅和国家卫生计生委办公厅联合发布《关于陕西、吉林两地个别幼儿园违规开展群体性服药事件的通报》（教体艺厅〔2014〕1 号）。文件要求严格规范幼儿及中小学生健康服务管理，立即组织力量开展幼儿园及中小学校健康服务管理的拉网式排查。媒体质疑已经暴露的喂药事件只是冰山一角，实际可能是在幼儿园集体喂药成为该行业的“集体潜规则”。这种潜规则的盛行，反映了显性规则的“失灵”，幼儿园领导和教师集体的“失德”，教育管理部门的“失位”和医疗机构的“失守”，成人的恶最终让幼儿背负。

蚁坊 2017 年 11 月社会舆情热点分析表明，红黄蓝幼儿园虐童事件排行当月舆情热点之首。[①] 红黄蓝幼儿园虐童事件官方公布的结果和法院的判决与最初家长爆料和社会预期的事实相去甚远。不管红黄蓝幼儿园事件的结果怎样，由新媒体最开始介入和传播该事件在社会各界引发强烈关注，亦将近年来媒体对幼儿园相关的负面新闻无端放大的特点发挥到了极致。不断频发的幼儿园喂药和虐童事件让政府意识到学前教育发展存在的问题。为解决幼儿园的安全保障问题，称史上最严治理民办学前教育文件《关于学前教育深化改革规范发展的若干意见》出台。

第二节　学前儿童受教育权的法律基础

学前儿童受教育权的法律基础指的是直接规定作为学前教育阶段儿童受教育权的专门法的上位法。它们包括国际公约中的权利宣言、权利公约和区域人权公约等国际法，各国宪法，教育基本法等形式。讨论其法律基础的目的一是为学前儿童受教育权提供法律渊源，二是管窥既有学前儿童受教育权法律体系存在的问题。

---

① 参见 http://www.eefung.com/hot-report/20171201104342。

一、学前儿童受教育权的国际法基础

此处的国际法包括国际三大人权宪章[①]、1959年的《儿童权利宣言》、1989年的《儿童权利公约》、1960年的《取缔教育歧视公约》、1966年的《关于教师地位的建议序言》、1979年的《消除对妇女一切形式歧视公约》、1990的《世界全民教育宣言》、1994年的《萨拉曼卡宣言》、2000年的《达喀尔行动纲领——全民教育:实现我们的集体承诺》、2002年的《适合儿童生长的世界》等等;另外还有其他地区性公约或宣言,比如1952年欧洲的《保护人权与基本自由公约第一协议》、1984年的《欧洲议会:欧共体教育自由决议》、1948年的《欧洲议会:基本权利和自由宣言》、1948年的《美洲人权与义务宣言》、1988年的《美洲经济、社会和文化权利领域中的人权公约附属协议》、1981年的《非洲人权和民族权宪章》。

《世界人权宣言》第二十六条

(一)人人都有受教育的权利,教育应当免费,至少在初级和基本阶段应如此。初级教育应属义务性质。技术和职业教育应普遍设立。高等教育应根据成绩而对一切人平等开放。

(二)教育的目的在于充分发展人的个性并加强对人权和基本自由的尊重。教育应促进各国、各种族或各宗教集团的了解、宽容和友谊,并应促进联合国维护和平的各项活动。

(三)父母对其子女所应受的教育的种类,有优先选择的权利。

《经济、社会、文化权利国际公约》第十三条

二、本盟约缔约国为求充分实现此种权利起见,确认:(子)初

---

① 1948年第三届联合国大会通过的《世界人权宣言》和1966年的《经济、社会、文化权利国际公约》《公民权利和政治权利国际公约》,是最重要的关于人权问题的国际文件,被国际法学者称为"国际人权宪章"。参见李金荣主编:《国际法》,法律出版社2005年版,第213-215页。另外,1989年的《儿童权利公约》是确认受教育权的第四个主要国际文件。详情参见申素平:《教育法学:原理、规范与应用》,教育科学出版社2009年版,第36页(表2.1)。

等教育应属强迫性质,免费普及全民;(丑)各种中等教育,包括技术及职业中等教育在内,应以一切适当方法,特别应逐渐采行免费教育制度,广行举办,庶使人人均有接受机会;(寅)高等教育应根据能力,以一切适当方法,特别应逐渐采行免费教育制度,使人人有平等接受机会;(卯)基本教育应尽量予以鼓励或加紧办理,以利未受初等教育或未能完成初等教育之人;(辰)各级学校完备之制度应予积极发展,适当之奖学金制度应予设置,教育人员之物质条件亦应不断改善。

《公民权利和政治权利国际公约》第十八条第四款①

本公约缔约各国承担,尊重父母和(如适用时)法定监护人保证他们的孩子能按照他们自己的信仰接受宗教和道德教育的自由。

《儿童权利公约》第二十八条

1. 缔约国确认儿童有受教育的权利,为在机会均等的基础上逐步实现此项权利,缔约国尤应:(A)实现全面的免费义务小学教育;(B)鼓励发展不同形式的中学教育,包括普通和职业教育,使所有儿童均能享有和接受这种教育,并采取适当措施,诸如实行免费教育和对有需要的人提供津贴;(C)根据能力以一切适当方式使所有人均有受高等教育的机会;(D)使所有儿童均能得到教育和职业方面的资料和指导;(E)采取措施鼓励学生按时出勤和降低辍学率。

取缔教育歧视公约序言②

回顾世界人权宣言确认不歧视原则并宣告人人都有受教育的权利。

① 对《公民及政治权利国际公约》需要特别补充说明的是该公约存在两个中文译本。关于为何会出现如此现状请参见孙世彦:《〈公民及政治权利国际公约〉的两份中文本:问题、比较与出路》,《环球法律评论》2007年第6期。

② 该公约由联合国教育、科学及文化组织大会第十一届会议于一九六〇年十二月十四日通过生效:按照第十四条的规定,于一九六二年五月二十二日生效。该公约共19条。

关于教师地位的建议序言①

重申受教育权乃为基本人权。

消除对妇女一切形式歧视公约②

第十条　缔约各国应采取一切适当措施,消除对妇女的歧视,并保证妇女在教育方面享有与男子平等的权利,特别是在男女平等的基础上保证:

(a)在各种教育机构,不论其在农村或城市,职业和行业辅导、学习的机会和文凭的取得,条件相同。在学前教育、普通教育、技术、专业和高等技术教育以及各种职业训练方面,都应保证这种平等;……

世界全民教育宣言③

第一条　满足基本学习需要

1. 每一个人——儿童,青年和成人——都应能获得旨在满足其基本学习需要的受教育机会。基本学习需要包括基本的学习手段(如读,写,口头表达,演算和问题解决)和基本的学习内容(如知识,技能,价值观念和态度)……

① 联合国教科文组织于1966年10月在法国巴黎召开了一次关于教师地位的各国政府间特别会议。会议通过了一项题为《关于教师地位的建议》的文件。它对最近十多年中各国教师的培训工作发生了很重要的影响。这份由会议主席约翰·托马和联教科文事务局长鲁奈·莫签署的建议包括前言和十三章,共有146条,涉及的范围十分广泛。

② 1979年12月18日第34届联大通过《消除对妇女一切形式歧视公约》。第五届全国人民代表大会常务委员会第十六次会议决定:批准康克清代表我国政府签署的联合国《消除对妇女一切形式歧视公约》;同时,确认康克清在签署公约时的声明:中华人民共和国不接受公约第二十九条第一款的约束。

③ 1990年3月5—9日,由联合国教科文组织、儿童基金会、开发计划署和世界银行联合发起和赞助召开的"世界全民教育大会(World Conference on Education for All)"在泰国宗迪恩(Jomtien)举行,大会因而又称"宗迪恩大会"。来自世界150多个国家和地区以及联合国系统各机构、政府间国际组织、非政府组织等共1500多名代表、观察员及专家出席了会议。一些国家元首、政府首脑亲临会议,各国均派出部长级以上的政府代表团出席会议。中国派出了以国务委员兼国家教委主任李铁映为团长的中国政府代表团与会。会议讨论并通过了《世界全民教育宣言》和《满足基本学习需要的行动纲领》文件。该宣言共10条。

这些内容和手段是人们为能生存下去,充分发展自己的能力,有尊严地生活和工作,充分参与发展,改善自己的生活质量,作出有见识的决策并能继续学习所需要的。基本学习需要的范围及其满足的方法因各个国家和各种文化的不同而不同,而且已不可避免地会随着时代的变化而变化。

4. 基础教育本身不仅仅是目的。它是终身学习和人类发展的基础,而各国可以在这一基础上系统地建立其他层次其他类型的教育和培训。

第五条　扩大基础教育的手段和范围

儿童、青年和成人基本学习需要的多样,复杂以及变化着的特性,要求扩大并不断重新确定基础教育的范围以便包容如下项目:出生即为学习之始。这就要求早期的幼儿看护和初始教育,而这一切可以通过家庭、社区或机构做出适当的安排。

萨拉曼卡宣言第2款①

我们坚信并声明:

每个儿童都有受教育的基本权利,必须获得可达到的并保持可接受的学习水平之机会;

每个儿童都有其独特的特性、兴趣、能力和学习需要;

教育制度的设计和教育计划的实施应该考虑到这些特性和需要的广泛差异;

有特殊教育需要的儿童必须有机会进入普通学校,而这些学校应以一种能满足其特殊需要的儿童中心教育学思想接纳他们;

---

① 1994年6月7日至10日,联合国教科文组织在西班牙王国萨拉曼卡市召开了"世界特殊教育大会",颁布了《萨拉曼卡宣言》,明确提出了"全纳教育(Inclusive E-ducation)"的思想。所谓"全纳教育",是指教育应当满足所有儿童的需要,每一所普通学校必须接收服务区域内的所有儿童入学,并为这些儿童都能受到自身所需要的教育提供条件。萨拉曼卡是西班牙内陆著名的旅游胜地之一,地处于西班牙的卡斯蒂利亚·莱昂自治区的最西南端,中央山脉地区之内。

以全纳性为导向的普通学校是反对歧视态度，创造受人欢迎的社区，建立全纳性社会以及实现全民教育的最有效途径；此外，普通学校应向绝大多数儿童提供一种有效的教育，提高整个教育系统的效率并最终提高其成本效益。

达喀尔行动纲领——全民教育：实现我们的集体承诺①

3. 我们重申按《世界人权宣言》和《儿童权利公约》的精神制订的《世界全民教育宣言》(宗迪恩，1990年)的目标，即所有的儿童、青年和成人均享有接受教育的人权，这种教育应能真正地和充分地满足他们的基本学习需求并应包括学会认知、学会做事、学会共同生活和学会生存。这种教育的目的是开发每个人的才智和潜力和发展学习者的个性，使他们能够改善生活和改造社会。

7. 在此，我们共同承诺一定要实现以下目标：

(1)扩大和改善幼儿，尤其是最脆弱和条件最差的幼儿的全面保育与教育；……

适合儿童生长的世界②

加强幼儿保育和教育，针对家人、法定监护人、看护者和社区提供服务并制订和支助各种方案。

酌情设计和执行能使怀孕少女和未成年母亲继续完成学业的方案。

提高教师，包括幼儿教育工作者的地位、士气、培训和专业精神，确保他们得到适当的薪酬，为他们的发展提供机会和奖励。

---

① 2000年4月26—28日在塞内加尔的达喀尔举行的世界教育论坛上通过了该纲领。《达喀尔纲领》是一项集体的行动承诺。各国政府有义务确保全民教育的各项目标得以实现并长期保持下去。要有效地履行这一责任，不仅需要各国国内开展广泛的合作，而且需要与地区和国际机构合作。

② 联合国大会第二十七届特别会议2002年10月11日第S-27/2号决议通过的《适合儿童生长的世界》。

保护人权与基本自由公约第一协议[①]

第二款　每个人都有受教育权。在与教育和教学相关联的任何功能实践中,缔约国尊重父母的权利,确保这样教育和教学与他们自己的宗教和哲学观念相一致。

欧洲议会:欧共体教育自由决议[②]

1. 在欧洲共同体内倡导重视下列原则:

(1)每个儿童和年轻人享有接受教育和教学的权利;这包括儿童发展他(她)能力的权利;基于所有成员国和立法的宪章范围内,父母有权为他们的学龄孩子决定教育和教学的种类;

(2)每个儿童和年轻人享有接受教育和教学的权利,不因性别、种族、哲学或宗教信仰、国籍、社会阶层或经济地位而遭受歧视。

欧洲议会:基本权利和自由宣言[③]

第十六款:受教育权

(1)每个人都有受教育权以及与他们能力相适宜的职业训练。

(2)教育中有自由。

(3)父母有权依据他们的宗教和哲学信念为教育提前采取措施。

美洲人权与义务宣言[④]

第十二款:受教育权

每个人有权基于自由、道德和人类团结的原则而接受教育。

同理,每个人有权为准备过上体面的生活,提高生活水准和成为一名有用的社会成员而接受教育。

---

① 欧洲委员会1952年3月20日通过该协议。

② Fernandez, A., Jenkner, S., "International Organization for the Development of Freedom of Education., & World University Service", (1995). *International declarations and conventions on the right to education and the freedom of education*, Frankfurt am Main: Info3-Verlag, p.63.

③ Ibid.p.66.

④ Ibid.p.76.

受教育权蕴含着在任何情况的机会平等权,依照自然才干、能力和利用国家或社区提供的资源的欲望。

每个人有权接受,免费的,至少是小学教育。

第十三款:受教育权

每个人拥有受教育权。

非洲人权和民族权宪章[①]

(1981年6月27日非洲统一组织通过)

第十七条

1. 人人有受教育的权利。

2. 人人可以自由参加本社会的文化生活。

3. 促进和保护社会所确认的道德和传统价值是国家的职责。

上面较为详细地列举了关于受教育权和学前儿童受教育权的国际法规定。这些规定分为两种:规定的人权和推定的人权。[②] 二者的关系是“规定的人权中的纲领性或原则性的规定,是推定的人权被描绘的基础。对人权进行推定,是人权分类中不得已而采用的方法”[③]。据此,除了《消除对妇女一切形式歧视公约》《世界全民教育宣言》《达喀尔行动纲领》和《适合儿童生长的世界》之外,关于学前儿童受教育权的国际法规定都是推定权利。并且,上述四个文件也仅仅是提及学前儿童受教育权的问题,而不是直接的规定,甚至三大人权宪章和《儿童权利公约》对此也是置之不理。这种状况与“幼儿保育和教育是筑建国家财富的首要基本步骤”(莫斯科大会意见书)的认识完全不相匹配。针对这种境况,有人指出:“儿童权利公约和经济、社会和文化权利国际公约都没有提及一点学前教育。这是一个非常令人失望的疏忽,因为联合国教科文组织认识到学前教育的参与机会很重要,而孩子们对于像种族这样

① Ibid.p.81.

② 参见徐显明:《人权的体系与分类》,《中国社会科学》2000年第6期。

③ 徐显明:《人权的体系与分类》,《中国社会科学》2000年第6期。

的事情的态度常常形成于学前教育时期。"[①]国内也有学者认为,"这种疏忽似乎是不应该有的"[②]。

事实上,在儿童权利公约草案的技术性评论期间,联合国教科文组织曾经对第二十八(1)(a)款没有提及早期保育和教育表达过关切。[③]在该公约第二次对条文的审议中,联合国教科文组织曾经寻求修改现在的第二十八款,即合并缔约国的法定义务以推动早期保育和教育的供给。通过利用各种可能的方式,特别是针对不利处境的儿童,为了对幼儿的成长、发展和提升他(她)在后来教育层次的成功做出贡献。[④]联合国教科文组织试图修订既有的第二十八款来增加学前教育项目的举措最终未能成功,归结其原因主要还是这将增加许多国家的教育支出。

通过上面的简单分析来看,学前儿童受教育权具备一定的国际法基础,具体体现在《消除对妇女一切形式歧视公约》《世界全民教育宣言》《达喀尔行动纲领》和《适合儿童生长的世界》的相关条款里,但是,这种基础仅仅是宣示性的,缺乏对各缔约国的强制约束力。关于保障儿童权利的专门公约无论以何种理由辩护未能载明学前教育都是难以理解的,这可以反过来证明在成人的利益面前儿童的利益最大化只是一个最大的谎言。虽然我们可以从其他公约推导出学前儿童受教育权存在的合理性,但毕竟推定的人权与规定的人权相比来说还是有距离的。有论者指出:"在人权可能被列举宣告的时候,应尽量避免使用推定的方式。理由主要是,被推定出来的人权如果缺乏制度上对其认可的效力,如立法解释中认可或司法判决中的认可,则其仍是可以

---

① Hodgson, D., *The Human Right to Education*, Aldershot: Ashgate, 1998, p.45.

② 王雪梅:《儿童权利论:一个初步的比较研究》,社会科学文献出版社 2005 年版,第 150 页。

③ Commission on Human Rights *Technical Review of the Test of the Draft Convention on the Rights of the Child* E/CN.4/1989/WG.1/CRP.1(15 October 1988) p.33.

④ Commission on Human Rights *Report of the Working Group on a Draft Convention on the Rights of the Child* E/CN.4/1989/48(2 March 1989) p.80, para.459. A Venezuelan proposal had also sought to make reference to the "overall care for the child of pre-school age": see id.p. 79, para.458.

随意被人曲解和践踏的。”[①]值得肯定的一点是，所有的国际公约都强调和突出尊重父母或儿童监护人对其子女所应受的教育的种类和自由，有优先选择的权利。这一点对我国保护儿童教育权益的法律来说都需要加以确认和重申，同时修订不利于父母教育权行使的条款，否则，这就是对我国当初签署和批准这些条约的目的的背叛，也是自我损毁在国际大家庭中的地位和形象。

二、学前儿童受教育权的宪法基础

（一）受教育权的宪法基础

受教育权进入宪法的起源是个充满争议的问题。[②]有人认为受教育权最早进入宪法的是1791年《法国宪法》。[③]有人认为受教育权概念在1848年《法国宪法》就出现了，同时该论者还认定受教育权作为公民的一项基本权利应始于《苏联宪法》(1936年)。[④]不论是哪种观点，根本分歧实际在于彼此所确立的价值取向和学理标准。若认为受教育权始于法国宪法，本质上是强调受教育权的自由权方面，这正如其条款位于法国宪法第一篇里的“宪法保障下列的自然权利和公民权利”所彰示。强调这种取向的意义在于“这些教育的权利(educational rights)在于防护和提升科学、研究和教学自由的理念，反抗教会和国家的干涉”。[⑤]若认为受教育权始于苏联宪法，本质上是强调受教育

① 徐显明：《人权的体系与分类》，《中国社会科学》2000年第6期。

② 关于受教育权入宪的历史发展详情请参见温辉：《受教育权入宪研究》，北京大学出版社2003年版，第71–97页。

③ 参见李晓燕主编：《教育法学》，高等教育出版社2000年版，第108页；王柱国：《学习自由与参与平等：受教育权的理论和实践》，中国民主法制出版社2009年版，第1页。在1791年《法国宪法》第一篇宪法所保障的基本条款里，“宪法保障下列的自然权利和公民权利：应行设立和组织为全体公民所共有的公共教育，一切人所必需的那部分教育应当是免费的，此类教育机构应按王国区划的配合渐次分布之”。该宪法共八篇。

④ 参见温辉：《受教育权入宪研究》，北京大学出版社2003年版，第78、80页。

⑤ Hodgson, D. (1998), The Human Right to Education, Aldershot: Ashgate, 1998, p.9.

权的社会权属性方面，这是为论者本人所明示。[①]笔者的价值取向在于前者，但是本人并不赞同其具体观点。笔者认为确定受教育权始于1919年的《魏玛宪法》更为妥当。理由是，第一，《法国宪法》对受教育权没有明确的表述，只是在某些条款中能寻觅其思想的萌芽，因此，坚持受教育权始于《法国宪法》似乎难以获得广泛认可。第二，魏玛宪法在近代史上是一部重要的宪法，受教育权在宪法中得到明确的宣示。[②]确立这种观点并不意味着否认1936年《苏联宪法》中确认受教育权的伟大意义。因为正是在这之后，受教育权开始成为社会主义国家宪法确立的重要人权。

受教育权广泛地进入世界各国的宪法还是1948年《世界人权宣言》颁布之后的事情。1949年至1975年间，世界上共有110个国家颁布了新宪法，其中有60个国家在宪法中规定了受教育权，占同期宪法总数的54.5%。而1948年之前，有28个国家颁布了宪法，其中只有10个国家的宪法规定了受教育权，所占比例仅为35.7%。[③]这里需要特别指出的是，虽然美国的1787年联邦宪法没有规定受教育权，但是1868年的第十四修正案的平等保护条款

---

① 参见温辉：《受教育权入宪研究》，北京大学出版社2003年版，第80页。1936年《苏联宪法》第一百二十一条规定："苏联公民有受教育的权利。这种权利的保证是：在教育和生活、生产相联系的基础上实行八年制普及义务教育；广泛发展中等一般技术教育，各种职业教育，中等专业和高等教育，尽力发展夜校和函授学校，对各种教育都实行免费和国家的助学金制度；各地学校用当地语言讲课；在工厂、国营农场和集体农庄中对劳动者进行免费的生产教育、工艺教育和农艺教育。"

② 《魏玛宪法》是德国魏玛共和国时期（1919—1933年）的宪法，也是德国历史上第一部实现民主制度的宪法。第一百四十二至一百五十款都是涉及教育及学校事项。其中第一百四十六条规定："公共教育制度为有系统之组织，在为全民之基本教育制度内，设置中学及高等学校，此等学校之设置，以生活所需各种职业为标准。对于儿童之入一种特定学校之取录，应视其才能及志向而定，不得以其父母之经济及社会地位或宗教信仰为准据，定其去留。在一地方团体内，得依据享受教育权利者之动议，设立其所信仰宗教或世界观之国民小学。但以不妨害已经规定之学校课程及本条第一项之意义者为限。然受教育者之志愿，应顾虑及之。其细则，由各邦立法机关遵照联邦法律原则规定之。"文本出处源于http://www.legalhistory.com.cn/index.php?option=com_content&view=article&id=596:2011-05-12-05-54-41&catid=39:2011-03-05-16-08-44&Itemid=11。关于魏玛宪法与中国关系之研究可以参见曾颉：《〈魏玛宪法〉之中国话语》，西南政法大学2007年硕士学位论文。

③ 参见[荷兰]亨利·范·马尔塞文、格尔·范·德·唐：《成文宪法的比较研究》，陈云生译，华夏出版社1987年版，第259页。

确立后关于教育的事务开始可以正式进入联邦司法保护程序。[①] 受教育权入宪的过程主要是确立义务教育阶段的受教育权为主。我国历史上正式出现的全国性宪法有六部,即 1923 年、1946 年中华民国宪法;1954 年、1975 年、1978 年和 1982 年中华人民共和国宪法。虽然我国每部宪法上都载明了受教育权内容,[②] 但是真正对全国产生广泛而又深刻的影响还是 1982 年宪法,当然这是与同时期确立以经济建设为中心的新社会秩序和发展观紧密相连的。

(二)学前儿童受教育权的宪法基础

学前儿童受教育权在国际法里面更多地属于推定权利,受此影响学前儿童受教育权在各国宪法中也多属于推定权利的性质。一如受教育权的国际法基础所表明,学前儿童受教育权被排除在四大宪章之外既令人失望,又深感无奈。欲让学前儿童受教育权得到有效保障和实施,并且不随意被人曲解和践踏,学前儿童受教育权入宪就是最佳路径之一。据考查,截至 2011 年,世界各国学前儿童受教育权入宪至少有 25 个国家:朝鲜、格鲁吉亚、吉尔吉斯、越南、中国、奥地利、德国、俄罗斯、马其顿、葡萄牙、乌克兰、阿根廷、巴拿马、巴西、秘鲁、哥伦比亚、哥斯达黎加、圭亚那、海地、墨西哥、萨尔瓦多、危地

---

① 美国宪法第十四修正案第一款规定:“所有在合众国出生或归化合众国并受其管辖的人,都是合众国的和他们居住州的公民。任何一州,都不得制定或实施限制合众国公民的特权或豁免权的任何法律;不经正当法律程序,不得剥夺任何人的生命、自由或财产;在州管辖范围内,也不得拒绝给予任何人以平等法律保护。”美国联邦法院介入教育问题的标志事件是 1954 年布朗诉教育委员会“隔离但平等”案,自此以后,联邦法院开始越来越多介入教育的事务之中。

② 1923 年宪法第二十一条规定:“中华民国人民依法律有初等教育之义务。”1946 年宪法第二十一条规定:“人民有受国民教育之权利与义务。”1954 年宪法第九十四条规定:“中华人民共和国公民有受教育的权利。国家设立并且逐步扩大各种学校和其他文化教育机关,以保证公民享受这种权利。”1975 年宪法第二十七条第二款规定:“公民有劳动的权利,有受教育的权利。”1978 年宪法第五十一条规定:“公民有受教育的权利。国家逐步增加各种类型的学校和其他文化教育设施,普及教育,以保证公民享受这种权利。”1982 年宪法第四十六条规定:“中华人民共和国公民有受教育的权利和义务。”

马拉、委内瑞拉、智利和加纳等国。[①] 关于25个国家对学前儿童受教育权的规定见下表。

世界各国宪法关于学前儿童受教育权的规定

国别	规定内容
朝鲜	第四十五条　国家根据现代科学技术的发展趋势和社会主义建设的现实需要，在高水平上发展包括为期一年的学前义务教育在内的普遍的十一年制义务教育。 第四十九条　国家用国家和社会的资金在托儿所和幼儿园抚育学龄前儿童。（第154页）
格鲁吉亚	第三十五条第三款　国家保障学前教育。基础教育实行义务教育制度。基础教育依法由国家全额提供财政支持。根据法律规定，公民有获得国家资助的职业教育与高等教育的权利。（第211页）
吉尔吉斯	第四十五条第三款　从学前教育到普通基础教育，国家为公民学习和使用国语、官方语言或者国际语创造条件。（第242页）
越南	第三十六条第二款　［对教育的管理］国家保证学前教育、基础教育、职业教育、大学教育和研究生教育的平衡发展；普及中等教育，建立公办、民办及其他形式的学校。（第932页）
中国	第十九条　国家举办各种学校，普及初等义务教育，发展中等教育、职业教育和高等教育，并且发展学前教育。（第944页）
奥地利联邦	第十四条 4.(2)学前教育和儿童之家制度。 5. 除本条第二款至第四款另有规定外，下列事项的立法权和执行权属联邦政府：(1)为达到课程设置所规定的目的，使公立师范学校、示范幼儿园、示范儿童中心和示范学生之家附属于某一公立学校；(2)专门或主要面向本款第一项所指的示范学校的学生的公立学生之家；(3)以上所指公立教育机构的教师、助教和幼儿园教师的行为准则及职工代表权利。（第57页）

① 依据孙谦、韩大元主编的《公民权利与义务——世界各国宪法的规定》（中国检察出版社2013年版，简称为"孙本"），统计获得样本只有11个。25个样本数据来自朱福惠主编的《世界各国宪法文本汇编》（亚洲卷2012年版、欧洲卷2013年版、美洲大洋洲卷2015年版，厦门大学出版社，简称为"朱本"），以及《世界各国宪法》编辑委员会编译：《世界各国宪法（非洲卷）》，中国检察出版社2012年版。由于统计数据使用的是电子书，任何一个版本都无法完整获得，只能用两个版本拼凑。入选统计标准以每个宪法文本中出现"学前教育""幼儿""学龄前儿童""托儿所""幼儿园"等具有明显标识性词汇为准，"初级教育""启蒙教育""基础教育""儿童"等相对模糊词汇不作为判定标准。比如西班牙语文本的厄瓜多尔宪法第28条中的inicial译成"学前教育"比"启蒙教育"更为准确，在孙本中译成"学前教育"（第356页），在朱本中译成"启蒙教育"（第309页）。因此，实际的学前儿童受教育权或学前教育入宪数量肯定大于25。

续表

国别	规定内容
德意志联邦共和国	第七条第六款　学前教育应禁止[①]。（第 186 页）
俄罗斯联邦	第四十三条　保障国家、地方市镇的教育机构与企业提供免费和廉价的学前教育、普通基础教育和中等职业教育。（第 214 页）
马其顿共和国	第一百一十七条　斯科普里市是特殊的地方自治单位，其组织由法律规定。在斯科普里市，公民直接和通过议员参加有关斯科普里市的决策，特别是在城市规划、公共事业、文化、体育、社会安全和儿童保健、学前教育、初等教育、基本卫生保健以及法律规定的其他领域。（第 385 页）
葡萄牙共和国	第六十七条　促进建设国家妇幼保健体系，国家幼儿日托中心体系及其他支持家庭的社会设施并制定老年人政策。（第 426 页）
乌克兰	第五十三条　国家保障免费的学前教育、完全的普通中等教育、职业技术教育、国立和公共教育中的高等教育。保障学前教育、完全的普通中等教育、课外教育、职业技术教育、高等教育和毕业后教育以及各种培训的发展；向中小学生和大学生提供国家奖学金和优惠。（第 530 页）
阿根廷	第七十五条第二十三款　制定法律并鼓励积极促进保障本宪法和有效的国际人权公约所确认的直接机会平等与公平对待、权利的完全实现和行使，尤其是与儿童、妇女、老年人和残疾人相关的公约。建立保护儿童免受遗弃的特别和必要的社会保障制度，自受孕至初等教育完成，并保护处于妊娠和哺乳期间的妇女。（第 7 页）
巴拿马	第六十三条第二款　使专门为满足父母或监护人托儿要求的托幼机构的幼儿教育制度化。（第 71 页）
巴西联邦共和国	第三十条第六款　维持学前教育和基础教育。（第 104 页） 第二百零八条第一款　4 岁至 17 岁儿童和青少年接受免费的强制基础教育，确保对未入学的适龄就学者提供无偿基础教育；第四款　5 岁以下儿童在幼儿园和学前班接受早期教育。（第 144 页） 第二百一十一条第二款　县应当优先实施基础教育和学前教育。（第 145 页）
秘鲁	第十七条　幼儿教育、中小学教育是义务性教育。公立学校的教育免费。（第 153 页）
哥伦比亚	第六十七条　国家、社会和家庭负责教育，介于 5 岁和 15 岁年龄之间受教育是义务，其包括至少一年的学前教育和九年的基础教育。（第 364 页）
哥斯达黎加	第七十八条　学龄前教育、基础教育是强制性的。在公共体系中，这些教育和其他多元化的教育水平是免费的且由国家支付费用。（第 410 页）

① 此翻译实乃误译。误将“Vorschule”（先修学校）和“vorschulische Erziehung/Vorschulerziehung”（学前教育）混为一谈。参见《被误读的德国学前教育》，《中国教师报》2014 年 2 月 26 日第 15 版。

续表

国别	规定内容
圭亚那合作共和国	第二十七条第一款　任何公民均享有免费获得从托儿所阶段到大学阶段的教育的权利,以及在提供教育和训练的非正式场合获得免费教育的权利。(第466页)
海地共和国	第三十二条E条　学前教育与孕妇指导是国家和地方公共团体的职责之一。(第517页)
墨西哥	第三条　任何人均享有受教育的权利。国家—联邦,各州,联邦各区及各市提供学前教育、初等教育、中级教育和高等教育。学前教育、初等教育和中级教育均为基础教育的组成部分,学前教育、初等教育和中级教育和高等教育均为义务教育。(第598页) 第三条第四款第三项　为了实施本条第二段及第二款之规定,墨西哥共和国应当为学前教育、基础教育、初等教育以及为师资培养编制全国通行的课程纲要。共和国应当依法律规定的条件听取各州、联邦各区域以及与教育、教师及学生家长相关的各种团体的意见。进入国家提供的教育的初等教育及中等教育的教学职位或晋升到前述各类学校之管理或监督职位者,均应通过竞争性测试并被证明为具有相应的知识及能力。法律规范应当就入职、晋升及继续任职规定强制性的评估标准、条件,以保证教育行业者之宪法权利从业过程中能够获得完全之尊重。(第598页) 第四项　除前述前款规定的学前教育、初等教育、高等教育外,国家促进及处理各种系国民之发展所必需的、从入门教育到高等教育在内的各种类型和形式的教育,并促进科学和技术研究、促进文化的发展及传播。(第599页) 第三十一条　墨西哥人的义务包括:依法律之规定将其子女或被监护人送至公立或私立学校接受学前教育、基础教育、中等教育、高等教育,接受军事训练。(第609页)
萨尔瓦多	第五十六条　所有共和国居民有权利也有义务接受初等基础教育,教育将使其成为有用的公民。国家应推动特别教育中心的组建。国家提供的早期、基础和特别教育应为无偿的。(第674页)
危地马拉共和国	第七十四条[义务教育]　居民有在法律确定的年龄范围内接受启蒙、学前、初等及基础教育的权利和义务。(第828页)
委内瑞拉玻利瓦尔共和国	第一百七十八条第五款　健康和基本健康维护;幼儿、儿童、青少年和年长者保护所需服务;学前教育;帮助残疾者到社会发展的家庭服务;文化和体育活动及设备。预防和保护服务;涉及市权限内事项的财产和活动的监事和管控。(第867页)
智利	第十九条第十款　国家有义务促进学前教育,国家为免费的学前教育提供财政资助,以保障儿童获得学前教育和更高等级的教育。作为进入基础教育的前提条件,第二级过渡(second level of transition)是强制的。(第947页)
加纳	第二十七条[妇女的权利]　应当提供设施照顾学龄前儿童,以使传统上照顾儿童的妇女充分发挥其潜能。(第269页)

分析这些规定,具有如下特点:第一,规定学前儿童受教育权的25个国

家中,有八个国家是曾经为社会主义国家或现在仍然是社会主义国家。格鲁吉亚、吉尔吉斯、俄罗斯、乌克兰皆为前苏联加盟共和国。朝鲜、越南、古巴、中国现在仍然是社会主义国家。正如前文所述,社会主义国家的受教育权属性偏向于社会权,因此,学前儿童受教育权也偏向于社会权。第二,有七个国家规定学前教育为义务教育,朝鲜、巴西、秘鲁、哥斯达黎加、哥伦比亚、墨西哥、危地马拉,其中哥伦比亚规定义务学前教育只有一年。第三,墨西哥对学前儿童受教育权的规定最为详尽,包括其接受学前教育的目的、性质、内容和形式。我国 1982 年宪法第十九条规定:“国家发展社会主义的教育事业,提高全国人民的科学文化水平。国家举办各种学校,普及初等义务教育,发展中等教育、职业教育和高等教育,并且发展学前教育。”第四十六条:“中华人民共和国公民有受教育的权利和义务。”结合第三十三条的规定可以直接从宪法中推出我国学前儿童受教育权具有宪法依据。[①]

三、学前儿童受教育权的普通法基础

学前儿童受教育权的普通法基础指的是规定学前教育的学制系统、教育目的或教育目标等的教育基本法或其他高阶的法律。由于资料的有限性,此处只能对日本和我国的教育法简单做个比较。

(一)学前儿童受教育权与教育目的[②]

讨论受教育权不得不追问什么是教育的问题,而追问什么是教育的问题可以通过追溯教育目的的方式得以解决。事实上,研究和讨论受教育权的一个重大使命就在于帮助教育目的的实现。因此,对教育目的的讨论就是受教育权研究的应有范围。比如有论者把教育权、受教育自由、教育自由和教育

① 1982 宪法第三十三条规定:“凡具有中华人民共和国国籍的人都是中华人民共和国公民。中华人民共和国公民在法律面前一律平等。”

② 这里讨论教育目的时涉猎国际法和宪法条款,这与上面的分类似乎有些矛盾,但是为了论述的系统性而不得如此之做。

目的等四方面作为受教育权的内容来讨论。[①]还有论者通过考察教育目的的形成来探讨国际法中受教育权的促进与保护。[②]所以，这里讨论学前儿童受教育权与教育目的的关系就是题中之义。教育目的所要回答的是“培养什么样的人”的问题。学前教育“培养什么样的人”自然涉及“人是什么”和“儿童是什么”的问题，关于这个问题在前文第二节中已经有所讨论。这里从国际法、宪法和教育基本法条款看教育目的。

被认为是国际习惯法的《世界人权宣言》的第二十六条第二款规定：“教育的目的在于充分发展人的个性并加强对人权和基本自由的尊重。教育应促进各国、各种族或各宗教集团间的了解、容忍和友谊，并应促进联合国维护和平的各项活动。”有人把这教育目的概括为：“发展个性、促进人权、促进和平、促进维和行动。”[③]《经济、社会及文化权利国际公约》第十三条第一款规定：“教育应鼓励人的个性和尊严的充分发展，加强对人权和基本自由的尊重，并应使所有的人能有效地参加自由社会，促进各民族之间和各种族、人种或宗教团体之间的了解、容忍和友谊，和促进联合国维护和平的各项活动。”与前者相比，该公约中的教育目的除了进一步确认和重申前者的内容，还增加了一些关键词，如“人种”“尊严”和“应使所有的人能有效地参加自由社会”。该公约的目的虽然没有进行实质性的改动，但是增加后的教育目的更加突出了教育为构建一个多元、宽容和自由社会的追求和努力。《儿童权利公约》第二十九条第一款规定：“缔约国一致认为教育儿童的目的应是：(a)最充分地发展儿童的个性、才智和身心能力；(b)培养对人权和基本自由以及《联合国宪章》所载各项原则的尊重；(c)培养对儿童父母、儿童自身的文化认同、语言和价值观、儿童所居住国家的民族价值观、其原籍国以及不同于其本国

① 详见温辉：《受教育权入宪研究》，北京大学出版社 2003 年版，第 50–56 页。

② 参见杨成铭：《受教育权的促进和保护——国际标准与中国的实践》，中国法制出版社 2004 年版，第 2–12 页。

③ 杨成铭：《受教育权的促进和保护——国际标准与中国的实践》，中国法制出版社 2004 年版，第 5 页。

的文明的尊重;(d)培养儿童本着各国人民、族裔、民族和宗教群体以及原为土著居民的人之间谅解、和平、宽容、男女平等和友好的精神,在自由社会里过有责任感的生活;(e)培养对自然环境的尊重。"观察儿童权利公约中的教育目的可以发现:第一,(a)中发展个性的内容更加丰富和完善;第二,"促进人权"的内容从未改变,将"促进和平、促进维和行动"的思想融入"《联合国宪章》所载各项原则的尊重";第三,(c)和(d)都是新增加的内容,如果说前两款的内容是对人类社会在20世纪遭受两次世界大战的反思和总结,强调人类共同体的共性的话,那么后两款的内容则是人类社会对不同国家或民族文化和传统等特殊性的尊重和保护的认识成果;第四,(e)则是对人类工业化的过度发展而造成的环境污染问题而所提出的环境权的认可。综上,如果说《世界人权宣言》和《经济、社会及文化权利国际公约》更多体现的是西方中心论的思想,那么《儿童权利公约》则更多地理解为世界主义思想在全球的胜利,这也是《儿童权利公约》之所以成为国际上认可程度最高、签约和批准过最多的国际公约的重要原因之一。①

日本与中国紧邻,同时日本在近代以前深受中国文化的各种影响。但当两国被西方列强打开大门后,中日两国在迈向现代化的征途中走上了迥异的道路。在国家转型和社会变革等诸多方面,日本走过的道路所获取的历史经验和教训值得我国学习和借鉴。因此,我们选择中日教育目的作比较更有针对性和意义。日本1947年实行的《教育基本法》对教育目的的规定是:"教育,以人格的养成作为目标,作为和平国家及社会的一员,热爱真理和正义,尊重个人的价值观,重视勤劳和责任,培养有自主精神的身心健康的国民。"②该目的确立了以自由、民主、平等、尊崇和平为核心的民主主义的教育基本理

① 截至2015年,世界上仅有美国未签署《儿童权利公约》。美国未签署《儿童权利公约》的原因参见王岽兴:《美国拒绝批准联合国〈儿童权利公约〉原因探析》,《南京师大学报》(社会科学版)2006年第2期。

② 原文为日文,中文系笔者委托在日本名古屋商科大学任教的王志博士翻译提供,特此致谢。

念。2006年新的教育基本法对教育目的做了较大的改动。新教育目的即“教育必须以完善人格为目标,要培养作为和平民主国家和社会的建设者而具备必要素质的身心健康的国民”。同时,为了保障教育目的的实现,在教育目标第五款规定中增加了“尊重传统和文化,热爱培育传统和文化的我国和乡土,同时,尊重其他国家,培养为国际社会的和平与发展做贡献的态度”。[①] 新的教育目的修订较旧的教育目的来说发生巨大的改变。正如有论者指出的是:“新教育基本法明确规定‘尊重公共精神’和热爱‘我国’的理念集中反映了日本社会本位、国家本位的教育观,它们是国家主义的教育理念。新教育基本法采取和坚持国家主义的教育理念,是对旧教育基本法的民主主义精神的反动。”[②] 从两部教育基本法对教育目的的不同规定可以看出,旧教育目的更能体现国际人道主义的精神,而在有着军国主义传统的日本强调“尊重传统”是一个危险的信号。

中华民国教育法的规定是“教育之目的以培养人民健全人格、民主素养、法治观念、人文涵养、强健体魄及思考、判断与创造能力,并促进其对基本人权之尊重、生态环境之保护及对不同国家、族群、性别、宗教、文化之了解与关怀,使其成为具有国家意识与国际视野之现代化国民”。该教育目的趋近于《儿童权利公约》中规定之目的。新中国成立以来,培养“劳动者”“人才”“建设者和接班人”“公民”等,是我国教育目的对培养什么样的受教育者的定位的几种典型表述。我国现行教育目的在《教育法》的规定是“教育必须为社会主义现代化建设服务,必须与生产劳动相结合,培养德、智、体等方面全面发展的社会主义事业的建设者和接班人”。与学前教育最为接近的《义务教育法》(2006年)对教育目的的规定是:“义务教育必须贯彻国家的教育方针,实

① 日本新《教育基本法》(全文),载于《外国教育研究》2009年第3期。该法由东北师范大学国际与比较教育研究所张德伟教授根据日本《教职研修》杂志2007年第2期刊登的法律文本全文翻译而成。

② 王晓茜、张德伟:《日本教育基本法的修改与教育基本理念的转变》,《外国教育研究》2007年第7期。

施素质教育，提高教育质量，使适龄儿童、少年在品德、智力、体质等方面全面发展，为培养有理想、有道德、有文化、有纪律的社会主义建设者和接班人奠定基础。”新中国成立后的六十多年里，我国的教育目的定位虽有进步，但始终难以脱离工具主义的浓厚色彩。马克思《共产党宣言》中指出：“每个人的自由发展是一切人的自由发展的条件。”[①] 在《德意志意识形态》中指出：“全部人类历史的第一个前提无疑是有生命的个人的存在。”[②] 失却了自由而片面地强调人的全面发展往往导致的结果是“对学生划一要求，忽视学生的个性”。[③] 针对既有教育目的表述存在的不足，有论者提出教育目的应定位于培养“人”。[④] 笔者赞同这个观点，以“人”作为培养目标的终极定位，结合儿童权利公约中教育目的的条款和我国的传统和现实国情，我国的教育目的将走出工具主义的桎梏，迈向人本主义的旨归。[⑤]

（二）日本和我国基本法中有关学前儿童受教育权规定

此处的日本基本法指的是《教育基本法》（2006年）和《学校教育法》（1947年）。前者的第十一条规定：“鉴于幼儿期的教育在培育终生人格完善的基础方面具有重要作用，国家和地方公共团体必须通过整顿有助于幼儿健康成长的良好环境和采取其他适当的方法，致力于幼儿期教育的振兴。”[⑥] 这

---

① 《马克思恩格斯选集》（第1卷），人民出版社1995年版，第294页。

② 《马克思恩格斯选集》（第1卷），人民出版社1995年版，第67页。

③ 陈桂生：《普通教育学纲要》，华东师范大学出版社2009年版，第52页。另外，孙绵涛在一文中也指出：“在人的发展上，历次的改革文件都强调学生全面发展，没有提到自由发展，把自由发展看成是洪水猛兽。”详见孙绵涛：《中国教育改革怎么改——学理分析与实践反思》，《教育科学研究》2011年第3期。

④ 扈中平：《教育目的应定位于培养“人”》，《北京大学教育评论》2004年第3期。

⑤ 在以“人”作为培养目标的终极定位和低限度的个人观的基础上，笔者提出的教育目的为“教育培养尊重常识、捍卫常识和善用常识的现代公民”。其理由是当下的社会充斥着太多的否定常识的现象，教育作为一种外在的方式去影响人的知识增长和能力发展应该立足于保底，追求卓越达至美善那是内力的作用。因此，外部目标定位过高的结果不是让教育本身无法承认，就是造成受教育者的人性扭曲。也许这就是当下我国遭遇的教育困境的症结之一。

⑥ 日本新《教育基本法》（全文），载于《外国教育研究》2009年第3期。

条规定是从保障学前儿童受教育权作为国家和社会团体的义务角度出发的。后者对幼儿园教育的目的和目标作了更为详细的规定。第七十七条规定:“幼儿园的目的是,在良好的环境中使幼儿的身心得到发展。”第七十八条规定:“为了实现前条的目的,幼儿园应致力于完成下列各项的目标:一、培养健康、安全和愉快生活所必需的日常良好习惯,促进身体机能协调发展;二、使儿童体验幼儿园的集体生活,培养他们乐于参加集体生活,鼓励他们养成合作与独立的精神;三、培养儿童对待周围社会生活、事实和现象的正确认识和正确态度;四、指导儿童恰当地运用语言,并培养他们对童话故事和小人书等的兴趣;五、培养儿童通过音乐、舞蹈、图画以及其他手段来创造性地表达自己的思想感情和兴趣。”[①] 该法令还规定了幼儿园保育内容、入园资格年龄和幼儿园主任、首席教员、教谕以及其他职员等。从这些条款中可以看出,他们是从保障学前教育的内容和条件等方面作出规定。

此处的我国基本法是指《教育法》和《未成年人保护法》。《教育法》第十七条规定:“国家实行学前教育、初等教育、中等教育、高等教育的学校教育制度。”这条是确立学前儿童受教育权的最权威依据。《教育法》还具体规定了受教育者具有的教育权利。[②]有人把这些权利概括为参与活动权、获得奖学金权、公正评价权、申诉起诉权、其他权等。应该说,学前儿童除了有这些权利外,因为他们的弱小和身心发展远未成熟等因素,他们还享有其他更多的权利。《未成年人保护法》第二条规定:“本法所称未成年人是指未满十八周岁的公民。”第三条第二款规定:“未成年人享有受教育权,国家、社会、学校和家庭尊重和保障未成年人的受教育权。”结合该两款,可以明确地说《未成年

---

① 日本学校教育法(一九四七年三月三十一日第二十六号法律),沈重译,《国外法学》1983 年版,第 4 页。

② 第四十二条　受教育者享有下列权利:(一)参加教育教学计划安排的各种活动,使用教育教学设施、设备、图书资料;(二)按照国家有关规定获得奖学金、贷学金、助学金;(三)在学业成绩和品行上获得公正评价,完成规定的学业后获得相应的学业证书、学位证书;(四)对学校给予的处分不服向有关部门提出申诉,对学校、教师侵犯其人身权、财产权等合法权益,提出申诉或者依法提起诉讼;(申诉起诉权);(五)法律、法规规定的其他权利。(其他权)

人保护法》规定了学前儿童受教育权。关键的问题是学前儿童受教育权与义务教育阶段儿童受教育权相比具有什么共性和特性,这将成为下章讨论的主要内容。

第三章　学前儿童受教育权的性质与内容

讨论学前儿童受教育权与相关权利的理由有三个:首先,人权的整体性决定了从权利体系中把握学前儿童受教育权,这有利于看到学前儿童受教育权在权利体系中的地位,以及与其他权利的关联作用。1993年,由171个国家参加的世界人权大会通过的《维也纳宣言和行动纲领》中声称:“各项人权是普遍、不可分割的,相互依存和相互联系的。”[①] 就学前儿童的身心特点来看,学前儿童的权利特性具有更强的整体性和不可分割性。基于上面两点,这里先对学前儿童享有的基本权利进行讨论,旨在厘清学前儿童阶段享有与成人哪些相同的权利,成人的哪些权利是学前儿童不能享有,学前儿童享有的哪些权利又是专属于他们的,而这些权利成人只能尊重和保护。

其次,从横向来看,学界对于受教育权的研究较少与其他基本权利进行比较与分析,这种研究有利于认识到受教育权本身的内容和深度,但是却不容易辨析受教育权与其他基本权利的联系和区别。有比较才有鉴别,认识不到受教育权与其他基本权利的关联就难以明确受教育权本身的性质和独特性。最后,从纵向来看,学前阶段的权利状态决定和影响着后续阶段甚至成“人”阶段的权利状态。因为运用权利的能力不是一蹴而就的,它是从小在日

---

① [挪]A. 艾德、C. 克洛斯等:《经济、社会和文化权利教程》(第2版),中国人权研究会组织译,四川人民出版社2004年版,第4页。

常生活和点滴教育之中养成的，所以这要求我们要把握好教育奠基之开端的学前教育部分，为引导儿童在未来的成人状态下正确运用权利奠定坚实的基础。学前教育阶段是成"人"教育的第一阶段，处于此阶段的儿童的权利是成"人"阶段权利的最早发端时期。

对于儿童的教育没有试验和重复，有的只是慢慢的等待，但是有些东西失去了之后永远也找不回来，比如儿童的身心发展。倘若只是就学前儿童受教育权而论学前儿童受教育权，这会导致无法从整体上把握此在的学前儿童与未来社会公民之间的影响关系。"南辕北辙"虽然只是一个寓言故事，但是这样的故事却在现实生活中不断地上演，在学前教育中尤其值得警醒。基于上面三个理由，本章首先分析学前儿童受教育权与相关权利的关联，然后再讨论学前儿童受教育权的性质和内容，由此明确学前儿童受教育权的特点。

第一节　学前儿童受教育权与相关基本权利

一、从两大国际公约中看学前儿童的权利

我国现行宪法规定，学前儿童属于公民行列。[①] 由此，作为公民的学前儿童所具有的权利与受教育权的关系在形式上是整体与部分的关系，从实质上看，教育是实现其他人权的前提条件，教育的目的在于促进人权的发展与完善。恰如联合国人权事务委员会所指出："受教育本身就是一项人权，也是实现其他人权不可或缺的手段。作为一项增长才能的权利，教育是一个基本工具，在经济上和在社会上处于边缘地位的成人和儿童受了教育以后，就能够脱离贫困，取得充分参与社区生活的手段……但是，教育的重要性并不只是

① 1982年宪法第三十三条："凡具有中华人民共和国国籍的人都是中华人民共和国公民。"据此，只要拥有中国国籍的幼儿就是中华人民共和国公民，但是这种观念在实际生活中并没有得到广泛的认同。张玉堂教授在每年的四川省高等学校教师岗前培训作过一项调查，多数人认为18岁以上的成人才是中华人民共和国公民。

限于实用的层面：有一颗受过良好教育、能够自由广博思考的开悟而且活跃的心灵，是人生在世的赏心乐事。”[①] 在国际法中，一般将受教育权纳入文化权利的范畴，而文化权利与公民权利、政治权利、经济权利和社会权利皆成为两个国际人权公约的重要内容。这两个国际公约即《公民权利和政治权利国际公约》（后简称《民权公约》）和《经济、社会及文化权利国际公约》（后简称《经社文公约》）。作为学前儿童首先是作为一个个体的人和完整的公民而存在的，因此，这里从民权公约、经社文公约和儿童权利公约的有关规定中扼要地分析学前儿童享有哪些与成人相同的公民权利、政治权利、经济权利、社会权利、文化权利，哪些成人的权利是学前儿童不能享有的，哪些权利又是学前儿童专享的。

（一）公民权利与政治权利

尽管《民权公约》是“国际人权宪章”的重要组成部分，也是公民权利和政治权利领域中最为广泛、最为权威的国际法律文件，甚至被称为“很可能是世界上最重要的人权条约”[②]，但是公民权利与政治权利本身却是颇受争议的两个概念。有论者认为，公民权利就是社会成员的个体自主和自由在法律上的反映，是国家对公民所承诺和维护的权利。是社会所认可的赋予公民个体可做或可不做的自由，包括依照宪法和法律所享有的各种政治、经济和社会权利。[③] 此定义把公民权利置于政治、经济和社会权利之上，这显然违背了两个公约中处于同一范畴的定位，这属于把公民权利的外延扩大化。何谓“公民权利”先得从“公民”开始。我国的宪法规定公民是具有一国国籍的自然人，也就是说公民是一个与国家政治法律联系在一起的概念。由此，公民权利

① 杨宇冠：《联合国人权公约机构与经典要义》，中国人民公安大学出版社 2005 年版，第 103-104 页。

② 孙世彦：《公民及政治权利国际公约》的两份中文本：问题、比较与出路，环球法律评论 2007 年版，第 6 页。

③ 奚洁人：《科学发展观百科辞典》，上海辞书出版社 2007 年版，第 60 页。

“先在的逻辑和现实条件是基于国家的公民资格而获取权利，公民资格端赖国家所赐，国家给予，国家也能取；国家既可以赋予个人公民资格，也可以剥夺或取消这一资格，是否获得公民权利对国家具有较大程度的依附性”。[①] 这样理解容易导致公民权利与政治权利的混淆，同时并不符合人类权利发展史的特点。

公民权利(civil rights)一词较早出现在1787年《美国联邦宪法》和1789年的《人与公民权利宣言》(Declaration of the Rights of Man and of the Citizen)。[②] 公民权利与政治权利都属于世界人权发展的第一代人权，第一代人权的特点就是赋予公民较大的自由来对抗国家机器对个人权益的僭越或侵犯。纵观历史的发展，现代民族国家一般都保障公民权利和政治权利的实现，即公民权利和政治权利的法律化，但这并不意味着公民权利和政治权利就是国家法律所赐或赠予的。在法国人权宣言、美国联邦宪法和民权公约里，“此处的‘公民权利’虽然在名称上为‘公民’，主要所指仍是自然人所享有的权利，政治权利则是作为社会政治共同体成员资格所享有的权利”。[③] 笔者对此的理解是，民权公约要坚持区分公民权利和政治权利的意义在于，这里的“公民权利”就是人之为人的最低限度的不可剥夺的权利，即狭义上的公民权利，也叫作“人的权利”。而上文引用国内学者关于公民权利的定义则可以理解为广义上的公民权利。正如《儿童权利公约》第四条第二款之规定，[④] 这

---

① 郑贤君：《基本权利原理》，法律出版社2010年版，第13页。

② 1787年美国联邦宪法第一条第九款第二项规定：不得通过公民权利剥夺法案或追溯既往的法律；第十款规定：任何一州都不得，通过任何公民权利剥夺法案、追溯既往的法律或损害契约义务的法律。

③ 郑贤君：《基本权利原理》，法律出版社2010年版，第156页。林来梵的观点可以证明此看法。他认为，在民权公约里，“公民权利”的英文就是civil rights，但是里面实际规定的更多的是natural rights。所以将civil rights译成“公民权利”是不妥当的，这看不出natural rights(自然权利)的固有性，因为它们具有前国家、超国家的性质，是在市民社会或自然状态中产生的，为此属于“市民权利”。参见林来梵：《宪法学讲义》，法律出版社2011年版，第200页。

④ 儿童权利公约第四条第二款规定：不得根据本规定而克减第六条、第七条、第八条(第一款和第二款)、第十一条、第十五条、第十六条和第十八条。

些条款的具体内容就涉及人的生命权、人身自由权、人格权和思想、良心和宗教自由权,这些权利就是人之为人的不可剥夺的权利。“政治权利是位于可直接使用的公民权利和只能逐步实现的社会经济权利之间的单独的一类权利。”[①] 政治权利体现的是公民参与社会公共管理、行使管理国家事务权利的具体法律形式,包括言论、出版、集会、结社、游行、示威自由,另外还有选举权和被选举权,以及通信自由等。这些权利基本上被我国现行宪法载明。就政治权利而言,由于其权利的运作需要相应的权利能力作为前提,因此,除了通信自由外其他的政治权利对于学前儿童来说都是难以使用的。

(二)经济权利、社会权利、文化权利

经济权利、社会权利和文化权利是被《经济、社会、文化权利国际公约》所载明和确认的。它们与公民权利和政治权利等共同为《世界人权宣言》所宣示,那么为何变成有拘束力的国际条约后就一分为二?其根本原因在于,与公民权利和政治权利相比,经济权利、社会权利和文化权利属于第二代人权。第一代人权对应的国家义务是不作为即为对公民权益最好的保护,而第二代人权对应的国际义务是积极作为才是保障公民权益的主要手段。对于这不同的两代人权,世界各国给予的认同和贯彻也不同,因此,最后才把《世界人权宣言》明示的权利分成两个部分。有人认为:“经济权利是指公民享有适当生活水准、获得和维持符合于人的尊严最低限度的体面生活标准的权利。包括生存权、社会保障权、劳动权、经济平等和经济自由。”[②] 国外也有学者指出,经济权利“包括工作权和享受公正和良好的工作条件;参加和组织工会的权利;社会保障权;家庭特殊权利;相当生活水准的权利,如食物、衣着和住房,并

---

① [奥]曼弗雷德·诺瓦克:《民权公约评注》(上),毕小青、孙世彦译,三联书店 2003 年版,第 447 页。

② 周伟:《宪法基本权利:原理·规范·应用》,法律出版社 2006 年版,第 13-14 页。

能不断改进生活条件;享有能达到的最高的体质和心理健康的标准权利”。[①] 事实上比较这些权利,基本上就对应于《经社文公约》的第六条、第七条、第八条、第九条、第十一条、第十二条。应当说,《经社文公约》对经济权利的规定条款比较清楚,那么这是否意味着经济权利的内涵确定吗?至少在国内法学界,何为经济权利还存有较大的分歧。

有学者认为,经济权利不是一个单独的概念,而是与社会权利相融合的一种权利,统称为社会经济权利,没有独立分出的必要。[②] 还有学者认为,经济权利是指公民依照宪法的规定享有的具有物质经济利益的权利,是公民实现基本权利的物质上的保障。[③] 郑贤君认为:“经济权利有广义和狭义之分。广义的经济权利是指包括财产权在内的与经济有关的权利,狭义的经济权利仅指工人享有的与工厂和劳动场所有关的权利。”[④] 这些定义都各有所长,但对本研究的最大启示是郑贤君对经济权利持广义和狭义的分类。根据其广义的内涵,《经社文公约》中的经济权利当为广义的经济权利。不过,这种分类都是理论上分析的需要,在法律实践中有时无法区分广义的经济权利和狭义的经济权利。经济权利本身的模糊性增大了区分其与社会权利等概念的区别与联系的难度。在社会权利中,“这些权利奠定了人们得以确立和规范他们的社会条件的基础,例如,婚姻权、收养权、家庭不受政府隔离权”。[⑤] 参照《经社文公约》,社会权利涉及第十条和第十三条,具体内容就是婚姻自由权和受教育权。由于文化概念本身的复杂和多义,因此文化权利到目前为止

---

① Rhoda E.Howard-Hassmann, Claude E. Welch, Jr. Economic Rights in Canada and the United States, University of Pennsylvania Press , 2009, preface.

② 许崇德:《宪法》,转引自许雅峰:《经济权利的行政法规范》,南京航空航天大学 2007 年硕士学位论文,第 2 页。

③ 董和平、韩大元、李树忠:《宪法学》,转引自许雅峰:《经济权利的行政法规范》,南京航空航天大学 2007 年硕士学位论文,第 2 页。

④ 郑贤君:《论宪法上的经济权利》,《中共长春市委党校学报》2004 年第 4 期。

⑤ Rita Cantos Cartwright and H. Victor Conde. Human Rights in The United States. A Dictionary and Documents, Santa Barbara, California, 2000, p. 202.

还没有获得一个被普遍认同的定义。从《经社文公约》来看,第十五条规定:一、本公约缔约各国承认人人有权:(甲)参加文化生活;(乙)享受科学进步及其应用所产生的利益;(丙)对其本人的任何科学、文学或艺术作品所产生的精神上和物质上的利益,享受被保护之利。

经济权利、社会权利和文化权利有时又被合称为社会权,此称谓相对于公民权利和政治权利的自由权属性。[①] 在社会权中,学前儿童与成人相比,除了婚姻自由权外,其他成人享有的权利,学前儿童也应该享有。

二、从《儿童权利公约》看学前儿童的权利

把儿童的权利分为生存权、发展权、受保护权、参与权始出于我国未成年人保护法。[②] 就逻辑而言,这种划分并不是合理的。因为不论是生存权、发展权,只要涉及权利都需要保护,权利的行使与享有都需要参与,所以把"受保护权"和"参与权"单列出来就存在分类标准不统一的问题,导致的结果就是权利内容的重叠,而权利的重叠又会导致忽视了本应重视的权利。这是否就意味着未成年人保护法存有瑕疵,显然这个问题不应在此处讨论,不过可以明确的是就通行的法理所讲这种列举是欠周全考虑。但是问题的关键恰恰是该法实施对象具有特殊性,即未成年的儿童,而针对特别的对象进行特殊

---

① 这里的社会权利是宪法意义上讨论概念。必须指出的是,此社会权利完全不同于作为权利和权力的上位概念的"社会权利"。正如论者所言,社会权利是从法学角度认知的、由法律承认和保护的社会整体利益,具体表现为各种形式的权利和权力。详见童之伟:《"社会权利"的法哲学阐释》,《法学评论》1995 年第 5 期。

② 《未成年人保护法》第三条规定:未成年人享有生存权、发展权、受保护权、参与权等权利,国家根据未成年人身心发展特点给予特殊、优先保护,保障未成年人的合法权益不受侵犯。未成年人的内涵与儿童权利公约中儿童的内涵一致,这四项权利是对《儿童权利公约》中规定的儿童权利的概括。在 1948 年的《世界人权宣言》中,公民权利、政治权利、经济权利、社会权利和文化权利是合为一体的。1950 年,联合国大会建议人权委员会通过单一的人权公约,次年,西方国家将《世界人权宣言》包含的人权分成了现在的两大国际公约。然而,在《儿童权利公约》等国际公约中又将二者合并在一起。参见 A. 艾德、C. 克洛斯等主编:《经济、社会和文化权利教程》(修订第 2 版),中国人权研究会组织译,四川人民出版社 2004 年版,第 3–4 页。

的规定是可行的。因此,这里对儿童的生存权、发展权、受保护权、参与权进行讨论,其意义在于加深和拓宽对上文权利的分类认识。

(一)生存权

有论者认为,作为明确的法的概念,"生存权"最早见于奥地利具有空想社会主义思想倾向的法学家安东·门格尔1886年写成的《全部劳动权史论》。[①] 生存权的法律化出现在苏俄的《被压迫被剥削劳动者权利宣言》和1919年产生的以生存权为人权特征的《魏玛宪法》。之后,生存权就成为不少国家宪法的基本权利之一。第二次世界大战之后,生存权先后进入国际法的保护序列,即三大人权宪章中。正如论者指出,在1948年的《世界人权宣言》中,"首先,是其第23条规定了公民享有接受社会保障的权利,同时又在第25条中,规定所有的公民都有保持和保障充分的生活水准之权利,以此保障生存权。此外,作为生存权性质侧面的相关权利,人权宣言还分别以第23条和第24条规定了劳动的权利,以第26条规定了教育的权利,以第27条规定了文化生活的权利"。[②] 在《中国的人权状况》(1991年)白皮书发表之后,生存权正式进入我国的主流话语体系。"生存权是中国人民长期争取的首要人权"的观点成为我国人权学说的主流观点。[③]

生存权并不是一个单一的、内涵明确的实体概念,而是一群权利,"宪法学"意义上的权利,是对一系列宪法文本上的权利的概括。[④] 该论者对广义和狭义的生存权进行了深入透彻的分析。他引用日本学者三浦隆的观点,广义的生存权包括家庭权、生存权(狭义即生活权)、教育权、劳动权;在狭义上"所谓生存权,就是人为了像人那样生活的权利。所谓像人那样生活,就是说人

---

① 徐显明:《生存权论》,《中国社会科学》1992年第5期。

② [日]大须贺明:《生存权论》,林浩译,法律出版社2004年版,第5-6页。

③ 中华人民共和国国务院新闻办公室:《中国的人权状况》,1991年11月,见 http://www.gov.cn/zwgk/2005-05/24/content_488.htm。

④ 马岭:《生存权的广义与狭义》,《金陵法律评论》2007年第2期,第72页。

不能像奴隶和牲畜那样生活，是保全作为人的尊严而生活的权利。为此，国民以其各自家庭为基础，有‘享有最低限度的健康与文化生活的’权利”。[①] 该论者赞同广义上和狭义上的生存权都有存在的合理性，同时主张明确区分两种意义上的生存权。但是，另有论者认为，泛化的生存权失去了研究对象的独特性。一个没有独特对象的概念相当于取消自己存在的合法性。因此，极力主张生存权应当只有一个含义。该论者认为，“生存权是指人们获得足够的食物、衣着、住房以维持有尊严的相当生活水准的权利，它包括食物权、衣着权、住房权等具体内容”。[②] 这个定义相当于前面狭义的生存权。认为生存权只有一个含义的观点是深刻的，既有利于与国际接轨，也利于对生存权的深入研究。但是，笔者在本文中还是取广义上的生存权，理由是：第一，这个观点本身也是现在多数学者的看法；第二，作为后发型的国家其权利发展具有共时性的特征，在这种背景下采用比较单一的权利观容易遮蔽权利问题本身的复杂性和丰富性，这样反而不利于生存权的研究。

作为一个权利束的生存权的内容及其相互关系是什么？有论者对其进行精辟的分析。生命是生存权的自然形式，财产是生存权实现的物质条件，劳动是实现生存权的一般手段，社会保障是生存权的救济方式，发展是生存权的必然要求，环境、健康、和平是生存权的当代内容，国家职能的转换是生存权的保障。生命权、尊严权、财产权、劳动权（包括劳动就业权、职业选择权、报酬权、劳动保护权、休息权、交涉权、争议权、管理决定权、劳动保险权等）、社会保障权、发展权（包括受教育权、公职竞争自由、兼职自由、职级晋升权等）、环境权（包括净气权、阳光权、稳静权、净水权、远眺权等）、健康权、和平权（包括反战权、反核权、免除核威胁权等），都是生存权的内容。[③] 从这个概括来看，广义的生存权的外延不胜枚举，不仅生存权包含了发展权，而且发展

① 马岭：《生存权的广义与狭义》，《金陵法律评论》2007 年第 2 期，第 73 页。

② 上官丕亮：《究竟什么是生存权》，《江苏警官学院学报》2006 年第 6 期。

③ 徐显明：《生存权论》，《中国社会科学》1992 年第 5 期。

权又把受教育权纳入旗下。

(二)发展权

发展权作为一个正式的人权概念,最初是由塞内加尔第一任最高法院院长、联合国人权委员会委员凯巴·姆巴耶于1970年正式提出的。有论者指出,发展权概念提出后其演变经历了三个阶段:从人权目标到应有人权;从应然人权到法定人权和从法定人权到实然人权。[①]1986年《发展权利宣言》的通过,标志着第三阶段转化的开始。该宣言指出:"发展权利是一项不可剥夺的人权,由于这种权利,每个人和所有各国人民均有权参与、促进、享受经济、社会、文化和政治发展,在这种发展中,所有人权和基本自由都获得充分实现。"宣言还原则性地阐释了发展权的主体、内涵、地位、保护方式和实现途径等基本问题。那么,该如何理解发展权?从权利主体看,发展权是人的个体与人的集体的权利的统一;从权利内容看,发展权是政治、经济、文化和社会发展权的统一;从权利行使看,发展权是主体参与、促进和享受发展的统一。[②]从公民权利、政治权利、经济权利、社会权利和文化权利来看,发展权如生存权一样,也是一个权利群。发展权的最新权威表述就是"五位一体"的发展。[③]不过,"五位一体"的发展更多属于集体的发展权,然而发展权归根结底还是要落实在每个人自由、和谐地发展。正如《发展权利宣言》所指出:"人是发展的主体,因此,人应成为发展权利的积极参与者和受益者。"

对于尚未成熟的学前儿童来说,发展的内容包括生理发展、心理发展和社会适应发展。儿童的发展权是指保障儿童成长过程中,各种需要得到满

---

① 参见汪习根:《发展权法理探析》,《法学研究》1999年第4期。

② 参见汪习根:《发展权法理探析》,《法学研究》1999年第4期。

③ 在中国共产党第十八次全国代表大会报告中指出:"必须更加自觉地把全面协调可持续作为深入贯彻落实科学发展观的基本要求,全面落实经济建设、政治建设、文化建设、社会建设、生态文明建设五位一体总体布局,促进现代化建设各方面相协调,促进生产关系与生产力、上层建筑与经济基础相协调,不断开拓生产发展、生活富裕、生态良好的文明发展道路。"

足,包括儿童有接受一切形式的教育(正规的和非正规的教育)的权利,以及能够给予儿童与其身体、心理、精神、道德及社会发展相适应的生活水平。儿童的发展权包括以下具体内容:(1)儿童享有通过大众传播媒介获得有利于身心健康的信息的权利;(2)儿童享有接受教育的权利;(3)儿童享有娱乐、休闲和游戏的权利;(4)儿童享有自由参加文化生活和艺术活动的权利;(5)儿童享有思想、信仰、宗教自由的权利;(6)儿童有结交朋友、参与社会活动,以利于性格发展的权利;(7)儿童享有获得充足的有营养的食物,以保证身体健康发展的权利。

(三)受保护权

受保护权(Protection Rights)[①]是通过对《儿童权利公约》中诸多保护条款的概括而形成的权利束。《儿童权利公约》中的保护条款可分为一般保护和特殊保护。一般保护指的是在常态下对儿童人身权利的保护,具体包括:家庭团聚保护(第10条);儿童隐私权保护(第16条);免受虐待和任何形式的身心摧残、照料不周以及剥削的权利(第19条);收养保护(第21条);禁止童工(第32条);禁止滥用药物(第33条);禁止性剥削(第34条);禁止诱拐、买卖和贩运儿童(第35条);任何儿童不受酷刑或其他形式的残忍、不人道或有辱人格的待遇或处罚(第37条);司法保护(第40条)。特殊保护指的是关于处于危机、紧急情况下的儿童保护,具体包括:脱离家庭的儿童保护(第10条);难民儿童保护(第22条);对儿童的安置(第25条);武装冲突中的儿童保护(第38条);以及帮助遭受虐待、剥削、战争、忽略的儿童身心复原,重返社会。其康复和重返社会应在能促进儿童的健康、自尊和尊严的环境中进行(第39条)。

受保护权作为一个法定权利概念首次出现于《未成年人保护法》中,然

---

① 据笔者现在掌握的文献来看,当前国内学术界对受保护权和参与权研究的文献几乎是一片空白。

而,学界对此概念甚少进行专门的研究。与生存权和发展权一样,受保护权是一个外延不清的概念。与健康权和游戏权等概念相比,“健康”和“游戏”就是健康权和游戏权的内容,而“受保护”不能成为受保护权的具体内容,它还须进一步具体和深化。与生存权和发展权研究相比,受保护权研究就是一张白纸,所以其研究的必要性就是无法回避的。依据《未成年人保护法》第3条之规定,受教育权也应该属于受保护权的范畴,学前儿童的受教育权更属于其中的重要组成部分。

(四)参与权

参与权概念的提出也是与《儿童权利公约》和《未成年人保护法》有关。有论者认为,参与权就是儿童有权对影响他/她的任何事情发表意见。[①] 这个观点直接源于《儿童权利公约》中的第12、13条款。另有论者认为,儿童参与权是指儿童参与家庭、文化和社会生活的权利。[②] 第一种观点太窄,第二种观点指向性不强。基于此,笔者认为,参与权是儿童为了发展和完善自己身体、心理而获得认识世界、探索世界的能力,参加一切适宜活动的权利。参与权概念存在的意义有两个:一是在于更好地满足儿童的发展,二是针对儿童本身的柔弱,以避免其发展权常常处于被剥夺的状态。儿童的参与权在不同的年龄阶段里的内容是不同的。

从上面的分析看出,生存权、发展权、受保护权和参与权是一群权利束(a bunch of rights),具体表现为在各自的范畴内不同利益的权利的集合。因此,受教育权也就从不同的角度上分属于生存权、发展权、受保护权和参与权。但是,当把受教育权抽离出来作为独立的一个权利束来看,受教育权亦成了不同利益的权利的集合,学前儿童受教育权尤其如此。那么,学前儿童受教育权的性质是什么?

---

① 马晓琴、曾凡林、陈建军:《儿童参与权和童年社会学》,《当代青年研究》2006年第11期。

② 卜卫:《媒介与儿童教育》,新世界出版社2002年版,第77页。

第二节　学前儿童受教育权的性质

关于受教育权的性质,学界的讨论颇多。代表性的观点主要有公民权说或政治权利说、生存权说或社会权说、发展权说和学习权说、人权说和精神成长和文化生活说。[①] 关于受教育权的这些学说大体上适合于分析学前儿童受教育权的性质,这里着重从三代人权框架内和福利权的角度来分析学前儿童受教育权的性质。

一、从三代人权框架内看学前儿童受教育权的多重性

(一)三代人权概念的提出

1979 年,捷克斯洛伐克裔法国人 K. 瓦萨克(Karel Vasak)最早提出三代人权的概念。这个概念虽然带有一些意识型态色彩,但还是被学界频繁引用。该理论认为,第一代人权是经由法国的《人权宣言》和美国的《权利法案》等文件确认的自由权,自由权保障的目的在于保护公民个体私人领域的自由,其功能在于对抗国家权力对私权的粗暴干涉、压制和随意剥夺,它强调国家的消极义务;第二代人权是随着社会主义和福利国家的出现为保护和救济公民在经济、社会和文化方面的权利,其目的在于强调国家的积极作为;第三代人权是殖民地人们摆脱殖民统治走向独立国家过程中提出的要求,同时,随着工业化大生产带来的环境问题,进而危及人类的生存和发展而提出的环境权、发展权、生存权等。第三代人权充分地反映在联合国 1986 年第

① 关于受教育权的性质的讨论可参见劳凯声:《教育法论》,江苏教育出版社 1993 年版,第 93–94 页;龚向和:《受教育权论》,中国人民公安大学出版社 1994 年版,第 18–25 页;杨成铭主编:《人权法学》,中国方正出版社 2004 年版,第 312–320 页;尹力:《儿童受教育权:性质、内容与路径》,教育科学出版社 2011 年版,第 44–49 页;管华:《儿童权利研究——义务教育阶段儿童的权利与保障》,法律出版社 2011 年版,第 82–87 页;等等。

41 届联大通过的《发展权利宣言》。一般把这三代人权分别简称为自由权、社会权和发展权。如果说第一代和第二代人权更多地属于个人权利的话,那么第三代人权更偏向于集体权利。在后发型国家中,对三代人权的划分不是绝对的。“人权在各国演化的历史不可能使不同的人权出现在截然分开的阶段里。”①“然而,这个理论却生动地说明了人权的主要范畴是如何在政治哲学和各国宪法及国际法的历史发展中出现的。此外,把要讨论的人权划归三代人权中某一代有助于解释其确切范围、权利的各享有者确切的合法要求以及与之相应的国家的义务。”②

(二)学前儿童受教育权的多重性

联合国经济、社会和文化权利委员会认为,受教育权可能是唯一同时归属三代人权的权利。他们认为,受教育权首先属于社会权,然后才是自由权,最后才是第三代人权。然而非常遗憾的是,正如在《经社文公约》中受教育权没有包含学前教育部分一样,在经社文权利委员会的一般性意见中也没有涉及学前教育部分。不过,由《儿童权利公约》中载明的四项普遍性原则以及第 14 条第 2 款和第 18 条可以对学前儿童受教育权的性质进行重新排序。这四项原则是不歧视(第 2 条)、儿童的最高利益(第 3 条)、生命、存活和发展权(第 6 条)和儿童的意见(第 12 条)。据上,学前儿童受教育权首先属于自由权,然后是社会权,最后是发展权。学前儿童受教育权首先属于自由权意味着尊重和保护父母对于儿童教育的首要权利,如果将学前儿童受教育权首先确立为社会权,那么可能侵犯父母对于儿童教育的权利,但是这绝不意味着,当儿童利益最大化不能得到有效保障时,社会和国家就毫无义务去救济和帮助这样

① [挪]A. 艾德、C. 克洛斯等主编:《经济、社会和文化权利教程》(修订第 2 版),中国人权研究会组织译,四川人民出版社 2004 年版,第 4 页。

② [挪]A. 艾德、C. 克洛斯等主编:《经济、社会和文化权利教程》(修订第 2 版),中国人权研究会组织译,四川人民出版社 2004 年版,第 205 页。

的儿童。在上文对发展权的介绍中，我们已经知道发展权最初主要指的是发展中国家为了摆脱贫困而强调在南北关系中发展经济的集体权利，后来强调人自身也是发展的主体应该享有发展权。因此，强调学前儿童受教育权的发展权性质意味着，学前儿童自身的发展除了依靠自己的国家以外，加强发展中国家和发达国家就学前儿童受教育权的保障互相合作也是十分必要的。

二、学前儿童受教育权的平等权性质

自由权是典型的消极权利，即要求国家不作为的权利，国家履行消极义务。社会权是典型的积极权利，即要求国家有所作为的权利，国家履行积极义务。现行宪法第 19 条第 2 款规定“发展学前教育”。由此可知，学前儿童受教育权是一项基本权利。“每个基本权利都可能具有几个层次的性质，对应各个层次的国家义务，权利与义务的对应不是‘一对一’，而是‘一对多’。”[①]以“自由权—社会权”为基础的“消极权利”和“积极权利”的二分法是极具解释力的分析架构。但是以“自由权—社会权”的二分作为分析框架，无法解决下列的：（1）国家对自由权的积极义务；（2）国家对社会权的消极义务。[②]按照传统的理解，自由权对应的是国家的消极义务。但事实上，当自由权的实现要求司法机关提供司法救济时，司法机关的裁判行为就是国家对自由权履行的积极义务。后面以基本权利的核心之一平等权为例讨论学前儿童受教育权的基本属性。

在法治国家，平等权从最初的平等观念、平等原则逐渐发展成为具体权利。何谓平等权是个复杂的问题，这里面涉及对平等的理解。一般认为，平等包括形式的平等、结果的平等和实质的平等。形式的平等又称机会平等，是近代宪法所确立的平等原则。结果的平等好比长跑不问从哪里起跑，只要每个人同时到达终点即行。这种平等看似公平，实则上是另一种不平等。实

① 张翔：《基本权利的规范建构》，高等教育出版社 2008 年版，第 39 页。

② 参见张翔：《基本权利的规范建构》，高等教育出版社 2008 年版，第 39 页。

质上的平等调和机会的平等与结果的平等。实质的平等被概括为“比例平等原则”,即相同的情况相同对待,不同的情况区别对待。米尔恩指出:“比例的平等允许给优者以不利和给劣者以优待,以便使能力不等的竞争者获得同等的机会。但是,给予这种不利和优待必须公平:换言之,它必须与竞争者不相等的能力成比例。”[①] 不同情况区别对待可能出现合理的差别对待和不合理的差别对待。合理的差别对待须具备以下条件:符合立法目的、以客观的额分类为依据、以实质性的差别为基础、以促进事实上的平等为目标和公平,其具体类型为因年龄上的差异、生理差异、族裔不同、经济能力等所采取的合理差别。[②] 不符合上述条件和类型的差别对待即为歧视或称不平等对待。

经由资产阶级革命反对封建专制统治后,平等权进入人权谱系的重要组成部分。宪法上的平等权包含禁止歧视和反对特权,禁止歧视是平等权的内在核心,反对特权是其外在表现。[③] 平等是正义的基本内涵,缺失了平等的正义就没有存在的依据。平等权是基本权利体系中的一种,它没有自身的具体内容,它要通过生存权、受教育权、劳动权等其他权利的内容来体现。学前儿童受教育权作为受教育权的初始组成部分,如果一开始时平等视角不在场,那么,其终生也难以沐浴正义之光。

基本权利具有防御权功能、受益权功能和客观价值秩序功能。[④] 基本权利功能理论可成为国家履行相应义务的理论根基。基本权利最为基本的权能是防御权功能,它针对的是国家履行消极义务,即要求国家不得侵犯公民权利。受益权功能针对的是国家履行给付义务,即要求国家提供基本权利实现所需的物质、程序或者服务。客观价值秩序功能针对的是国家履行保护义务,即国家应当运用一切可能的和必要的手段来促成基本权利的实现。国家

---

① [英]米尔恩:《人的权利与人的多样性——人权哲学》,夏勇、张志铭译,中国大百科全书出版社 1995 年版,第 62 页。

② 转引自李树忠:《平等权保护论》,中国政法大学 2006 年博士学位论文,第 18 页。

③ 韩钢:《平等权的存在形态及其内涵》,《齐鲁学刊》2010 年第 2 期,第 84–90 页。

④ 张翔:《基本权利的规范建构》,高等教育出版社 2008 年版,第 44–45 页。

的给付义务和保护义务属于国家的积极义务。运用此理论可以为我国保障学前儿童受教育权提供一个合理、可靠的分析架构。

三、学前儿童受教育权的福利权性质

每一项权利都有自身确立和发展的过程,受教育权和福利权同样如此。[①]有论者指出:“从被看作国家的施舍,到被视为一项新财产权,再到作为宪法基本权利得以实现,福利权经历了一个漫长的历史发展进程。”[②]福利权是权利人针对福利享有的权利。从不同的角度研究福利其认识自然也不相同,狭义的福利被认为属于社会保障的一部分,包括社会保险、社会救助、社会福利及军人保障等形式;广义的福利是指国家或社会采取的一切改善人民物质和文化、卫生、教育等生活的社会措施,包括政府举办的文化、教育和医疗卫生事业、城市住房事业和各种服务事业,以及各项福利性财政补贴。上述两种定义都是从社会保障的角度对福利进行研究。然而从公法的角度来看,福利则是国家为满足处于贫困状态的公民最基本的生活需要而向其提供的物质援助或社会服务的总称。[③]这个定义至少需要注意两点:一方面,此处关注的福利关系是国家和公民之间的关系,不是集体或非政府组织和公民之间的关系;另一方面,此处的福利不是指人人都应享有的利益,而是指因超出个人所能控制的因素导致生活贫困而无法维持社会一般生活水平的贫困者应享有的利益。亦即是,公法意义上的福利权要求国家为了保障公民的基本尊严而满足因外在因素导致经济贫困者(弱势群体)的各种需要向他们提供最低限度的援助或服务。正如经社文权利委员会的大会报告起草人菲利普·阿尔斯顿宣称:“每项权利都有最低限度的内容,国家不实现这些内容就构成对这

---

① 学界在研究受教育权时已经关注到了受教育权与福利权的关联,不过论者是把福利权作为受教育权的内容来处理的。参见尹力:《儿童受教育权:性质、内容与路径》,教育科学出版社 2011 年版,第 53–54 页。笔者认为,把福利权作为学前儿童受教育权的性质来说更好。

② 陈国刚:《福利权研究》,中国民主法制出版社 2009 年版,第 12 页。

③ 参见陈国刚:《福利权研究》,中国民主法制出版社 2009 年版,第 52–53 页。

项权利的侵害。”[①]

学前儿童受教育权对于国家的诉求就是后者针对弱势群体提供最低限度的教育均等机会和条件保障。就此而言,《国务院关于当前发展学前教育的若干意见》中提出“发展学前教育,必须坚持公益性和普惠性,努力构建覆盖城乡、布局合理的学前教育公共服务体系”的定位是相当具有正义性的。这也正如尹力指出:“在非义务教育领域,应实行补缺型教育福利制度,底线是保障弱势群体的受教育权。”[②] 美国、日本和印度等国通过一系列法律保障弱势群体的受教育权。[③] 有论者认为,构成福利权存在须同时满足三个要件:公民资格、贫困和需要。[④] 前文笔者着力论证了贫困要件,而公民资格和需要显然符合要件的构成。因此可以说,学前儿童受教育权具有福利权的性质。[⑤]

认识到学前儿童受教育权具有福利权的性质具有重大的理论意义,即为当前以普惠性为核心的学前教育政策和法律提供了扎实的理论基础。我国的学前教育政策往往呈现钟摆式的特点,这个特点一方面可能是我国转型时期中社会发展太快带来的结果,另一方面反映出我国的学前教育政策因缺乏基础性的学理研究导致自信心不够而随意“变阵”。因此,当我们认识到学前儿童受教育权具有福利权的性质后,就可以为我国今后的学前教育政策的制定提供重要的理论支持。

---

① Resolution 1993/14 of the Commission on Human Rights on economic, social and cultural rights, para.7.

② 尹力:《儿童受教育权:性质、内容与路径》,教育科学出版社 2011 年版,第 55 页。

③ 美国有关的法案有:《提前开始法》(1981 年)、《2000 年目标:美国教育法》(1994 年)、《不让一个儿童落后法》(2001 年)、《入学准备法》(2003 年);日本有关的法案有:《教育基本法》(2006 年)、《学校教育法》(2006 年);印度有关的法案有:《国家儿童政策》(1974 年)、《国家儿童宪章》(2003 年)。参见莎莉:《国际学前教育法律的研究:特点、经验及其启示》,北京师范大学 2008 年博士学位论文,第 106 页。

④ 参见陈国刚:《福利权研究》,中国民主法制出版社 2009 年版,第 67 页。

⑤ 这里只是从公法的角度论述了学前儿童受教育权对于国家提供的最低限度要求,当然还可以从社会保障法的角度讨论学前儿童受教育权对于社会和市场提供多样化、更高品质的要求。

第三节　学前儿童受教育权的结构与内容

在权利研究中,对权利的概念、分类、救济等问题已有深入的研究,但权利的结构问题似乎较少有人关注,学界对受教育权的研究也存在类似的问题。已有研究者们主要关注受教育权的概念、性质、分类、救济等问题,然而对受教育权的结构问题无甚研究,不少论者常常将受教育权的结构、内容、要素和体系不加区分或者混为一体。在前文第一章最后已经对它们之间的关系进行了辨析,此处着重探讨学前儿童受教育权的结构和内容。

一、学前儿童受教育权的结构

有论者认为,任何一项权利的结构都包括四个方面:第一,权利的主体;第二,权利的内容;第三,权利的客体;第四,相对的义务人。[①]遵循此标准,笔者采用这四个维度来分析学前儿童受教育权的结构问题。

(一)学前儿童受教育权的主体

学前儿童受教育权的主体指的是出生后至进入小学前的儿童及其监护人。学前儿童具有权利能力,但无行为能力。权利能力赋予学前儿童主观上持有受教育权利,行为能力赋予学前儿童客观上可能享有受教育权利。权利能力一般包含两个因素:一是主体资格;二是主体享有权利的范围。世界上多数国家都规定学前儿童权利能力的获得始于出生。《民法典》第十三条规定自然人的民事权利能力从出生时开始。行为能力是指能够以自己的行为依法行使权利和承担义务的能力。具有行为能力的人必须首先具有权利能力,但具有权利能力的人不一定都有行为能力。民法学上,一般把民事行为

① 参见杨春福:《权利法哲学研究导论》,南京大学出版社 2000 年版,第 96–97 页。

能力分为完全民事行为能力、限制民事行为能力和无民事行为能力。《民法典》第二十条规定:“不满八周岁的未成年人为无民事行为能力人,由其法定代理人代理实施民事法律行为。”据此,学前儿童只持有受教育权利能力,而不具有受教育权行为能力。因此,学前儿童要实际享有受教育权,只能由其监护人帮助完成。

哪些主体可以成为学前儿童的监护人?《民法典》第二十七条规定:“父母是未成年子女的监护人。未成年人的父母已经死亡或者没有监护能力的,由下列有监护能力的人按顺序担任监护人:(一)祖父母、外祖父母;(二)兄、姐;(三)其他愿意担任监护人的个人或者组织,但是须经未成年人住所地的居民委员会、村民委员会或者民政部门同意。”据此,学前儿童的父母是其当然的监护人。那么托幼机构可否成为学前儿童的监护人?通行的理解是,当学前儿童在托幼机构接受保教的过程中出现伤害事故的时候,往往推定托幼机构是学前儿童的监护人。然而,有论者指出,这实际上是混淆了监护人责任和一般责任的关系,学校不是任何形式的监护人而是教育机构,学校只能依法履行教育职责。①

有人把权利的主体分成权利的持有者和享有者。论者认为,“权利的持有者持有(hold)的权利是由法律(成文法或习惯法)所加以规定或认可的权利,只是一种静态的权利或可能的权利;而权利享有者享有(have)的权利则是通过权利人行使权利后形成的权利,是通过权利人的主观努力而将法律中规定(明确的或隐含而可以推定的)的权利客观化、现实化的结果,是一种动态的权利或现实的权利”。②这种从法定权利到现实权利的分类对于民事权利能力和民事行为能力主体同一的权利来说没有多大的意义,然而对民事权利能力和民事行为能力主体不同的权利来说则具有重大的理论意义。学前儿童受教育权的持有者当属其监护人,其享有者就是学前儿童本人。对于学前儿

① 参见张玉堂:《学校不是任何形式的监护人》,《中国教育报》2001年6月2日。

② 杨春福:《权利法哲学研究导论》,南京大学出版社2000年版,第97页。

童受教育权而言，这种意义就体现在，如果我们仅仅坚持学前儿童本身是学前儿童受教育权的唯一主体，那么这种受教育权就是一种被虚置的权利；只有坚持学前儿童受教育权的双主体观点，才能对有效地保障学前儿童受教育权的充分实现提供支撑。只有这样的受教育权才能从法定权利变成学前儿童真正享有的现实权利。

（二）学前儿童受教育权的客体

权利的内容将在后面进行详细论证，这里先按下不表。权利客体指的是权利指向的对象，其范围十分广泛。权利客体是一个历史的概念，随着历史的不断发展，其范围、形式和类型也在不断地变化着，同时权利客体也会跟随权利主体的变化而变化。学前儿童受教育权的客体，包括学前儿童接受保育的物自体、人身、创造的精神产品和儿童获得身心发展的各种能力。[①] 这里的物自体指的是学前儿童受教育过程中的环境标准和硬件设施，从空间上来说包括家庭、社会和托幼机构里面的环境标准和硬件设施。环境标准要求学前儿童占有一定的空间，空间的大小适宜于学前儿童基本的坐、站立、走和游玩；达标的新鲜空气、饮用水和绿化等。硬件设施包含达标的建筑物、基本的教学设施和游戏玩具等。人身是由各个生理器官组成的生理整体（有机体），它是承载人的物质型态，主要内容就是学前儿童的生理健康状况。学前儿童创造的精神产品指的是其在受教育过程中创造拥有知识产权的歌曲、美术作品和其他精神产品。

（三）学前儿童受教育权的第四个方面是相对的义务主体

权利是一个关系范畴，它与义务相对，权利主体则与义务主体相对。无权利主体则权利便不成其为权利，无义务主体，权利同样也不能成其为权利。

---

① 参考了法律关系客体的种类的研究。参见张文显主编：《法理学》（第 2 版），高等教育出版社 2005 年版，第 139–140 页。

学前儿童受教育权的义务主体有三个:学前儿童所在家庭、社会机构(博物馆、纪念馆、科技馆、展览馆、美术馆、文化馆以及影剧院、体育场馆、动物园、公园等)和托幼机构。这三个义务主体是根据学前儿童受教育权存在的不同空间场所来确定的。详见第五章。

二、学前儿童受教育权的内容构成

以上是从外显的结构分析学前儿童受教育权的结构特点,下面从内隐的结构来看其内容构成。确定学前儿童受教育权的内容构成的作用在于:第一,可以使我们明确地区分学前儿童受教育权、义务教育阶段儿童受教育权、高中生受教育权和大学生受教育权;第二,在清晰地识别了学前儿童受教育权的内容后,能更好地保障学前儿童受教育权的实现。确立学前儿童受教育权的内容构成依据是学前儿童的身心发展规律、学前教育的价值和需要层次理论。学前儿童的身心发展规律在第二章第三节有所论述,此处不再赘述。

(一)从健康权的角度来看学前儿童受教育权的内容

如果说生命权被称为“天下第一人权”,那么,健康权就算是“天下第二人权”。正如基姆在他的《探索一个公正的世界秩序》中说:“健康是仅次于人的自然生存的世界性质的最基本的人类需要。没有健康人将丧失人作为人最完整的大部分特性。没有健康人就不能发展为或称为更充分的人。没有健康,生命则失去意义和价值,其他的人权成为一句空话。”[①] 儿童健康权是儿童所享有的基本权利之一,是儿童享有一切其他权利的基础。

健康权的提出经历了从国际法到国内法的过程。1945 年在旧金山召开的联合国国际组织大会提出,将健康权纳入经济、社会和文化权利范畴。《联

① 转引自陈珊丽:《论我国健康权入宪》,华中科技大学 2010 年硕士学位论文,第 5 页。

合国宪章》第五十五条中列入健康权。[①] 在20世纪40至60年代,一系列宣言、决议、宪章和纲领以法律文件的形式明确承认健康权。1946年通过的《世界卫生组织宪章》承认健康为基本人权,明确指出,“健康是身体、精神与社会的全部美满状态,不仅是免病或残弱。享受最高而能获致之健康标准,为人人基本权利之一,不因种族、宗教、政治、信仰、经济及社会条件而有区别”。1948年,《世界人权宣言》第二十五条规定:人人有权享受为维持他本人和家属的健康和福利所需的生活水准,包括食物、衣着、住房、医疗和必要的社会服务;在遭到失业、疾病、残废、守寡、衰老或在其他不能控制的情况下丧失谋生能力时,有权享受保障。母亲和儿童有权享受特别照顾和协助。一切儿童,无论婚生或非婚生,都应享受同样的社会保护。1966年《经社文权利公约》第十二条规定:本公约缔约各国承认人人有权享有能达到的最高的体质和心理健康的标准。1989年,《儿童权利公约》对儿童的健康权作了更为详细和周全的规定,其中关于健康权的直接条款为第二十四条第一款:“缔约国确认儿童有权享有可达到的最高标准的健康,并享有医疗和康复设施。缔约国应努力确保没有任何儿童被剥夺获得这种保健服务的权利。”[②] 健康权在国际人权法获得充分的认同之后,到20世纪末,健康权开始在世界上一百多国家入宪。2000年,联合国经济、社会及文化权利委员会颁布了《第十四号一般性意见:享有能达到的最高健康标准的权利(第十二条)》(以下简称《意见》),第一次对健康权的规范内容做了全面的澄清。有论者认为,《意见》是健康权发展史上的一个“里程碑”,它使得此前仅仅是一个“口号”的健康权真正具有了落实的可能性。[③] 由上可见,无论如何强调健康权对于人类的重要性都不为

① 《联合国宪章》第五十五条:为造成国际间以尊重人民平等权利及自决原则为根据之和平友好关系所必要之安定及福利条件起见,联合国应促进:(子)较高之生活程度,全民就业,及经济与社会进展。(丑)国际间经济、社会、卫生及有关问题之解决;国际间文化及教育合作。此处的“卫生”一词的英文为“health”。

② 广义理解健康权的话,《儿童权利公约》中第二十四至二十七条款都可算作健康权之规定。具体内容参见附录。

③ 刘碧波:《健康权的历史建构》,《人权研究》2018年第2期,第81–113页。

过,这种重要性对于学前儿童来说更加具有不同寻常的意义,而这种意义则是由学前儿童所处的身心发展阶段的特点所决定。

健康权对于学前儿童具有十分重要的奠基作用,但是为何健康权能成为学前儿童受教育权的内容?第一,健康权和受教育权有重叠之处,且这些重叠在学前儿童时期表现尤为突出。正如论者所言,“健康权与实现国际人权宪章中所载的其他人权密切相关,又相互依赖,包括获得事物、住房、工作、教育和人的尊严的权利”。[①] 第二,实施学前教育的基本实施原则与健康照护具有一致性。我国学前教育贯彻的是“保育和教育并重(简称为保教并重)”原则。这个原则通过一系列具有法规性的文件加以确认,即《幼儿园管理条例》《幼儿园工作规程》《幼儿园教育指导纲要(试行)》和《国务院关于当前发展学前教育的若干意见》。然而,现实中幼儿园教育存在教育在前、保育在后或者以教代保的现象,这种实践行为严重背离了保教并重原则,其结果是受了教育、坏了身体。为此,有人提出将“保教并重”的原则修正为“保育优先,教育其次;保育为重,教育为辅”的原则。[②] 笔者以为,这一修正切中了学前教育的本质,这一原则不仅是学前教育活动必须遵循的基本原则,而且也是讨论学前儿童受教育权不能背离的基本原则。第三,如果将健康因素排除在学前儿童受教育权之外,学前儿童受教育权不是残缺就是跛脚。西谚语:健康的精神寓于健康的身体。[③] 经社文权利委员会的第十四号一般性意见把健康权的范围划分为两个要素:健康照护(health care)和健康的基本前提条件(underlying preconditions for health)。[④] 由此可见,实现学前儿童受教育权需要保育,保障健

① 张伟编:《国际人权文书:联合国人权条约机构通过的一般性意见和一般性建议汇编》,中国财富出版社 2013 年版,第 70 页。

② 参见赵南:《学前教育“保教并重”基本原则的反思与重构》,《教育研究》2012 年第 7 期。

③ 洛克在《教育漫话》的上篇“健康教育”中提及此话(人民教育出版社 2006 年版,第 7 页),夸美纽斯在《母育学校》第五章也引用过该句。参见任钟印选编《夸美纽斯教育论著选》,人民教育出版社 2005 年版,第 29 页。

④ 参见张鹏:《健康权基本理论研究》,中国政法大学 2008 年硕士学位论文,第 10 页。这里的 care 亦可译成“保育”一词。

康权之落实离不开保育。总之,把健康权作为学前儿童受教育权的内容既符合二者内在结构,又符合学前儿童健康发展之必然要求。

健康权是一个内涵和外延不易确定的概念,因此有必要从其核心内容去确定它的范畴。有论者综合考虑健康权的组成要素、世界卫生组织初级健康照护战略的组成要素和健康权与其他权利的重叠要素,将以下要素界定为健康权的核心要素:健康照护方面(包括母婴健康照护,包括计划生育;主要传染病的免疫;一般疾病和伤害的适当治疗;基本药品的提供)与健康的基本前提条件方面(包括足够的安全的水和适当的卫生设施;免于严重的环境健康威胁)。[①] 明白健康权的核心内容,有助于把握其本质和特点。这里结合学前儿童健康权与学前儿童受教育权的重叠部分重点分析自然分娩权、食物权、空间权、体育活动权、免受虐待权。

(1)自然分娩权

自然分娩权指的是胎儿拥有在母亲生产时符合医学指征的情况下让胎儿经阴道娩出的权利。自然分娩医学指征最基本的条件取决于三因素:产力、产道及胎位正常且三者相适应。提出这个权利是基于两点:第一,自然分娩本身对胎儿发育和成长的好处。胎儿在产道的挤压和压迫过程中,能让胎儿肺部得到锻炼,有利于出生后尽快建立正常呼吸。免疫球蛋白 G(lgG)在自然分娩过程中可由母体传给胎儿,自然分娩的新生儿具有更强的抵抗力。胎儿在产道内受到触、味、痛觉及本位感的锻炼,促进大脑及前庭功能发育,对今后运动及性格均有好处。第二,应对我国目前剖宫产率过高的现实。据世界卫生组织在医学权威期刊《柳叶刀》发布报告说,参加此调查的三大洲(亚洲、拉丁美洲和非洲)的平均剖宫产率 25.7%,亚洲为 27.3%,而中国的平均剖宫产率为 46.5%,为参加调查的三大洲 24 个国家之首。从调查结果看,不但我国剖宫产率最高,且非医学指征剖宫产率也最高,是多数国家的 20 ~ 50 倍。

---

① 参见张鹏:《健康权基本理论研究》,中国政法大学 2008 年硕士学位论文,第 25 页。

这是中国剖宫产的一个特殊现象。[①] 2012 年至 2016 年,我国总剖宫产率逐年下降,但是仍然高达 41.1%。[②]20 世纪 70 年代,中国的剖宫产率仅为 5% 左右,这个数字也超过世界卫生组织公布的合理剖宫产率(15%)的接近 3 倍。

造成如此现状的原因是多方面的,孕产妇及家属对剖宫产的利弊认识存在误区;对医务人员保护和处理医疗纠纷的法制不健全;助产人力不足、助产能力下降;临床上过分医疗干预,助产适宜技术不能使用和推广;医疗机构的经济取向以及现行的分配制度与不对等的劳动价值。[③] 重庆市长寿区第三人民医院对近四年来 581 剖宫产原因分析数据表明,4 年中有医学指征的剖宫产 358 例(61.62%);因社会因素所致的剖宫产 223 例(38.36%),其中孕妇惧怕疼痛剖宫产 107 例(47.98%),为社会因素剖宫产的首要因素;择日限时剖宫产 49 例(21.97%),列第 2 位;医者误导选择剖宫产 40 例(17.94%);由于户口驱使而选择剖宫产 27 例(12.11%)。[④] 由此可以部分推断,我国剖宫产居高不下的原因是不正常的,导致非医学特征剖宫产的原因主要来自于社会因素。在追问社会因素时又分为两个方面,一种是纯个人原因;另一种是制度性原因,如其中之一就是由义务教育法规定的入学时间所导致。[⑤] 从该制度对自然分娩的影响来看,我们应该反思这项规定存在的合理性。当我们秉承儿童利益最大化的宗旨,减少因成人社会的个别私利对自然分娩的影响,就会

---

① 参见庞汝彦:《我国剖宫产的现状和对策》,《实用妇产科杂志》2012 年第 3 期。关于我国剖宫产概括的报道可以参见:《我国剖宫产率是世界卫生组织推荐上限的 3 倍以上"剖"出来的世界第一》,《人民日报》2011 年 8 月 11 日;《中国剖腹产率近 50% 居"世界第一"国家将干预》,《南方日报》,2010 年 10 月 14 日。

② 参见郑晓莉、张为远:《我国剖宫产率降低的原因与思考》,《中国计划生育和妇产科》2019 年第 11 期。

③ 参见庞汝彦:《我国剖宫产的现状和对策》,《实用妇产科杂志》2012 年第 3 期。

④ 参见余江萍:《581 例剖宫产原因分析》,《中华妇幼临床医学杂志》2006 年第 5 期。

⑤ 参见《义务教育法》(2006 年)第十一条规定:"凡年满六周岁的儿童,其父母或者其他法定监护人应当送其入学接受并完成义务教育;条件不具备的地区的儿童,可以推迟到七周岁。"目前新义务教育法实施细则尚未出台。《义务教育法实施细则》(1992 年)第四十四条规定:"适龄儿童的入学年龄以新学年始业前达到的实足年龄为准。"

认识到自然分娩权具有重要现实意义,即有利于矫正个人或社会因非医学特征而导致的高剖腹产率。

胎儿自然分娩权与母亲生命权和健康权并不存在冲突。在医学和科学并不昌明的时候,母亲因难产导致其亡或母子双亡的事时有发生,难产成为威胁母子生命和健康的重要诱因。剖宫产作为抢救母婴生命的重要手段,对降低孕产妇病死率和围生儿死亡率起到了关键作用,但是滥用剖宫产也会引起母婴并发症及死亡率的增加。提出和倡导胎儿自然分娩权是对母亲生命权和健康权的有力捍卫,更是对人类自然生产的保护。对自然分娩权限制的唯一正当性只在于与母亲生命权和健康权的冲突,而不应是来自母亲或其他社会主体的主观臆断和恣意妄为。自然分娩权的提出有利于孕产妇认识到自己作为母亲的伟大使命与责任,帮助其克服不科学的生产观念,抵制社会的不健康生育思想;促进国家审查已有的不合理制度安排,创设一个母婴友好型社会。

(2)食物权

此处的食物权是从生存权概念中派生出来的。有论者认为生存权包括食物权、衣着权、住房权等具体内容。[①]联合国经济和社会理事会认为,食物权是消费者有权根据自己的文化传统经常、长期和无限制地直接获得或以金融手段购买适当质量和足够数量的食物,确保能够在身体和精神方面单独和集体地过上符合需要和免于恐惧的有尊严的生活。[②]"民以食为天"生动地描述了食物权的存在价值。然而,正如联合国报告指出,"在一个比以往任何时候都要富裕的世界上,每年仍有数百万弱小的儿童饿死,这实在骇人听闻。文

① 上官丕亮:《究竟什么是生存权》,《江苏警官学院学报》2006年第6期。需要说明的是,对于学前儿童来说,也可以提出衣着权和住房权,而这里只提食物权的理由除了正文两点而外,理由还有:一、衣着权相对于食物权来说没有那么严重;二、住房权相对于食物权来说更多地站在集体的角度去解决。

② 联合国人权委员会第六十一届会议临时议程项目.食物权问题特别报告员让·齐格勒的报告,http://www.un.org/chinese/hr/issue/food.htm,2012年12月9日访问。

明的世界不会让一个儿童饿死,也不会让一个儿童由于长期慢性营养不足而造成身体和智力发育不良。然而,类似的事情仍然每天都在发生。每天都有17000多名五岁以下的儿童死于与饥饿有关的疾病。到今年底,又会有500多万幼儿因为与饥饿有关的疾病而死亡。每天都有数以亿计的儿童得不到足够的食物维持正常的生活,造成他们身体和智力出现残疾。"[①]

食物权着眼于学前儿童意味着,基于免于匮乏的自由,在身体和精神方面具有获得基准量食物,以满足其生长和发展需要的权利。提出食物权基于两点:一方面是儿童有免于匮乏的自由;另一方面是在当今世界上亿的学前儿童与食物匮乏长期相伴。1941年1月6日,在国会大厦的国情咨文演讲中,罗斯福总统第一次向全国人民宣布了四项"人类的基本自由",并表达了要实现这些自由的决心。这四大自由分别是:言论自由、信仰自由、免于匮乏的自由、免于恐惧的自由。其中免于匮乏的自由包括享受充分医疗照顾和有机会获得并保持健康身体的权利以及享受充分保障,免于匮乏的自由对于实现学前儿童受教育权具有重要的指导意义。当今的学前儿童面临着严重的食物短缺问题,正如联合国报告中指出:"每5秒钟有一个5岁以下的儿童死于饥饿和与饥饿有关的疾病;每4分钟有1个人因为缺乏维生素A而失明;在一个比以往任何时候都要富裕的世界上,严重营养不足人的数量已经增加到8.42亿。如果我们让这样的现象继续发展下去,那就是我们人类的耻辱。该是强制实施食物权的时候了。"[②] 据联合国儿童基金会报道,今天,需要人道主义援助的儿童比第二次世界大战以来的任何时候都要多。在全球范围内,儿童正面临一系列历史性的危机:从冲突和流离失所到传染病暴发和营养不良率飙升。其中,有800万五岁以下儿童面临因严重消瘦而死亡的风险。[③] 一方

---

① 联合国人权委员会第六十一届会议临时议程项目.食物权问题特别报告员让·齐格勒的报告,http://www.un.org/chinese/hr/issue/food.htm,2012年12月9日访问。

② 联合国人权委员会第六十一届会议临时议程项目.食物权问题特别报告员让·齐格勒的报告,http://www.un.org/chinese/hr/issue/food.htm,2012年12月9日访问。

③ https://www.unicef.org/zh, 2022年12月17日访问。

面，急需营养补给的儿童面临饥饿，另一方面，整个社会存在食物分配不公和极为严重的奢侈浪费现象。中国农业大学专家课题组对大、中、小三类城市，共2700桌不同规模的餐桌中剩余饭菜的蛋白质、脂肪等进行系统分析，保守推算，我国2007年至2008年仅餐饮浪费的食物蛋白质就达800万吨，相当于2.6亿人一年的所需；浪费脂肪300万吨，相当于1.3亿人一年所需。[①]

食物权对于经济不发达国家的学前儿童来说，意味着可能获得最基本的食物补给，然而这需要国际社会组织和发达国家站在人道主义的立场充分合作才能实现。食物提供营养，但不是足够的食物就能获得合理的营养。食物权对于我国的学前儿童来说不只是获得最基本的食物补给，还要能够保证合理的营养结构，即保障学前儿童每天摄入足量的最基本的营养素（主要包括蛋白质、脂类、碳水化合物、矿物质、维生素及水）。此时食物权的内涵演化为营养权。这里简单区分一下食物权与营养权的关系。在健康权的范畴里，食物权是保障健康权实现的初级阶段，营养权是保障健康权有效落实的高级阶段，因此，对于儿童来说，首先必须保证食物权，然后才可能去追求营养权。从理想状态来看，儿童的生长和发展没有初级和高级之分，如果要有，那也是最高级的。正如《儿童权利公约》所规定的，“儿童有权享有可达到的最高标准的健康”。理想值得追求，但是制度的设计或理想的实现必须首先立足于实际的社会条件，同时受限于各种物力、人力和财力的有效搭配，食物权概念的意义必须以前者为出发点。对于刚刚分娩的婴儿来说，母乳就是他们最好的食物，然而母乳喂养存在一些问题，因此，这里专门对母乳喂养权作简单的讨论。

母乳喂养权指的是婴儿脱离母体之后有吸吮母亲乳汁的权利。提出母乳喂养权基于三点：母乳喂养本身的优越性、代乳品质量存在严重瑕疵和我国目前母乳喂养下降的现实。世界卫生组织和联合国儿童基金会联合制定

① 《人民日报》，2011年2月22日。还可参见2012年4月19日央视《新闻1+1》播出《奢侈的垃圾！》。

的《婴幼儿喂养全球战略》指出，缺少母乳喂养——尤其是在生命最初半年中——缺少完全母乳喂养，是婴幼儿发病和死亡的重要风险因素，而不适宜的补充喂养只会加大这种风险。其长期影响包括学习成绩低下，生产能力减弱以及智力和社会发展受损。[①] 中国相关研究表明，母乳喂养有利于婴儿健康成长，母乳中特别是初乳，含有婴儿所需要的丰富营养，是任何乳制品不可替代的优质乳；有利于产妇恢复身体健康；母乳喂养有利于增强婴儿抵抗力、免疫力；有利于婴儿消化和健康发育；有利于增进母子情感；经济实惠；方便快捷；母乳干净、安全；可降低减少婴儿过敏现象和可减少女性患卵巢癌、乳腺癌的概率等。21 世纪以来，我国代乳品出现严重的含三聚氰胺毒奶粉等为标志的一系列食品安全事件严重威胁着初生儿的身体健康。[②] 随着国家开展了专项治理，我国代乳品质量有所好转，但是代乳品质量问题时有发生。2022 年 6 月 1 日，中国营养学会组织编写的《0 ~ 6 月龄婴儿母乳喂养指南》指出，坚持 6 月龄内纯母乳喂养。世界卫生组织建议母乳喂养应坚持 2 年或更长时间。总体来看，世界各国纯母乳喂养率尚处于较低水平。一项来源于世界 140 个国家调查统计母乳喂养情况的数据显示，2010 年全球 6 个月以内纯母乳喂养率为 39%。2013 年中国居民营养与健康状况调查结果显示，我国 6 个月内纯母乳喂养率为 20.8%，低于发展中国家的平均水平。[③]

---

① 世界卫生组织．婴幼儿喂养全球战略．http://apps.who.int/iris/bitstream/10665/42590/3/9241562218_chi.pdf。

② 2008 年 3 月，南京儿童医院把 10 例婴幼儿泌尿结石样本送至该市鼓楼医院泌尿外科专家孙西钊处进行检验，三鹿问题奶粉事件浮出水面。9 月 9 日，媒体首次报道“甘肃 14 名婴儿因食用三鹿奶粉同患肾结石”。当天下午，国家质检总局派出调查组赶赴三鹿集团。9 月 12 日，联合调查组确认“受三聚氰胺污染的婴幼儿配方奶粉能够导致婴幼儿泌尿系统结石”。9 月 13 日，党中央、国务院启动国家重大食品安全事故 I 级响应，并成立应急处置领导小组。截至 9 月 21 日上午 8 时，全国因食用含三聚氰胺的奶粉导致住院的婴幼儿 1 万余人，官方确认 4 例患儿死亡。在这起毒奶粉案件的一审中，奶贩张玉军、正定金河奶源基地负责人耿金平判处死刑，原三鹿董事长田文华、奶贩张彦章、行唐县化工试剂店店主薛建忠判处无期徒刑，其余的人分别判处不等的有期徒刑。三鹿毒奶粉事件直接促发国务院颁布了《乳品质量安全监督管理条例》。参见：三鹿三聚氰胺奶粉事件全过程回放，《中国青年报》，2009 年 1 月 1 日。

③ 丁心悦、于冬梅、赵丽云：《婴儿母乳喂养现况及影响因素分析》，《卫生研究》2018 年第 4 期。

影响我国纯母乳喂养的相关因素有学历、家庭月收入、是否有产假、胎次、坚持6个月内纯母乳喂养是否有信心、家人对母乳喂养态度是否支持、开奶时间、是否夜间哺乳等。[①] 影响母乳喂养主要有母亲、家庭和社会等方面的因素;分娩方式、孕期经过等因素;婴儿自身因素、母亲因素、家庭经济因素。[②] 在这些影响因素中,剖宫产是影响母乳喂养的重要个人因素,因此保证自然分娩权的实现有助于母乳喂养权的实现。提出母乳喂养权的意义在于,让母亲认识到母乳喂养的重要性和可行性,其他个体有责任为母乳喂养营造良好的社会氛围,拘束国家尊重、保护和实现合理母乳喂养权。

(3)空间权[③]

现代社会由于土地资源相对不足、城市人口稠密,生产和生活空间都极其短缺,因而对空间的利用变得越来越重要。随着人类对空间的利用水平的提高,从平面利用到立体利用的发展,使得空间具有前所未有的经济价值。所以,最早关于空间权的研究是在经济法和物权法等领域。当下关于空间权能否成为一种独立的权利存有三种观点:空间权否定说、空间权独立说和综合权利说。[④] 王利明赞同独立说。他认为:“空间权是一种新型的财产权利,空间权可以与建设用地使用权相分离,成为一项独立的物权。”[⑤] 物权法上所说的空间,是与土地联系在一起的,是土地上下一定范围的立体空间。作为受

---

① 参见吴缃琦、孙晓勉、何珊茹:《6个月内婴儿纯母乳喂养现状及影响因素分析》,《中国儿童保健杂志》2017年第1期。

② 参见胡宝珊等:《我国5城市已婚年龄妇女母乳喂养影响因素分析》,《中国妇幼保健》2004年第18期;刘菁等:《母乳喂养影响因素分析》,《中国妇幼保健》2006年第15期;杨梅等:《中国西部5省农村婴儿纯母乳喂养影响因素分析》,《中国妇幼保健》2012年第27卷;丁心悦、于冬梅、赵丽云:《婴儿母乳喂养现况及影响因素分析》,《卫生研究》2018年第4期。

③ 参见空间权与后文的运动权紧密相关,同时与隐私权也密切勾连。限于这里侧重从健康权的角度讨论空间权不适宜讨论隐私权,因为很难把隐私权归到健康权的范畴。关于儿童与隐私权的研究可以参见[加]范梅南、[荷]巴斯・莱维林:《儿童的秘密:秘密、隐私和自我的重新认识》,阿慧黠、曹赛先译,教育科学出版社2004年版。

④ 参见王利明:《空间权:一种新型的财产权利》,《法律科学》(西北政法学院学报)2007年第2期。

⑤ 王利明:《空间权:一种新型的财产权利》,《法律科学》(西北政法学院学报)2007年第2期。

教育权的空间,一方面不只是与作为基建土地的物理空间相关联,更重要的是作为影响和促进儿童成长和发展的教育环境出现;另一方面,我们不仅仅是强调教育性的物理空间,而且强调儿童与教育者互动的心理空间。因此,受教育权意义上的空间权指儿童为了获得适宜的教育,需要凭借一定的物理空间和心理空间以满足其生理、心理和社会发展的资格或要求。就学前儿童而言,物理空间主要包括家庭里相对独立的床、卧室和游戏活动区,幼儿园里每人室内和室外游戏运动空间的平均占有量,社区或街道里公园和绿地等平均拥有量;心理空间主要包括儿童与家人、儿童与教师、儿童与同伴等的教育气氛。这里的教育气氛可以理解为情感、情绪状态及对教育抱有好感或厌恶等关系的总和。①

从人类学的角度来看,对空间权的确认并不是源于以土地为核心的立体空间的占用的需要,而是源于人类进化中尚存的领地意识。正如论者指出:“你在大门上挂上名牌、在墙上挂上绘画作品时,如果用狗和狼的行为来说,实际上就和翘起后腿撒尿留下自己印记是一回事。”② 动物的领地对他们来说是它们获得足够的食物、避免同类互相残杀的保障。人类经过长期的进化后称为“万物之灵长”,“管理海里的鱼、空中的鸟,和地上各种行动的活物”。(《圣经》,1:28)尽管如此,人类在诸多方面尚存其动物性,因为“自远古的原始生活以来,裸猿发生的变化实在是小,实在是微不足道”。③

对于人类来说,最安全空间就是“家”。“人由家而外出,并又返回家里。这就是住所,他‘在家’的处所。这个点是决定其他各点的中心,各条道路由此出发并又重新返回此处。”④ 这种安全空间的基本形式是拥有保护性的门、墙

① 参见[德]博尔诺夫:《教育人类学》,李其龙等译,华东师范大学出版社 1999 年版,第 41 页。
② [英]德斯蒙德·莫利斯:《裸猿》,何道宽译,复旦大学出版社 2010 年版,第 192 页。
③ [英]德斯蒙德·莫利斯:《裸猿》,何道宽译,复旦大学出版社 2010 年版,第 195 页。
④ [德]博尔诺夫:《教育人类学》,李其龙等译,华东师范大学出版社 1999 年版,第 41 页。

壁和围墙的房子。当一个人拥有这样安全的空间时,当他被外部世界的事务搞得筋疲力尽,他能从风暴世界中退缩回到这个安全的空间,不会有着任何人打扰,使自己能够得到休息和调整,从而重新获得面对外界的能量,这样的生活才能使人获得最大的健康。因此,家是"一种抵抗宇宙的工具",是"风能进,雨能进,就是国王不能进"的空间。

在如此背景下,作为受教育权的空间权就有了重大的理论意义和实践意义。其理论意义在于丰富空间权研究的新视角,实践意义有二:一是揭示我国儿童私人空间相对缺乏的现状(有些是经济原因所致,有些是观念缺乏所致,相比起来,后者比前者严重得多),幼儿园室内空间有限,室外场地更是贫乏;二是强调心理空间对于学前儿童成长和发展的重要性,由于心理空间看不见、摸不着、难以量化,要求难度更大,其目的在于使物理空间和心灵空间和谐地"各司其职";三是在满足学前儿童的健康发展要求的同时让他们养成初步的规则意识,这种规则意识能够区分"自己的领地"(自己的"私")和"别人的领地"(别人的"私"和集体的"公"),为将来实现"自己的地盘自己做主"奠定基础。

(4)体育活动权

《国际体育教育、体育活动与体育运动宪章》(*International Charter of Physical Education, Physical Activity and Sport*,以下简称为《国际体育运动宪章》)是联合国教科文组织各成员国对于体育运动的共同宣言,它虽然是非约束性法律文本,但是其理念具有较高的普世性价值与指导意义,它提出并助推了体育权成为一种新型人权。《国际体育运动宪章》(2015 年 11 月)最新版第 1 条第 1 款指出,人人都有开展体育教育、体育活动和体育运动的基本权利。第 3 款规定:"必须为所有人提供包容、适宜和安全的机会来参与体育教育、体育活动和体育运动,特别是学龄前儿童、妇女和女童、老年人、残疾人和土著人口。"体育教育主要指学校体育,体育运动主要涉及竞技体育。体育活动(Physical Activity)是新版宪章中增加的,其目的是"体现出通常认为不属于体育教育与体育运动范畴的某些活动及其相关利益攸关方、价值和裨益，特别是与健康有关的体育及其裨益”。[①]体育活动主要指群众体育。相较成人而言，学前儿童的体育权更适宜表达为体育活动权。

体育活动权，指的是学前儿童为了认识世界、发展自己身体能力而参加各种体育活动的自由。这里提出运动权基于两点：一是运动对于学前儿童身心发展的重要性提出的要求；二是在实践中学前儿童的运动自由被有意或无意地遭到忽视。生命在于运动。能走、善跑对于草食性动物来说就意味着多活一天，多活一天则意味着向成熟迈进又增添了一份力量。对动物来说，运动就意味着生存，无运动则意味着死亡，哪怕是威风凛凛、不可一世的非洲雄狮。只要它遭遇受伤，缺乏足够的自我免疫能力，不能移动，死亡的丧钟就开始敲响。由于人类婴儿天生就是“早产儿”，从一朝分娩到蹒跚学步大致需要一周年的时间，[②]与动物相比，人类婴儿更需要运动和锻炼。然而，人类存有“致命的自负”，而这种自负成为成人代理婴儿的美丽托词，从而使“生命在于运动”时而呈现为一句口号。因此，在这里让生活在21世纪的父母、祖辈们回味一下智者的声音。卢梭在批判成人对婴儿的束缚时引用一位博物学家的话说：“儿童刚出娘胎，刚一享受活动和伸展肢体的自由时，人们又重新把他束缚起来。人们用襁褓把他包着，把他放在床上这样睡着；头固定在一定的位置，两腿伸直，两臂放在身子旁边；还用各式各样的衣服和带子把他捆扎起来，连位置也不能挪动。如果不把他捆得有碍呼吸，如果人们细心地让他侧躺着，让他应该吐掉的口涎能够吐出来，那他就算是幸运了！因为他不可能自由地侧过头来使口涎容易吐出来。”[③]卢梭进而指出：“他们从你们那里收到的第一件礼物是锁链，他们收到的第一种待遇就是苦刑。”因此，保障婴儿

① 李平平、王雷：《对〈国际体育教育、体育活动与体育运动宪章〉的解读与思考》，《北京体育大学学报》2016年第7期。

② 民间习语说：“三翻、六坐、七滚、八爬、九立、周会走”，意思是说婴儿三个月时会翻身；六个月会坐；七个月会来回滚；八个月会爬；一岁会走。这句话大致描述了一个足岁儿运动发展的过程。

③ [法]卢梭：《爱弥儿：论教育》（上卷），李平沤译，商务印书馆2008年版，第15–16页。

的运动权显得尤为重要。这里强调室外运动权,主要是针对今天多数居住在钢筋混凝土等砌成的城市建筑里,狭小、简单以及装修后充满辐射性的人造环境远不如室外广阔、复杂和绿色的自然环境。当孩子稍微大些,尽量在室外活动是非常必要的。0—2 岁儿童运动的核心在于爬和走之间,要获得成人充分的支持和训练。人类从灵长类动物成长为人的过程中,爬行写下了重要的一页,而婴儿的爬行则具有巨大的现实意义。爬行提前扩大了他活动的范围,为婴儿的感知、意向、大脑神经细胞发展提供了充分的刺激。2—6 岁儿童运动权的保护重点在大致确保安全的情况下给予儿童充分活动的空间和自由。

对于学前儿童的运动权的行使来说,可能存在两种极端:一种是在成人的管控下运动不足;另一种是在成人的干预下存在运动过度的倾向。前者是提出运动权要防范的主要对象,也是上面论述的重点,同时,也要提防后者出现的问题。中国部分家长在望子成龙、望女成凤的心理驱使下,要将自己的孩子打造成“体育明星”和“世界冠军”的功利思想,以及在“不能输在起跑线上”等口号的指导下学前儿童的运动权就异化成滥用。运动不足和运动过度的标准取决于学前儿童的生理发展状况和心理承受机制,成人对学前儿童运动设置任何的美好愿望不能以成人的理想为标准,必须源自于儿童本身的身心指标。近年来被媒体披露运动过度的事件有王铁明事件、“两岁小女孩 6 小时爬上青城山”“裸跑弟”等。[①]

---

① 2009 年 9 月 9 日,秦皇岛市民王铁民让自己一岁半的外孙女星娃在海中进行自救表演。星娃完成漂游、翻滚等动作。王铁民此举引发争议。记者采访问他,星娃海中自救是场表演吗? 为什么要用这种方式表演? 他回答说:“这是表演,以此来迎接国庆 60 周年。我是为了展示中华民族自强不息,后继有人。”他曾教一岁儿子游泳,令其 4 岁渡长江。灯娃还曾破吉尼斯纪录,水中半个小时能做 500 多个前后翻,成为企业代言人,获广告费 100 多万元。(参见《王铁民:这不是虐待这是早教》,新京报,2009 年 9 月 12 日。)据《成都晚报》报道两岁的孩子,多数都还处于蹒跚学步的阶段,但成都市民苏青松决定在女儿洋洋 2 岁生日前一天让她独立登上青城山。4 月 12 日,刚满 2 岁的洋洋花了 6 小时零 6 分,走了 7.5 公里山路,终于登顶,成为目前自己登上青城山年龄最小的游客。(参见《两岁小女孩 6 小时爬上青城山　专家　这是拔苗助长》,《荆楚网 – 楚天都市报》,2007 年 4 月 14 日;还可参见:《莫让“超载”的运动压坏幼儿身体》,《中国教育报》,2012 年 11 月 25 日。)

(5)免受虐待权

前述的自然分娩权、食物权、空间权、体育活动权作为健康权旗下的四种亚权利,对于捍卫学前儿童的健康成长具有重要作用。成人社会侵犯这些权能往往均不是主观上的故意,往往都是过失而为,但虐童行为几乎均为主观故意,虐待对儿童不同程度地危及健康。“在虐待罪内部,本罪直接侵犯的法益虽然只是受其虐待的家庭成员的人身权,但同时往往侵犯其他家庭成员的居住安宁和身心健康,尤其会对家庭中未成年人的健康成长造成一定的负面影响。”[①] 故将免受虐待权置于健康权之下。

国内对免受虐待权研究不多。[②] 关于免受虐待权的规定最早来自《儿童权利公约》的第 19 条规定。“缔约国应采取一切适当的立法、行政、社会和教育措施,保护儿童在受父母、法定监护人或其他任何负责照管儿童的人的照料时,不致受到任何形式的身心摧残、伤害或凌辱,忽视或照料不周,虐待或剥削,包括性侵犯。这类保护性措施应采取酌情包括采取有效程序以建立社会方案,向儿童和负责照管儿童的人提供必要的支助,采取其他预防形式,查明、报告、查询、调查、处理和追究前述的虐待儿童事件,以及在适当时进行司法干预。”要界定免受虐待权,可从“虐待儿童”定义反向出发。日本在 2000 年时制定了《防止虐待儿童法》。该法规定虐待行为包括“儿童受到身体外伤伤害或者遭受可能受到伤害的暴行的,猥亵儿童或者唆使儿童进行猥亵行为的,明显减少儿童食量从而影响儿童正常身心健康成长或者长时间置之不理,对儿童恶言相向或者对其请求粗暴拒绝的”[③],即身体虐待、性虐待、疏忽照顾、精神虐待四类行为。学前儿童免受虐待权可指,针对预防学前儿童的

① 徐文文、赵秉志:《关于虐待罪立法完善问题的研讨——兼论虐童行为的犯罪化》,《法治研究》2013 年第 3 期,第 103–108 页。

② 关于免受虐待权的提法仅见二文,参见《立法保障儿童免受虐待权的建议》,《人民法院报》2017 年 1 月 21 日第 5 版;吴鹏飞:《儿童权利一般理论研究》,中国政法大学出版社 2013 年版,第五章第五节。

③ 姜波、焦富勇:《〈虐待儿童防止法〉及统计儿童虐待事件的意义》,《中国妇幼健康研究》2007 年第 2 期,第 146–148 页。

身体虐待、性虐待、疏忽照顾、精神虐待四类行为的权利。基于上述定义，免受虐待权可能是学前儿童最受侵犯的一种权利型态。最为亲近的人，可能也是伤害最深的人。有研究者以中国裁判文书网为数据来源，通过关键词检索和筛选，得到近二十年来涉及虐童内容的判决书共计 2974 份。数据分析发现，虐童事件绝大多数被认定为民事纠纷，施暴者以亲生父母和教师为主[①]。详见下图：

被告身份类别

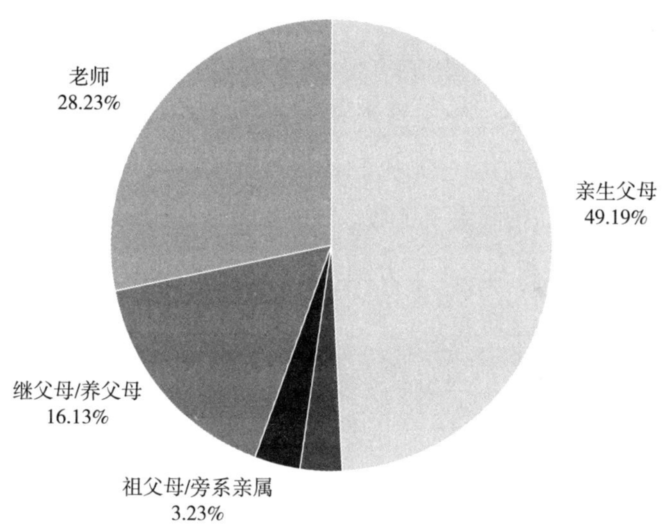

数据来源：中国裁判文书网

虐童事故进入司法程序的案例只是实际发生案例事件的冰山一角。另有研究者在 2000 年 1 月至 2019 年 2 月期间，对无锡市婴幼儿医院收治的 38 例躯体虐待伤婴幼儿的临床资料进行搜集，结果显示：在这些婴幼儿中，施虐人为生父的婴幼儿所占的比例高于施虐人为生母、养父、养母、其他家

① 澎湃新闻网，https://www.thepaper.cn/newsDetail_forward_8898660。

庭成员、非家庭成员婴幼儿的占比。父母离异、父母感情差的婴幼儿所占的比例高于父母再婚、父母感情良好婴幼儿的占比。在受虐婴幼儿中，月龄为12—36个月的婴幼儿所占的比例均高于其他月龄段婴幼儿的占比。[①]由此可知，0—3岁婴幼儿是虐童的重要对象。因此，落实好强制报告制度、加大对虐童行为惩戒，是预防婴幼儿虐待的主要措施。

"将健康融入所有政策"(Health in All Policies，HiAP)是世界卫生组织提出并倡导的制度。2013年，世界卫生组织第八届国际健康促进大会发布《赫尔辛基宣言》，正式把"将健康融入所有政策"定义为"一种以改善人群健康和健康公平为目标的公共政策制定方法，它系统地考虑这些公共政策可能带来的健康后果，寻求部门间协作，避免政策对健康造成不利影响，促进公众健康和提高健康公平"。2017年，《"健康中国2030"规划纲要》正式提出"将健康融入所有政策"。2019年12月28日，《基本医疗卫生与健康促进法》正式颁布，该法第六条规定"将健康理念融入各项政策"。将健康权融入学前儿童受教育权，这既是儿童权利的不可分割性和相互依存性的体现，也是学前儿童受教育权的独特属性之所在。

上面笔者从健康权的视角简要地论证了学前儿童受教育权可以分为自然分娩权、食物权、空间权、体育活动权、免受虐待权。在这些列举的权利名称中，食物权、空间权、体育活动权、免受虐待权都是早已有之的权利型态。按照成人的权利逻辑来讲，空间权、体育权、免受虐待权等可能都是相对独立的权利型态。在研究儿童权利，特别是完全无民事行为能力的学前儿童的权利时，"儿童的健康权(第24条)以及他或她的健康状况是评判儿童最大利益的核心"。[②]当以"将健康融入所有政策"作为价值尺度时，空间权、体育权、免

① 秦蓉、丁燕红、冯晓艳、朱亭立、徐大鹏:《对38例躯体虐待伤婴幼儿相关情况的调查分析》，《当代医药论丛》2020年第8期，第12-14页。

② 《第14号一般性意见:儿童将他或她的最大利益列为一种首要考虑的权利》，2014年12月2日，见https://www.humanrights.cn/html/2014/6_1202/3480.html。

受虐待权等作为健康权的子权利共同成为学前儿童受教育权的基础。自然分娩权、母乳喂养权的提法相对生疏,有人可能认为这是像体育权一样,是权利泛化语境下的权利。[①]“然而,权利泛化其实恰是权利的一种生长机制。”今天,成人社会已经走过“拥有权利”的时代,而进入了“享有权利”的时代。但是,对于弱小的学前儿童而言,他们还有很多应该拥有的权利而实际上并没有。自然分娩权、母乳喂养权等的提出不是权利的泛化,而是对人的早期生命 1000 天的固化。

(二)从学习权的角度看学前儿童受教育权的内容

前面从健康权的角度讨论了学前儿童受教育权具有五个子权利,当然这不意味着从这个角度看学前儿童受教育权仅有五个子权利,这只意味着,这五个子权利可囊括学前儿童保育的主要方面。在前文已经指出的是,学前教育实行保育优先、教育为辅的原则。基于这一原则,这五个子权利就是学前儿童受教育权的基础部分。“健康之精神寓于健康之身体,这是对于人世幸福的一种简短而充分的描绘。”[②] 当学前儿童有了健康的体魄之后,自然的好奇心理和学习需要成为其必然的追求,而学习权是对儿童学习需要的确认和保护。学习权是受教育权的价值来源和逻辑起点[③],是受教育权的核心和本质[④],因此,笔者选取学习权的角度来看学前儿童受教育的内容。

“如果说终身教育侧重于个人亦时间维度,学习化社会侧重于社会即空间维度,那么学习权恰恰就是这个时空的交接点。”[⑤] 学习权的提出虽然始于终身教育理念的提出和学习化社会的到来,但是它对于学前儿童的价值尚未

① 参见杨腾:《体育权:权利泛化语境下的虚构概念》,《武汉体育学院学报》2014 年第 6 期。

② [英]洛克:《教育漫话》,傅任敢译,人民教育出版社 1985 年版,第 24 页。

③ 陈恩伦:《论学习权》,西南师范大学 2003 年博士学位论文,第 3 页。

④ 王柱国:《学习自由与参与平等:受教育权的理论和实践》,中国民主法制出版社 2009 年版,第 63 页。

⑤ 劳凯声主编:《变革社会中的教育权与受教育权:教育法学基本问题研究》,教育科学出版社 2003 年版,第 234 页。

被充分知晓。已有的受教育权研究表明,受教育权根据其产生、发展、完成的时间顺序,可以划分为“学习机会权”“学习条件权”和“学习成功权”。[①] 这是对就学权利平等、教育条件平等和教育效果平等三分法的重要发展。[②] 因为后者仅仅论及的是义务教育方面的作为平等的受教育权,而前者已经把受教育权作为一个整体进行研究。本研究认为,学习成功权称谓并不准确,从学习成效来看,学习的结果可能既有成功,又有失败,因此改称为学习公正评价权。借用此分析框架,本研究将学前儿童学习权分为早期学习机会权、早期学习条件权和早期学习公正评价权。尽管学习权尚未形成公认的定义,但相对而言,联合国教科文卫组织在巴黎会议通过的《学习权宣言》对其的规定具有一定的代表性。“学习权(right to learn)是阅读与写作的权利,是提出问题与思考问题的权利,是想象和创造的权利,是认知人类世界和编写历史的权利,是获得教育资源的权利,是发展个人和集体技能的权利。”[③]

(1)早期学习机会权

早期学习机会权指的是学前儿童通过观察、模仿、探索、实践、阅读等手段获得生存和发展能力的可能性空间的权利,是接受学前教育的起点,是学前儿童受教育权的第一性权利。以 3 岁为一个节点,早期学习机会权可分为 3 岁以下婴幼儿学习机会权和 3 岁以上至入小学前儿童学习机会权[④]。前者行使场域主要在家庭和社区,后者行使场域开始向幼儿园转移。

学习是人类的内在机制,确保我们能够成功适应不断变化的环境。通常的学习常指的是狭义上的学习,即在他者的指导下,有目的、有计划、有组织地在较短时间之内接受前人所积累的文化知识、技能的过程。广义的学习是指人与动物在生活过程中凭借经验产生的行为或行为潜能的相对持久的变

① 龚向和:《受教育权论》,中国人民公安大学出版社 2004 年版,第 37 页。

② 参见劳凯声:《教育法论》,江苏教育出版社 1993 年版,第 105-110 页。

③ UNESCO, Final Report of the Fourth International Conference on Adult Education, p. 67.

④ 参考《刑法》第九十九条:“本法所称以下、以下、以内,包括本数。”

化。但是这种变化对于婴幼儿来说往往是本能的反应，本能与学习之间的区分并不始终是泾渭分明的。学习是一种在学习者内部发生的事情。婴幼儿在生活中获得的变化不一定都是学习产生的结果，也可能是生理上的自然成熟的结果。在本研究中，笔者赞同这个定义，学习是指学习者因经验而引起的行为、能力和心理倾向的比较持久的变化。① 其理由在于，过宽或过窄的学习定义都会使得学习权的价值受到贬损。婴幼儿获得经验的主要方式为直接感知、实际操作和亲身体验等。3 岁以下婴幼儿学习特点决定了其学习机会权内容难以进行截然分开和类型化。3 岁以下婴幼儿学习机会权的价值，保护其充分地运用自然天赋获得认知的空间，培养良好的学习品质，为进入幼儿园等机构进行教育奠定基础。

随着婴幼儿身心的发展和早期学习机会的习得，为进入正式教育机构进行学习提供了可能。3 岁以上至入小学前儿童学习机会权是义务教育阶段学习机会权的预备和过渡。"根据学习的过程是否需要外力的引导，可以将学习权分为自主学习权和协助学习权。"② 依据学习权的这一划分，本研究将 3 岁以上至入小学前儿童学习机会权分为自主学习机会权和协助学习机会权。自主学习机会权指幼儿不受妨碍地自主参与学习的空间，协助学习机会权是指幼儿在成人引导和启迪下，经由接近教育的过程而完成学习的空间。根据表现形式的不同，早期学习机会权可以分为就近入园权、选择幼儿园类型权和获得学生身份权三种权利。

提及就近入园权不能不说就近入学权。1870 年，英国《初等教育法》规定：父母有权以就学距离超过 3 公里为由拒绝送子女入学。20 世纪 80 年代，丹麦政府也作出过类似的规定，按照不同的年龄，划分不同的就学距离，如超过相应的就学距离（4 至 9 岁为 6 千米，10 岁至 7 千米），政府就应提供交通工具。1980 年，中共中央、国务院发布了《关于普及小学教育若干问题的决定》，

---

① 施良方：《学习论》，人民教育出版社 2001 年版，第 5 页。

② 倪洪涛：《大学生学习权的类型化》，《现代大学教育》2010 年第 3 期，第 11–18 页。

提出了“力求使学校布局和办学形式与群众生产、生活相适应,便于学生就近入学”。这可能是我国最早提及就近入学政策。随后在我国的义务教育法及其修订中得到确认。[①]1986 年《义务教育法》第九条规定:“地方各级人民政府应当合理设置小学、初级中等学校,使儿童、少年就近入学。”2006 年新《义务教育法》第十二条规定:“适龄儿童、少年免试入学。地方各级人民政府应当保障适龄儿童、少年在户籍所在地学校就近入学。”由此清晰可见,就近入学要求政府提供便利的教育资源,是政府的职责,是家长和学生的权利。

对于幼儿来说,就近入学权即就近入园权。那么,什么是就近入园权?参考国内关于就近入学的相关法律和规章[②],将就近入园权定义为幼儿在户籍所在地或者在父母等法定监护人所在的非户籍所在地的工作场所或居住地进入一定服务半径内的幼儿园学习的资格[③]。获得就近入园资格的条件与年

---

① 关于其他涉及就近入学政策文件参看孙绵涛、康翠萍、朱晓黎:《改革开放以来中国就近入学政策的内容分析》,《教育理论与实践》2009 年第 9 期。

② 1986 年 12 月原国家计委发布了《中小学校建筑设计规范》,其中要求学校校址选择应符合下列规定:“……中学服务半径不宜大于 1000m;小学服务半径不宜大于 500m。走读小学生不应跨过城镇干道、公路及铁路。有学生宿舍的学校,不受此限制。”1987 年,原国家教委《关于制定义务教育办学条件标准、义务教育实施步骤和规划统计指标问题的几点意见》也对就近入学的距离作出了相关规定:“……走读生则应考虑学生上学途中安全和上学距离不能过长。走读生上学途中单程时限(不论步行还是利用自行车或其他交通工具)建议为:小学低年级上学途中最多不超过三十分钟;小学高年级上学途中最多不超过四十五分钟;中学上学途中最多不超过六十分钟;在确定的学校服务范围内,对部分超过时限的学生(如不少农村单设初中),可采用寄宿,但必须具备合适的寄宿(包括伙食)条件”,并规定“学生居住地与学校距离原则上应在 3 公里以内”。2002 年,国家计委、教育部联合颁布了《城市普通中小学校校舍建设标准的通知》,其中要求:“城市普通中小学校网点布局应根据城市建设总体规划的要求,结合人口密度与人口分布,尤其是学龄人口数量及其增减的发展趋势,以及城市交通、环境等因素综合考虑,合理布点。新建住宅区内,要根据规划的居住人口及实际人口出生率,建设规模适宜的中小学校。城市普通中小学校网点布局应符合下列原则:1. 学生能就近走读入学;2. 学校应具有较好的规模效益和社会效益;3. 特殊情况特殊处理。”“学校服务半径要根据学校规模、交通及学生住宿条件、方便学生就学等原则确定。中小学生不应跨越铁路干线、高速公路及车流量大、无立交设施的城市主干道上学。”《中小学校设计规范》(GB50099-2011)规定:“城镇完全小学的服务半径宜为 500m,城镇初级中学的服务半径宜为 1000m。”

③ 服务半径标准有两种:物理空间标准,比如《中小学校建筑设计规范》的规定;步行时间标准,比如《城市居住区规划设计标准》(GB50180-2018)规定,五分钟生活圈居住区配套设施设置规定须有幼儿园和托儿所。

龄、健康状况、户籍所在地存在关联。根据《幼儿园管理条例》和《幼儿园工作规程》的规定，幼儿园适龄儿童为三周岁以上学龄前幼儿[①]。残疾幼儿、特殊幼儿（智力落后、视觉障碍、听觉障碍、语言障碍、肢体障碍、性格异常、行为异常、情绪异常、多重障碍、其他显著障碍）进入幼儿园须符合法律、法规规定条件。健康状况凭证有体检报告单、儿童预防接种证等。就近入园权在2012年4月5日颁布的《校车安全管理条例》里得到明确的表达。其第六十条规定："县级以上地方人民政府应当合理规划幼儿园布局，方便幼儿就近入园。"其他政策性文件有《国务院关于当前发展学前教育的若干意见》(2010)、《教育部关于规范幼儿园保育教育工作防止和纠正小学化现象的通知》《财政部教育部关于加大财政投入支持学前教育发展的通知》(2011)、《学前教育督导评估暂行办法》(2012)、《教育部等四部门关于实施第三期学前教育行动计划的意见》(2017)、《城市居住区规划设计标准》(GB50180–2018)、《国务院办公厅关于开展城镇小区配套幼儿园治理工作的通知》(2019)等。就近入园权的保障应以公办园和普惠性幼儿园分布相对均衡为前提，就近入园不是最近入园，而是相对就近入园，进入民办园并不受此限制。就近入园权是学习机会权的基础，没有就近入园权的学习机会权就不是真正的学习机会权。

选择幼儿园类型权即对接受幼儿园公立、私立性质等自由选择的权利。为了使幼儿获得适宜发展的可能性，根据幼儿本身和所在家庭的条件选择不同幼儿园的类别权利是受到国际人权法的充分保护的。1948年《世界人权宣言》第二十六条第三款规定："父母对其子女所应受的教育的种类，有优先选择的权利。"1960年《取缔教育歧视公约》第五条："（乙）必须尊重父母和（如适用时）法定监护人的下列自由：第一，为他们的孩子选择非公立的但系符合于主管当局所可能规定或批准的最低教育标准的学校；其次，在所有方法不违背国家执行法律的程序的情况下，保证他们的孩子能按照他们自己的信仰

① 比如2022年9月份入园幼儿的年龄限制年满3周岁为2018年9月1日至2019年8月31日期间出生的。

接受宗教和道德教育;任何人或任何一群人不得被强迫接受同他们的信仰不一致的宗教教育;(丙)必须确认少数民族的成员有权进行他们自己的教育活动,包括维持学校及按照每一国家的教育政策使用或教授他们自己的语言在内,但:(1)行使这一权利的方式,不得妨碍这些少数民族的成员了解整个社会的文化和语言以及参加这个社会的活动,亦不得损害国家主权;(2)教育标准不得低于主管当局所可能规定或批准的一般标准;(3)这种学校的入学,应由人随意选择。"1966 年《经济、社会和文化权利国际公约》第十三条第三款同样规定:"本公约缔约各国承担,尊重父母和(如适用时)法定监护人的下列自由:为他们的孩子选择非公立的但系符合于国家所可能规定或批准的最低教育标准的学校,并保证他们的孩子能按照他们自己的信仰接受宗教和道德教育。"选择幼儿园权在我国当下的国情主要表现为对公立和私立幼儿园的选择上面。就近入园权与择园权存在悖论,就近入园权的充分行使会抑制择园权的行使,择园权的自由行使消解就近入园权的功效。我国就近入园政策默认学前教育资源分布不均衡,政策的初衷是维护了入园的机会均等和保障学前教育公平,但是在实施过程中把手段当目的,起着底层阶级再生产的功能,对社会阶层分化和固化起着"催化剂"的作用。[①]我国就近入园政策深受义务教育法律法规的影响,随着《关于进一步做好小学升入初中免试就近入学工作的实施意见》《关于进一步做好重点大城市义务教育免试就近入学工作的通知》(2014)的贯彻落实,我国幼儿择园的空间进一步受到压缩。"必须坚持因地制宜,从实际出发,为幼儿和家长提供方便就近、灵活多样、多种层次的学前教育服务。"[②]除了这个零星的规定外,在我国学前教育政策中很难见到关于幼儿选择权的规定。

---

① 苏海、蒲大勇:《我国就近入学政策的价值取向、失真与回归》,《现代大学教育》2021 年第 5 期,第 91-96 页。

② 《国务院关于当前发展学前教育的若干意见》,2010 年 11 月 21 日,见 http://www.moe.gov.cn/jyb_xxgk/moe_1777/moe_1778/201011/t20101124_111850.html。

有论者提出学生身份权(学籍权)是受教育权中学习机会权的重要组成部分,认为受教育者的身份权也就是学生身份权或者说学籍权。论者认为:“学生身份权就是作为受教育者的学生在其所在教育机构拥有学籍进行学习、生活并取得学习成功的权利。任何人一旦有权进入某一教育机构学习,经登记注册后就成为该教育机构的学生,也就获得相应的学生身份,享有学生的一切权利。而一旦丧失学生身份权,其他形式的受教育权也一同丧失。”[①] 这个论述对于在园幼儿也是适用的。要说学生身份权不能不说身份权的问题。

在民法学中,人格权和身份权构成人身权。人格权包括生命权、健康权、身体权、人身自由权、婚姻自主权、姓名权、名称权、肖像权、名誉权、隐私权和荣誉权等。身份权包括配偶权、亲权和亲属权。[②] 那么,什么是身份权?这是个见仁见智的问题。[③] 有学者认为,“身份权是持民事主体基于特定的身份关系产生并由其专属享有,以其体现的身份利益为客体,为维护该种关系所必需的权利”。[④] 身份权的内容包括亲属法上的配偶权、亲权、亲属权,非亲属法上的荣誉权、著作人身权和监护权。[⑤]幼儿学生身份权是指基于学籍关系而产生,维护其在幼儿园进行学习、生活并取得学习成功的资格,属于非亲属法上的身份权。《教育法》第二十九条第四款规定:对受教育者进行学籍管理,实施奖励或者处分。《教育部关于印发〈中小学生学籍管理办法〉的通知》指出,学生学籍号是学籍信息的核心要素,以学生居民身份证号为基础,从幼儿园入园或小学入学初次采集学籍信息后开始使用。[⑥] 但是,《中小学生学籍管理办法》本身涉及的学生范围并未明确幼儿园。《关于当前发展学前教育的若

---

① 龚向和:《受教育权论》,中国人民公安大学出版社 2004 年版,第 47 页。

② 参见江平主编:《民法学》,中国政法大学出版社 2000 年版,第 278-310 页。

③ 参见宋扬:《身份权基本理论研究》,重庆大学 2008 年硕士学位论文。

④ 杨立新:《人身权法论》(修订版),人民法院出版社 2002 年版,第 103 页。

⑤ 参见杨立新:《人身权法论》(修订版),人民法院出版社 2002 年版,第 766-950 页。

⑥ 《教育部关于印发〈中小学生学籍管理办法〉的通知》(教基〔2013〕7 号),2013 年 8 月 16 日,http://www.moe.gov.cn/srcsite/A06/jcys_jyzb/201308/t20130816_156125.html。

干意见》要求建立幼儿园信息管理系统。2012年9月,全国学前教育管理信息系统正式投入使用。全国学前教育管理信息系统的在园幼儿信息管理功能,主要是对幼儿的入园、查重认证、调班、升级、转学、离园、毕业等的日常管理,为教育行政管理部门了解幼儿入园状态提供了数据基础。通过全国学前教育管理信息系统,全体在园幼儿将陆续建立学籍,通过电子学籍系统申请学籍号,以幼儿身份证号为基础进行统一编码,实行全国幼儿"一人一号",实现幼儿园学籍与小学学籍接轨。只有经过教育部门审批的幼儿园才有资格在全国学前教育管理信息系统中录入相关信息,就读无证幼儿园的孩子将无法拥有学籍。

(2)早期学习条件权

早期学习条件权居于早期学习机会权和早期学习公正评价权的中间,起着承前启后的作用,既是学习机会权自然的发展结果,又是学习成功权能否实现的关键,或者说是幼儿在园期间行使受教育权的主要内容。根据我国宪法和教育法的有关规定,把学习条件权分为教育条件建设请求权、教育条件利用权和获得教育资助权。

"教育条件建设请求权正是受教育者请求国家创设保障其学习权诸条件的具体权利,主要包括教育设施建设请求权和教育财政措施请求权。"[①]这里的教育设施主要是幼儿园。依据《幼儿园工作规程》规定,幼儿园园舍设备有活动室、寝室、卫生间、保健室、综合活动室、厨房和办公用房,寄宿制幼儿园应有隔离室、浴室和教职工值班室,室内场所配备符合幼儿特点的桌椅、玩具架、盥洗卫生用具,必要的玩教具、图书、乐器,户外活动场地配备必要的游戏和体育活动设施等。[②]除此以外,爱国主义教育基地、图书

① 龚向和:《受教育权论》,中国人民公安大学出版社2004年版,第47页。

② 关于具体的规定参见《幼儿园建设标准》(建标〔2016〕246号)、《幼儿园办园行为督导评估办法》(教督〔2017〕7号)、《托儿所、幼儿园建筑设计规范》(JGJ39-2016)、《国家教育委员会幼儿园教玩具配备目录(试行)》。最后一个文件已于《教育部关于废止和宣布失效一批规范性文件的通知》(教政法〔2011〕4号)宣布失效。

馆、青少年宫、儿童活动中心、儿童之家、博物馆、纪念馆、科技馆、展览馆、美术馆、文化馆、社区公益性互联网上网服务场所、影剧院、体育场馆、动物园、植物园、公园等场所也是幼儿多方面发展所不可缺少的学习场所。教育设施建设请求权是幼儿享有的请求国家设立、保证学习正常进行的各种设施的权利。如果没有基本的教育设施,幼儿(监护人)可向国家提出教育设施的请求权。当然,教育设施建设请求权的实现程度受制于国家一定阶段可支配的各种资源,国家的义务是必须实现最低限度的标准促进幼儿教育权的充分实现。

有关研究表明,1998—2007 年我国财政性学前教育经费占 GDP 的比重 10 年间一直维持在 0.03%—0.05%;学前教育经费总投入占 GDP 基本维持在 0.05%—0.07%,占全国教育经费总投入的比例在 1.24%—1.44%。同期,OECD 国家和欧洲 19 国的学前教育经费投入在其 GDP 中的比重平均为 0.5%,相当于我国的 10 倍。另一方面,在学前教育经费投入总量极小的情况下,其分配渠道主要导向城市和县镇的公办幼儿园。①《国家中长期教育改革与发展规划纲要(2010—2020)》指出,我国学前教育建立政府投入、社会举办者参与、家庭合理分担的投入机制。国家连续十年实施学前教育专项行动计划,出台《财政部　教育部关于加大财政投入支持学前教育发展的通知》(财教〔2011〕405 号)、《中央财政支持学前教育发展资金管理办法》(财教〔2015〕222 号)等政策大力加大学前教育公共财政经费投入。2021 年,国家财政性教育经费用于学前教育的经费达到 2700 亿元,年均增长 20.6%,在各级教育中增长最快;占比达到 5.9%,比 2011 年的 2.2% 提高了 3.7 个百分点。国家财政性教育经费用于中西部地区的经费,占到 50% 以上。② 这些经费投入极大地

① 中国学前教育发展战略研究课题组:《中国学前教育发展战略研究》,教育科学出版社 2010 年版,第 26–30 页。

② 《2021 年教育总投入接近 6 万亿元　我国财政性教育经费支出占 GDP 比例连续 10 年保持在 10% 以上》,2022 年 9 月 27 日,见 https://t.ynet.cn/baijia/33398894.html。

改善了办园设施和各种条件。目前学前教育仍是整个教育体系的短板,相比而言,农村地区幼儿园设施与城市相比尚存在较大的距离。现有的学前教育财政性经费主要投入到公办园,民办园惠及不多。农村幼儿园和民办园的幼儿(监护人)具有向国家提出教育财政措施的请求权。

幼儿享有平等的教育条件利用权,包括参加教育教学活动权和使用教育教学设施权。《教育法》第四十三条第一款规定,受教育者享有“参加教育教学计划安排的各种活动,使用教育教学设施、设备、图书资料”的权利。该规定是幼儿教育条件利用权的重要法律依据。参加教育教学活动权,首先是指幼儿参加幼儿园安排的集中教学时间内的上课权,其次是指幼儿参加非集中活动的权利。在我国,集中上课权重于非集中活动权;在国外,非集中活动权重于集中上课权。教师不能随意中止幼儿上课权。幼儿教育教学设施利用权是指对现有相关教育设施合理利用的权利。教师应合理安排幼儿的集中活动与分散活动,特别是户外活动设施的充分利用,保障幼儿运动和成长。

教育条件建设请求权和利用权的享有保证幼儿学习所需教育基本设施等物质条件。但是,对于困境幼儿来说,他们还不能完全享有自己的受教育权,譬如午餐、基本玩具和阅读物、参与兴趣活动小组等。获得教育资助权是指困境幼儿因各种原因导致不能完整地享有受教育权而需要获得教育资助的权利,包括在家获得学前教育资助、获得幼儿园机会资助和在园教育资助三种子权利。困境幼儿概念来自“困境儿童”。有论者指出:困境儿童是“暂时或永久性脱离正常家庭环境的儿童,以及生理、精神方面存在缺陷或遭遇严重问题的儿童”。[①]《国务院关于加强困境儿童保障工作的意见》(国发〔2016〕36号)将“困境儿童”界定为“因家庭贫困导致生活、就医、就学等困难的儿童,因自身残疾导致康复、照料、护理和社会融入等困难的儿童,以及因

① 陈鲁南:《“困境儿童”的概念及“困境儿童”的保障原则》,《社会福利》2012年第7期,第27–28页。

家庭监护缺失或监护不当遭受虐待、遗弃、意外伤害、不法侵害等导致人身安全受到威胁或侵害的儿童”。[①] 本文的困境幼儿选择政策概念的困境儿童进行演绎。由于该部分是将获得教育资助权置于受教育条件权下进行讨论,因此,此处的获得教育资助权主要是指在园教育资助权。

我国的教育法律政策对幼儿获得教育资助权作出了比较系统的规定。《教育法》第三十八条规定:“国家、社会对符合入学条件、家庭经济困难的儿童、少年、青年,提供各种形式的资助。”《国务院关于当前发展学前教育的若干意见》(〔2010〕41 号)规定:“建立学前教育资助制度,资助家庭经济困难儿童、孤儿和残疾儿童接受普惠性学前教育。”《财政部　教育部关于加大财政投入支持学前教育发展的通知》(财教〔2011〕405 号)专门确立了幼儿资助制度。《教育部等四部门关于实施第三期学前教育行动计划的意见》(教基〔2017〕3 号)指出:进一步健全资助制度,确保建档立卡等家庭经济困难幼儿优先获得资助。资金分配重点与各地扩大普惠性资源、完善管理体制、健全投入机制、资助家庭经济困难儿童入园等工作的绩效挂钩。中共中央、国务院发布的《关于学前教育深化改革规范发展的指导意见》指出:“完善学前教育资助制度。各地要认真落实幼儿资助政策,确保接受普惠性学前教育的家庭经济困难儿童(含建档立卡家庭儿童、低保家庭儿童、特困救助供养儿童等)、孤儿和残疾儿童得到资助。”随着系列政策的落实,我国 2012—2021 年各级财政累计投入 752 亿元,共资助家庭经济困难儿童 6232 万人次,保障了困境幼儿公平享有学前教育的权利。[②] 但是,总的来讲,困境儿童学前教育的财政投入存在着财政投入总量不足、财政投入结构不合理的问题。[③] 困境儿童获得教育资助权任重道远。

① 《国务院关于加强困境儿童保障工作的意见》,2016 年 6 月 16 日,见 http://www.gov.cn/zhengce/content/2016-06/16/content_5082800.htm。

② 《教育部召开“教育这十年”“1+1”系列发布会》,2022 年 4 月 26 日,见 http://www.moe.gov.cn/fbh/live/2022/54405/ 教育部官网。

③ 张熔芳:《论我国困境儿童学前教育受教育权利保障》,吉林大学 2020 年硕博学位论文。

(3)获得公正评价权

龚向和把受教育过程结束的结果权利称作学习成功权,并认为其包括获得公正评价权和获得学业证书、学位证书权。[①] 论者援用《教育法》受教育者享有权利第 3 款证成其观点。“在学业成绩和品行上获得公正评价,完成规定的学业后获得相应的学业证书、学位证书。”关于这个条文要作一个区分。按照教育法律和政策规定,依照受教育者是否获得国家承认的学历证书,将教育形式分为学历教育和非学历教育。“所谓学历教育,是指受教育者经过国家教育考试或者国家规定的其他入学方式,进入国家有关部门批准的学校或者其他教育机构学习,获得国家承认的学历证书的教育形式。”据此,学历教育不包含学前教育,包含小学、初中、高中、专科、本科、研究生等。因此,关于教育法受教育者权利条款的“完成规定的学业后获得相应的学业证书、学位证书”不适合学前教育。在学前阶段,学习成功权并不适合描述幼儿在接受教育过程中或结束时的权利状态。幼儿学习的成功标准很难确定,尽管现在教育部出台了《3—6 岁儿童学习发展指南》,可以作为衡量幼儿学习的一个参考标准,但也不能把这个作为评价幼儿教育发展成功的一个标准。因此,这里把幼儿接受教育的结果权利称为获得公正评价权,具体指幼儿在德、智、体、美等方面获得与自己身心发展的速度、特点和倾向相适宜的评价的权利。幼儿发展的阶段性、可变性、不确定性决定着对幼儿教育评价应突出过程性,淡化结果性。每个幼儿能获得与自己身心发展相匹配的教育评价就是公正的评价。按照教育评价的不同功能,获得公正评价权分为过程性评价权和结果性评价权。《幼儿园保育教育质量评估指南》(2022)指出,切实扭转“重结果轻过程”的倾向。教师在运用教育评价时多用观察、谈话、作品分析、档案袋评价、“学习故事”[②] 等过程性评价手段。

---

① 参见龚向和:《受教育权论》,中国人民公安大学出版社 2004 年版,第 56–59 页。

② “学习故事”是一套来自新西兰的儿童学习评价体系,由新西兰幼儿教育大纲《新西兰早期教育课程框架》玛格丽特 · 卡尔和她的研究团队开发的一套用叙事方式进行的形成性学习评价体系。

(三)游戏权是学前儿童受教育权的核心内容[①]

1. 游戏权的提出

哲学、心理学和教育学等多学科对游戏展开了各自的研究,这里仅从游戏与法律、游戏人与教育的关系中探讨游戏权。[②]游戏是儿童的存在方式,权利是现代法律的原点和核心内容之一。那么,游戏与法律是何关系?赫伊津哈以其特有和出色的历史眼光和比较意识为我们展现了一幅游戏与法律互动的历史画卷。赫氏循着"游戏先于文化","文明是在游戏中并作为游戏兴起而展开的"的观念通过列举三个例证,即运气游戏、比赛和舌战,论证了法律起源于游戏的观点。在赫氏看来,法律与游戏具有四个方面的共同特征:其一,对应于"特定的时空","法庭"是一个"临时性的圣地"。其二,对应于"接受规则","法庭"是一处"圣地"和"魔圈","世俗的等级差别在那里被暂时地取消了"。其三,对应于"紧张、愉悦的感受",是诉讼过程中存在的"冒险性因素"和"幽默感"。其四,对应于"'有别于''平常生活'的意识",是通过"戴上假发,披上法衣"等装扮和仪式,制造出的一种"越出'日常生活'"的意识。游戏先于法律,法律产生于游戏。[③]对于我们接受和习惯了生产力与生产关系的二元分析模式来说,这个观点是难以理解的。正如论者所言,"乍看上去,没有比法律、正义、法学与游戏更风马牛不相及的了"。[④]从法律的起源来看,游戏与法律存有关联,但是,游戏与权利的关联是相当晚近的事情。

作为一种相对独立权利型态的游戏权大概是在1959年的《儿童权利宣言》中提出的。该宣言中第七条第四款指出:"儿童应有游戏和娱乐的充分

---

① 该部分内容以相同的题目节选发表在《中国教育法制评论》(第12辑),教育科学出版社2014年版。

② 多学科对游戏的研究参见李敏:《游戏与学习——以游戏提高学生的生活质量》,教育科学出版社2010年版,第8–22页。

③ 薛小都:《游戏与法律》,《西南民族学院学报》(哲学社会科学版)2002年第4期。

④ [荷兰]约翰·赫伊津哈:《游戏的人:关于文化的游戏成分的研究》,多人译,中国美术学院出版社1996年版,前言–82页。

机会,应使游戏和娱乐达到与教育相同的目的;社会和公众事务当局应尽力设法使儿童得享此种权利。"1989年的《儿童权利公约》对游戏权进行正式确认。第三十一条第一款规定:"缔约国确认儿童有权享有休息和闲暇,从事与儿童年龄相宜的游戏和娱乐活动,以及自由参加文化生活和艺术活动。"但是国内学者极少对游戏权的内涵、性质等作出讨论,现仅限于一文对此进行了分析。论者认为,"儿童游戏权就是指为法律所认定为正当的,体现儿童的尊严和平等、自由和全面发展价值的,带有普遍性和反抗性的,以游戏自由权、游戏社会权及个体的发展权构成的统一体"。①不论该定义是否真正揭示出游戏权的本质,仅从自然权利与法律权利的关系来看,该定义隐含的是实证主义权利观,这种观点认为只有法律所认定的权利才是正当的权利。其实,只要细加追问就会看出实证主义权利观的破绽,这种破绽就是某种利益、主张、资格、权能和自由没有被法律所认可却依然可以成为权利,它不是法律权利而是自然权利。数万年以来,动物和儿童自小就会游戏,难道没有人造法律的认可它们都在干非法的事情?因此,为了真正认识游戏权的本质,我们决不能仅仅停留在法律权利的角度,而务必将其置于自然权利和法律权利的关系性视角去考察。笔者并不对游戏权下确当的定义,这是因为"游戏"就任何方式而言都是一种难以界定的功能和现象(function and phenomenon)②。接下来讨论的重点是游戏人与教育的关系。

对人的游戏本性最早和最经典的表述非德国美学家席勒莫属。席勒指出:"只有当人是完全意义上的人的时候,他才游戏;只有当人游戏时,他才完全是人。"③中国习语"人生如戏,戏如人生"有相似的意思。在这句话中,第一个"人"的起点就是刚刚分娩降临人间的新生儿,此时的人从生理学角度来

① 刘智成:《儿童游戏权的概念和特征》,《体育科研》2012年第4期。

② Jamber, T. Why Play is the Fundamental Right of the Child.Open Symposium Presentation in The 11th IPA World Conference, Tokyo, Japan, June3–8, 1990.p.3.

③ [德]席勒:《审美教育书简》,冯至、范大灿译,北京大学出版社1985年版,第80页。

说已经是完全意义上的人，但是从社会学角度来说，他们是不具有精神胚胎的自然人；第二个“人”是完全意义上的人，经过游戏化的社会人。那么，经过社会化的人的形象是什么？石中英在批判传统的“宗教人、自然人、理性人、社会人”等形象之后，提出了重塑教育知识中“游戏人、文化人、制造人”等形象。[①]若从完全理性到有限理性的角度来看，从理性人到游戏人是人的形象的根本转变。理性人形象的建立是在笛卡尔的“我思故我在”和斯宾诺莎的“人是理性的动物”等哲学命题之后，以牛顿力学为标志的自然科学技术知识取得了对人类知识和自然的控制之后建立起来的。这种知识形成的传统受到了休谟、狄德罗等哲学家的强烈质疑。哈耶克等人在以休谟理论为核心的经验主义哲学传统的基础上提出了有限理性或理性不及的命题。[②]

其实在高扬理性主义塑造的理性人的时代里，对理性人形象的反思就已出现。正如荷兰文化学者赫伊津哈指出：“一个比我们更为愉悦的时代一度不揣冒昧地命名我们这个人种为：Homo Spaiens［理性的人］。在时间的进程中，尤其是18世纪带着对理性的尊崇及其天真的乐观主义来思考我们之后，我们逐渐意识到我们并不是那么有理性的；因此现代时尚倾向于把我们这个人种称为 Homo Faber，即制造的人。……无论如何，另有第三个功能对人类及动物生活都很贴切，并与理性、制造同样重要——即游戏(Playing)。依我来看，紧接着 Homo Faber，以致于处于同一水平的 Homo Spaiens 之后，Homo Ludens，即游戏的人，在我们的用语里会据有一席之地。”[③]赫伊津哈的“游戏人”是与“理性人”相对而言的。唯理主义哲学家把理性当作人区别于动物的

---

① 参见石中英：《教育哲学导论》，北京师范大学出版社2004年版，第95–113页。

② 关于有限理性的命题，另一个诺贝尔经济学奖获得者美国管理学家西蒙在《管理行为》中也提出来。他指出，当我们从个人的角度来看理性限度时，可将其大致分为三类：(1)个人受到自己的习惯、无意识技能和反射行为方面的限制；(2)个人受到其价值观和目标观念方面的限制，它们同组织目标总是可能相背离的；(3)个人受到其信息知识面的限制。参见赫伯特·西蒙：《管理行为》，韩春立，徐立译，北京经济学院出版社1988年版，第232页。

③ ［荷兰］约翰·赫伊津哈：《游戏的人：关于文化的游戏成分的研究》，多人译，中国美术学院出版社1996年版，前言第1页。

重要标志。斯宾诺莎认为:“狗是会叫的动物,人是理性的动物。”[①] 而文化哲学家认为当游戏时人与动物是极其相似的。正如赫伊津哈认为:“动物做游戏看起来很像人。我们只要观察一下小狗们在其亲密嬉戏中的表现,就能明白人类游戏时所有的特点。它们以略有客套的神态和友好表示邀请对方游戏,它们恪守规则:不许咬哥儿们的耳朵或不许咬得太重。它们假装变得可怕地愤怒。”[②]

理性人的形象对于教育理论和实践的影响表现在:教育必须培养和训练人的理性;教育活动必须合乎理性;教育必须树立理性和教师的权威,反对非理性和对教师的公开反抗;强调纪律和秩序。[③] 今日之学校教育大体上属于理性人形象的制度设计和实践操作。重视智育,轻视德育和体育;重视理科,轻视文科就是其中的集中表现。当把这种现象推向极致,强调到教旨主义的程度上,一切都变成“科学主义观”之后,教育就极有可能变成培养只重权威,只唯上不唯下的专制主义的温床。

游戏人形象以有限理性为基础,尊崇理性但又不唯从理性,它对教育理论和实践影响的表现就是“教育的游戏性”命题的提出。何谓游戏性?“即自主的精神、平等的精神以及在自由与限制之间保持适当张力的精神。”[④] 在这种精神指导下的教育活动的特征为:教育培养理性为主,同时也不忽视感性的训练;教育活动是理性和非理性的耦合;教育尊崇权威,允许对话;强调内部秩序和外部秩序的统一(哈耶克语)。在充满“游戏性”的教学交往过程中教师与学生之间的关系就是一种游戏者与游戏者之间的平等关系,双方必须共同创造一种游戏的氛围,承担游戏过程中各自的角色,理解和共同维护游戏的规则,并根据游戏双方的需要不断地重新修订这种规则。这样的教育就是

---

① 转引自石中英:《教育哲学导论》,北京师范大学出版社 2004 年版,第 99 页。

② [荷兰]约翰·赫伊津哈:《游戏的人:关于文化的游戏成分的研究》,多人译,中国美术学院出版社 1996 年版,前言第 1 页。

③ 石中英:《教育哲学导论》,北京师范大学出版社 2004 年版,第 100 页。

④ 吴航:《游戏与教育:兼论教育的游戏性》,华中师范大学 2001 年博士学位论文,第 74 页。

“灵魂的教育，而非理智知识和认识的堆集。通过教育使具有天资的人，自己选择决定成为什么样的人以及自己把握安身立命之根。谁要是把自己单纯地局限于学习和认知上，即便他的学习能力非常强，那他的灵魂也是匮乏而不健全的”。[①] 这样的教育目的是要帮助人们理解游戏本性，促使他们形成具有“公平竞争”(fair play)的责任意识和能力的现代公民。

通过讨论游戏与法律和游戏人与教育的关系，确定了游戏权作为学前儿童受教育权内容的正当性。下面讨论游戏权的性质与价值。

2. 作为人权的游戏权的性质与价值

有人主张游戏权兼具社会权和自由权双重特性。[②] 笔者的观点是自由权乃游戏权之内在的本质属性，而社会权乃是游戏权在社会中获得的属性。其理由是在文化哲学来看，自由与创造是儿童游戏的精神内核，同时也是孩子之所以乐此不疲地进行游戏的原动力。[③] 游戏权首先是自由权的属性也是由人之为人所规定，亦即是说，这种属性不为其他的条件所限制。绝大多数儿童游戏的开展不需要社会提供专用的活动场所和设施，因为自然界和人类社会在一般社会活动运行中就可以满足儿童的游戏需要。这种状态随着人类创造物越来越多，城市化带来的空间布局的极大改变导致了人与自然的严重脱离，儿童游戏的正常进行才离不开社会和国家的专门考量。即使这样，也不意味着游戏权的本质属性从自由权变成社会权。如果我们颠倒了二者之间的关系，那么游戏权对儿童游戏来说并不能给他们带来真正的利益最大化，而极有可能破坏儿童游戏的内在结构。当儿童自己无法处理好对游戏的内在支配力时只能听任成人的“游戏”，这种“游戏”到了成人阶段就可能变成人与人之间的控制。正如马卡连柯所言：“游戏在儿童生活中具有重要的意

① ［德］雅斯贝尔斯：《什么是教育》，邹进译，三联书店1991年版，第4页。

② 参见刘智成：《儿童游戏权的概念和特征》，《体育科研》2012年第4期。

③ 参见杨晓萍、李传英：《儿童游戏的本质——基于文化哲学的视角》，《学前教育研究》2009年第10期。

义,游戏对儿童的意义犹如事业、工作、公务之于成年人具有的意义一样。儿童在游戏中的表现是怎样的,长大以后在工作中也大体上会是怎样的。因此,培养未来的活动家首先应该在游戏中进行……”[①] 因此,理解和发挥儿童游戏权的价值就变得尤为重要。

游戏权的价值系于游戏本身对于人的意义。许多的名人都对游戏下过经典的论断。比如,德国美学家席勒在《审美教育书简》中阐发了游戏与人的经典命题,除此之外,爱尔兰剧作家萧伯纳也表达了类似的观点,“人不会因为变老而不再游戏,反而会因为不游戏而变老”[②]。这两个经典论断使得“人即游戏人”的命题变得固若金汤。无须赘言,游戏权的价值对于儿童的发展具有其他任何权利所不能替代的价值,倘若能够替代则意味着两点:一是人非游戏人,二是游戏人非人。有论者指出,游戏权的现实价值是现代社会文化体系的和谐构建和保障儿童拥有童年生活权利的需要;是现代儿童教育的人本化发展和儿童和谐而健康发展的需要。[③]游戏权不仅具有现实价值,而且还有超越价值。这种超越性是人的自由本质和未完成性决定的。哈耶克指出:“自由之所以如此重要,乃是因为我们并不知道个人将如何使用其自由。如果情况正相反,人们可以预知个人将如何使用其自由,那么自由的结果就可以通过多数决定个人应当做什么的方式来达致。”[④] 游戏对于儿童的意义之一就是其不确定性,倘若我们成人真能完全预知游戏对于儿童的价值,那么儿童完全可以听凭成人的安排。[⑤]事实上,成人往往凭借主观上认知而为儿童设计出种种自以为是最有利于儿童发展的游戏,但是儿童们却常常不买大人的“账”。儿童不“买账”的原因就是他们有他们的逻辑,成人设计的游戏路径

① [苏]B.H. 阿瓦涅索娃等编:《学龄前儿童教育》,教育科学出版社 2004 年版,第 199 页。

② Guddemi, M.The Child's Right to Play.Presentation to the United Nations Press Conference, 5/8/1992.

③ 参见丁海东:《儿童游戏权的价值及其在我国的现实困境》,《东北师大学报》(哲学社会科学版)2010 年第 5 期。

④ [英]弗里德利希 · 冯 · 哈耶克:《自由秩序原理》,邓正来译,生活 · 读书 · 新知三联书店 1997 年版,第 33 页。

⑤ 参见王福兰:《论儿童游戏的不确定性》,《教育理论与实践》2023 年第 4 期。

并不符合他们的逻辑，所以“道不同，不相为谋”。游戏权的超越价值只能由儿童自我去追求，外在的任何干预都无法替代儿童本身的作为。所以，成人在游戏面前，“无为就是最大的作为”。“在您同孩子一起游戏时，请注意不要把现成的游戏强加给孩子，因为这样会使他失掉对游戏的兴趣。您在使游戏复杂化、多样化和延长游戏的时间上多下功夫就行了。”[①]

3. 从权利主体看游戏权的实施

权利主体一般是指具有某种权利能力或行为能力资格的人。因此，可以将游戏权的主体定义为：具有游戏权利能力和行为能力资格的人。权利能力又称“人格”，是指能够参与一定法律关系，依法享有一定权利和承担一定义务的法律资格。行为能力是指法律关系主体能够通过自己的行为实际取得权利和履行义务的能力。一般而言，自然人的权利能力是相对不变的，而行为能力则会随着权利主体的身心发展和认知变化而进退。但是享有权利能力不等于实际享有了该权利，这就涉及行为能力。就游戏权而言，从理论上讲，其权利主体属于所有的自然人，但由于人从出生之后，随着年龄的增长，人的生理发展、心理变化和生活阅历的丰富导致人的游戏行为能力随之变异。这里依据年龄段来划分学前儿童受教育权的标准，讨论不同时间段学前儿童游戏权的行为能力。

（1）0—2 岁儿童

围产期的儿童是否具有游戏的行为能力？[②]欲回答这个问题，可能需要追问在这个时期的儿童是否具有最初级的听力和视觉能力。听视能力是感觉的最基本能力。感觉是婴儿探索世界、认识自我过程的第一步，是以后各种心理活动产生和发展的基础。据心理学的研究表明，围产期的胎儿或新生

① ［苏］B.H. 阿瓦涅索娃等编：《学龄前儿童教育》，教育科学出版社 2004 年版，第 199 页。

② 医学上从孕期满 28 周到出生后 4 周的这段时间成为围产期。参见人民教育出版社幼儿教育室编：《幼儿卫生学》（第 2 版），人民教育出版社 2002 年版，第 31 页。

儿已经具有了一定听视能力。[①]也就是说围产期的儿童具有初级的游戏能力，但是这种能力带有很强的生物本能，即不属于社会性的游戏能力。从足月儿到2岁，“他们从整天只能躺着到会抬头、翻身、坐、爬、站、行走；他们要学会自我和客体，认识和掌握周围环境中物体的物理特性和社会特性，游戏是他们的学习方式”。[②]

0—2岁儿童的游戏类型主要有社会性游戏（亲子游戏、伙伴游戏和语言游戏）、动作游戏、玩物游戏等。在这个阶段的游戏中，由于儿童的特殊性决定成人（主要是父母）扮演着重要的角色。尤其是在亲子游戏中，亲子游戏的发起者一般是父母，但是只有当婴儿对成人的行为做出反应，游戏才真正开始。因此，在游戏中成人要遵循：从模仿婴儿开始，追随婴儿的兴趣，享受和幼儿的游戏和了解婴儿的发展水平和特点。

（2）2—6、7岁幼儿

2—6、7岁幼儿是典型的游戏期。2岁以后，幼儿从过去主要和父母进行的亲子游戏，到逐渐学会独立游戏及与伙伴共同游戏；从最初的依赖于实物、要求玩具的逼真性到对实物的依赖逐渐减少、可以使用象征性、去情景化的动作、物和言语来游戏。各种不同类型游戏的社会性水平和认知发展水平都显著提高，各种不同类型的游戏之间出现整合的趋向。角色扮演游戏、语言游戏、运动游戏、力量游戏和规则游戏开始成为游戏的主要类型。在这一时期，父母不再是幼儿游戏的最经常的伙伴，但是，幼儿的游戏仍然需要成人的大力支持。成人的角色从最初的直接发起者逐步变成间接的帮助者。

4. 侵蚀游戏权的社会困境

在上文中讨论游戏权的性质时已经指出作为自由权的游戏权的保障只需成人和社会无为而治，所以这里侵蚀游戏权的社会困境主要是从其社会权的性质出发的。有学者对侵蚀儿童游戏权的因素进行了分析认为，这些因素

---

① 参见庞丽娟、李辉：《婴儿心理学》，浙江教育出版社1993年版，第114–122页。

② 刘焱：《儿童游戏通论》，北京师范大学出版社2004年版，第261页。

主要在四个方面:全世界持续的贫困状态、变革的文化价值、缺乏适宜的环境规划和在学校里或学前班中过分强调理论的、学术性的和结构化的学习。[①]根据埃尔金德和波兹曼分别撰写的《急驰的儿童》(The Hurried Child)和《童年的消逝》表明,在欧美国家里,作为一种制度化的童年正在迅速地消逝。典型的表现就是上音乐课、约会、橄榄球比赛、舞蹈课、家教、性感化的成人打扮、看电视等,穿梭在这些活动中几乎就没有自然而然的游戏空间了。国内学者从民众观念、法律规定、学校教育、公共空间和大众媒体等角度进行研究后获得了大致相同的结论。[②]回溯人类文明的发展历史,似乎已经出现了这样的一个现象,即人类文明发展得越高级、精致,对儿童游戏权的侵蚀就越强大和全面。因此,哈耶克在论及自由文明的创造力之时首先重申苏格拉底的哲言,承认无知乃是开启智慧之门,这对于我们反思人类文明对儿童游戏权的侵蚀实乃高见。

本节用较大的篇幅从三个层面讨论了学前儿童受教育权的内容。这三个层面的划分大致遵循马斯洛的需要层次理论。该理论假定,人的需要可按重要性和层次性排列;当人的初级需要得到满足后就会产生更高级的需要,层层推进,成为推动人继续努力的内在动力。马斯洛把人的需要分成生理需要、安全需要、情感需要、尊重需要和自我实现需要等。从健康权的角度去看学前儿童受教育权大致对应于儿童的生理需要,包括吃、穿、住、行等方面;游戏权的角度相当于儿童的自我实现阶段;学习权介于这二者之间。诚如马斯洛的需要层次理论的分类方法存在不足一样,从健康权、学习权和游戏权去看学前儿童受教育权的内容同样存在不足。不足存在以下几个方面,第一,分类的理想标准是周全而不重合。显然,如此分类无法做到这点。本研究的

① Guddemi, M.The Child's Right to Play.Presentation to the United Nations Press Conference, 5/8/1992.

② 丁海东:《儿童游戏权的价值及其在我国的现实困境》,《东北师大学报》(哲学社会科学版)2010 年第 5 期。

分类不求周全,但求重点突出。但是,不重合应该是达致的目标,同样没能做到。例如,体育运动权似乎从某个角度来说都可划入其中任何一种。第二,作为特殊的游戏权似乎不太符合马斯洛的人的初级需要得到满足后就会产生更高级需要的假设。游戏作为儿童的存在方式,它是统整的或不可分割的,因此任何欲将其归入任何一类都将产生另外的不足,也从本质上否定了游戏权在儿童成长、发展和学习,以及形成社会秩序中独特的作用。

第四章　学前儿童受教育权的保障

上章讨论了学前儿童受教育权的性质、范围和核心内容，本章着重论证学前儿童受教育权的保障问题。那么，何谓权利保障？有论者认为，“通常讲权利保障：一是指权利实现时的无阻却性保障；二是指权利实现出现障碍时的司法救济性保障。无阻却性保障又包含双重意义：一方面是保障权利人的权利处于权利人的合乎法律规范的意志支配之下，权利或被行使或被放弃或被转让，都不得受权利人以外的其他任何义务人的阻止或干预；另一方面是权利的实现必须依靠国家的帮助行为，表现在国家不仅为公民权利的实现提供各种物质条件上，还有为公民权利的实现提供社会保障上”。[①] 从此定义中可看出，无阻却性保障的双重意义是自由权的消极保障和社会权的积极保障。另有论者认为，“权利保障应有广义和狭义之分。狭义的权利保障是指权利未受侵犯或破坏之前就存有的各项措施或制度的保障。广义的权利保障除上述含义外，还包括权利受侵犯、破坏之后而存在的权利救济”。[②] 本研究选取的是狭义上的权利保障。因此，此处的学前儿童受教育权保障可以理解为对未受侵犯或破坏之前的学前儿童受教育权提供的消极或积极保障。本章首先从“孟母堂”事件看我国学前儿童受教育权保障困境的实然分析去分

① 范进学：《论权利的制度保障》，《法学杂志》1996 年第 6 期。

② 杨春福：《权利法哲学研究导论》，南京大学出版社 2000 年版，第 162 页。

析其存在的原因,进而从应然的角度分析保障学前儿童受教育的三条路径的合理定位,最后指出各自实施的内容。

第一节　从"孟母堂"事件看我国学前儿童受教育权保障的困境

一、"孟母堂"事件的基本案情

2005年9月,一家名为"孟母堂"的教育机构在上海松江开设。在该教育机构中,记诵中国古代经典是最主要的教学方式,其教学内容包括:语文学科所读的是《易经》《论语》等中国古代传统典籍;英语以《仲夏夜之梦》起步;数学则由外聘教师根据读经教育的观念,重组教材,编排数理课程;体育课以瑜伽、太极之类修身养性的运动为主。因为其教学方式与教学内容近似于我国古代私塾,所以媒体普遍将"孟母堂"视为"现代私塾"。在"孟母堂"求学的孩子来自全国各地,除部分短期补习的以外,还有一些接受全日制教育的学生。这一所谓的"现代私塾"被媒体广泛报道之后,因其对传统教学方式和教学内容的回归,构成对我国目前教育模式的挑战,而导致争讼纷纭。2006年7月24日,"孟母堂"被上海市教委定性为违法办学,并责成当地教育行政部门对该学堂紧急叫停。

围绕"孟母堂"事件形成的争议主要有两种观点:一种认为"孟母堂"违反了我国的教育法律制度,这种观点以上海市教委为代表,并得到了一些专家学者的支持。上海市教委发言人指出,"孟母堂"分别违反了办学许可的有关规定,违反了《义务教育法》的有关规定,违反了教育收费的有关规定。首先,根据相关法律规定,该学堂举办者应到所在的地区教育行政部门办理有关手续,经审批、登记获得办学许可证后方可办学。但该学堂未提交任何办学申请材料办理申请，更未获得办学许可，属违法办学。其次，家长把适龄子女送到该学堂接受教育，而未按照规定把子女送到国家批准的教育机构接受义务教育，属违法办学。因为根据法律规定，“凡具有中华人民共和国国籍的适龄儿童、少年，不分性别、民族、种族、家庭财产状况、宗教信仰等，依法享有平等接受义务教育的权利，并履行接受义务教育的义务”。再次，对于“孟母堂”的“读经教育”内容和方式，上海市教委也认为与《义务教育法》相关规定不符。同时，上海市教委认为现行的《上海市普通小学课程方案》设置了由基础型、拓展型和研究型课程组成的课程结构，学校可在拓展型课程中补充某些传统文化教育。最后，上海市教委认为“孟母堂”未经有关物价部门审核，擅自向学生家长收取高额费用，属违规收费。另一种观点认为“孟母堂”并不违法，主要以“孟母堂”的学生家长为代表，认为“‘孟母堂’不是办学，只是现代在家学习或在家教育的一种方式。既然不是办学，也就无所谓违规和违法。显然‘孟母堂’这种形式，不适合于用‘社会力量办学’的有关规定来框定它”。还有的学者认为，国家义务教育法的“义务”首先是指国家义务，至于儿童则是享有这种义务的权利。现在的问题，不是家长没有送孩子入学，而是入什么学。不入公学，是家长的权利，正如家长没有不送孩子入学的权利一样。于家长，这属于自由选择，他人无权干涉，国家也无权干涉。家长有权利不让自己的子女上公立学校，而去“孟母堂”求学，政府理应尊重。[①]

补充：“我们不讲课文、不教英文单词、不上一般的小学算术。”上海“孟母堂”发起人吕丽委说。在闵行区莘庄的四间教室里，5 名

---

① 该案情报告源自胡锦光主编：《中国十大宪政事例研究》，中国人民大学出版社 2009 年版，第 263–264 页。

老师教授年龄跨度从4岁到12岁的12个孩子……(源自“上海出现全日制私塾　学生多数时间背诵文学经典”,《北京晨报》,2006年7月11日)

“孟母堂”事件被列为中国十大宪政事例之一。列为宪政事例的标准之一就是事例涉及的权利是宪法基本权利,“孟母堂”事件与齐玉苓案都涉及受教育权问题,所以属于宪政事例。教育权的实施就是对学前儿童受教育权的保障。也就是说,讨论教育权的实施就是讨论学前儿童受教育权的保障。齐玉苓案主要涉及的是个人与个人之间的受教育权侵权问题,“孟母堂”事件涉及义务教育阶段儿童和学前儿童受教育权的三方(家庭教育权、社会教育权和国家教育权,后简称“三权”)保障的困境,三方分别是入堂儿童们的父母教育权、绍南文化读经教育推广中心(后简称“绍南中心”)和绍南文化传播有限公司(后简称“绍南公司”)为主的社会教育权和以上海市教委为代表行使的国家教育权。由此,选择“孟母堂”事件作为分析案例的第一个理由就是该案的典型性和宪政性。第二个理由是该案带给社会的警示还未被我们所充分地意识到。该案发生后法学界和教育学界都对其进行了深入的研究[①],然而他们都是从义务教育的角度去分析讨论。到目前为止,笔者还未看到有人站在教育权的视角去看学前儿童受教育权的保障问题。该事件虽然主要是涉及义务教育阶段儿童受教育权问题,但是正如有关媒体报道的其中也牵涉到学前儿童。另外,该事件还与近来社会和政府关注的“幼儿园义务化、小学

① 从受教育权或教育权视角研究“孟母堂事件”的代表性成果参见:尤炜:《“孟母堂”事件的反思——依法施教依法治教》,《基础教育课程》2006年第9期;张步峰:《现代私塾“孟母堂”能否见容于法治》,《法学》2006年第9期;郑素一:《教育权之争——“孟母堂事件”的法理学思考》,《行政与法》2006年第11期;秦强:《“孟母堂事件”与宪法文本中“受教育条款”》,《山东社会科学》2007年第2期;张震:《我国宪法文本中“受教育义务”的规范分析——兼议“孟母堂”事件》,《现代法学》2007年第3期;季卫华:《“孟母堂”事件中的受教育权探析》,《教学与管理》2007年第7期;胡锦光主编:《中国十大宪政事例研究》,中国人民大学出版社2009年版,第263–284页;林祖鉁:《入学不是保障受教育权的唯一途径——从“孟母堂”事件谈〈义务教育法〉入学规定的缺陷》,《教育探索》2010年第10期;罗倩:《“孟母堂”事件引发的法律思考——兼论非政府组织之社会教育权在中国的发展》,《重庆与世界》2010年第11期等。还有从国学或读经角度研究“孟母堂事件”,相关文献略。

化”等问题密切相关。“孟母堂”事件不仅涉及义务教育阶段教育权问题，而且涉及学前教育阶段教育权问题。因此，通过分析“孟母堂”事件中学前儿童受教育权保障的困境，以便对学前儿童受教育权的保障分析提供现实依据。

二、国家教育权的行使易出现越位和缺位双重问题

上海市教委给“孟母堂”事件定了“三重罪”，即违反了办学许可的有关规定，违反《义务教育法》的有关规定，违反了教育收费的有关规定。前两重罪涉及“三权”，后一重罪也涉及“三权”，但是后者是由前者产生和附带的，所以这里只讨论前“二重罪”。办学许可的有关规定就是《民办教育促进法》第十一条的规定：“举办实施学历教育、学前教育、自学考试助学及其他文化教育的民办学校，由县级以上人民政府教育行政部门按照国家规定的权限审批。”《义务教育法》（1986 年）的有关规定就是第五条、第八条第一款和第九条。具体内容分别是“凡年满六周岁的儿童，不分性别、民族、种族，应当入学接受规定年限的义务教育。条件不具备的地区，可以推迟到七周岁入学”；“义务教育事业，在国务院领导下，实行地方负责，分级管理”；“地方各级人民政府应当合理设置小学、初级中等学校，使儿童、少年就近入学……国家鼓励企业、事业单位和其他社会力量，在当地人民政府统一管理下，按照国家规定的基本要求，举办本法规定的各类学校”。上面涉及焦点的问题至少有三个：第一，谁赋予了上海市教委对“孟母堂”的执法权？第二，“孟母堂”是否属于违法办学？第三，监护人将适龄子女送到“孟母堂”就学而未送到国家批准的义务教育机构是否是违法行为？

第一个问题涉及国家教育权。《教育法》第十四条规定：“国务院和地方各级人民政府根据分级管理、分工负责的原则，领导和管理教育工作。中等及中等以下教育在国务院领导下，由地方人民政府管理。”第十五条规定：“国务院教育行政部门主管全国教育工作，统筹规划、协调管理全国的教育事业。县级以上地方各级人民政府教育行政部门主管本行政区域内的教育工作。

县级以上各级人民政府其他有关部门在各自的职责范围内,负责有关的教育工作。”此两条既是对国家教育权的明文规定,同时在这里也赋予了上海市教委拥有对其辖区内的教育事业进行管理和监督的权限,具体执行机构是上海市松江区政府和松江区教育局,这可以从孟母堂家长对上述机构发表声明的结尾中看出。[①] 从上得知,上海市教委代理国家履行教育权是正当的,但是在具体执行过程中存在越权解释义务教育法的问题。

《立法法》第四十二条规定:“法律解释权属于全国人民代表大会常务委员会。法律有以下情况之一的,由全国人民代表大会常务委员会解释:(一)法律的规定需要进一步明确具体含义的;(二)法律制定后出现新的情况,需要明确适用法律依据的。”孟母堂从事教育活动的时间从 2005 年开始,上升为事件后引起纷争持续到了 2006 年 9 月 1 日,是新义务教育法颁布实施的日期。依据上述立法法的规定,当现实中出现了违法相关法律的事件或案例时,如果出现了法条使用的解释问题,尤其是涉及旧法新法的衔接问题必须由人大常委会进行解释。正是由于人大常委会代表国家行使教育解释权不作为才出现了上海市教委越权“帮忙”,换句话说,这个就是人大常委会的国家教育立法解释权的缺位,上海市教委代行国家教育立法解释权的越位。

假设把整个孟母堂看成是义务教育机构,且属于民办教育法规范的范畴,那么出现监护人把适龄子女送到孟母堂,而不送到国家批准的义务教育机构的现象首先应该拷问的是为什么我们的监护人要这样做?合乎逻辑的答案是监护人不满公办义务教育,而自己教育自己的孩子。对这个回答的追问是公民选择自己教育自己的子女是不得已的行为,因为如果公办教育能够满足公民的教育愿望,公民何必“自讨苦吃”?《义务教育法》(2006 年)第二条规定:“国家实行九年义务教育制度。义务教育是国家统一实施的所有适龄

① “孟母堂家长声明”参见“搜狐读书网”:http://book.sohu.com/20060801/n244555597.shtml。

儿童、少年必须接受的教育,是国家必须予以保障的公益性事业。实施义务教育,不收学费、杂费。国家建立义务教育经费保障机制,保证义务教育制度实施。”实施义务教育既有政府的义务与责任,又有监护人的义务与责任。根据此条规定,政府的义务与责任是首位的,占主导地位;监护人的义务与责任是次位的,占辅助地位。《义务教育法》(2006 年)第四十二条规定:“国家将义务教育全面纳入财政保障范围,义务教育经费由国务院和地方各级人民政府依照本法规定予以保障。国务院和地方各级人民政府将义务教育经费纳入财政预算,按照教职工编制标准、工资标准和学校建设标准、学生人均公用经费标准等,及时足额拨付义务教育经费,确保学校的正常运转和校舍安全,确保教职工工资按照规定发放。国务院和地方各级人民政府用于实施义务教育财政拨款的增长比例应当高于财政经常性收入的增长比例,保证按照在校学生人数平均的义务教育费用逐步增长,保证教职工工资和学生人均公用经费逐步增长。”正是由于我国长期的义务教育财政投入严重不到位和管理体制僵化导致学校硬件设备、师资力量和教学管理等质量达不到人们的普遍要求。新《义务教育法》第二、四十二条规定了国家的义务教育财政保障权,对照现实,国家这项权力履行不到位。从上可以看出,国家教育权是保障义务教育阶段儿童受教育权的中坚力量,但同时可能也是儿童受教育权的最大“杀手”。

从上可以得知,国家教育权有关主体一方面存在缺位的情况,另一方面越位干预本不属于自己的领域。国家教育权的越位可以分为两种:一种是国家教育权主体内部出现缺位和越位现象,如上述事件中的问题。国家教育权力机关本身机构庞杂,主体多元,因此当存在权力分配重叠或真空以及权力协调不好等问题时容易出现内部的国家教育权缺位和越位现象。另一种是国家教育权与社会教育权、家庭教育权之间出现缺位和越位现象,比如学前教育和义务教育公共财政投入问题等。

三、社会教育权易受国家教育权的侵犯，但也容易侵蚀家庭教育权和国家教育权

第二、三个问题重点涉及家庭教育权和社会教育权的行使。讨论“孟母堂”是否属于违法办学的关键在于如何认定家庭教育与社会教育的边界？确定家庭教育与社会教育的边界的关键在于确定家庭与社会的边界。在前文讨论家庭概念时，笔者已经指明家庭是以婚姻关系、血缘关系或收养关系为基础运行的，因此，判断某种教育是否属于家庭教育，那么只看师生关系是否是婚姻关系、血缘关系或收养关系中的一种即可。在家庭、社会和国家三者之间，如果确定了家庭和国家的范围，剩下的自然都是社会的范围。“孟母堂”办学是否属于家庭教育，通过对其师生关系的分析就可以得出结论。据媒体报道，虽然“孟母堂”的学生没有通过媒体公开宣传进行招生，只是通过熟人私下介绍的方式进行，尽管这样，学生都来自全国各地，那么这样的师生关系不能构成婚姻关系、血缘关系或收养关系中的任何一种。这可判定“孟母堂”属于由绍南中心举办的民办教育。当确定“孟母堂”属于民办教育之后，依据《民办教育促进法》第十一条的规定，在其未履行或补充完善办学许可程序之前就属于违法办学。也就是说绍南中心滥用其社会教育权，这里包括其举办学校权、聘任教师权、选用教材权和教学管理权等。

在社会主义市场经济机制中，社会教育权主体除了具有图书馆、博物馆这些具有较强公益性的主体外更多的都是逐利的市场组织。市场组织完全遵从哈耶克所说的自发秩序，哪里有需要，哪里就有供给，这为满足人们多样化和特色化的受教育权的需要提供了家庭教育和国家教育所无法提供的条件。这些主体只要履行了相关程序依法办学，国家必须保护其办学行为。然而，资本本身具有趋利性，为了谋利而不择手段、违背幼儿身心发展规律施教也是常有的事情。比如，现在有些民营医院打着“孕妇产后一条龙服务”等口号，收取高额费用，让母亲不用哺乳喂养和一切婴儿护理，让母亲和其他亲人

一万个省心和开心。笔者对此质疑的焦点不在钱,而在这种护理服务侵犯了婴儿的母乳喂养权,影响了婴儿与母亲建立依恋关系等需要。当然在这个过程中家长也是"共谋者"。美国当代著名政治哲学家桑德尔认为,在一个市场必胜论的时代里,一切都待价而沽。在这样的时代里,我们正在从"拥有一种市场经济"(having a market economy)最终滑入了"一个市场社会"(being a market society)。它们之间的区别在于:"市场经济是组织生产活动的一个工具——一种有价值且高效的工具。市场社会是一种生活方式,其间,市场价值观渗透了人类活动的各个方面。市场社会是一个社会关系按照市场规律加以改变的社会。"① 因此,我国一方面要扩大社会教育权对于学前儿童受教育权的保障作用,同时,又要进行积极的引导和监管。

四、家庭教育权易受国家教育权和社会教育权的侵犯,但其行使不当易侵犯学前儿童受教育权

在"孟母堂事件"中,绍南中心为何能够滥用社会教育权?其重要原因之一就是孩子监护人与其"共谋",如果没有家庭的有力配合,绍南中心就没有机会滥用权利。不过,公共教育总需要家庭与教育机构的配合,关键的问题是家长与什么样的机构配合和如何配合。经由上面的分析,在该事件中,适龄孩子的监护人送他们去孟母堂接受义务教育是家庭教育权运用不当。学前儿童的监护人送他们去孟母堂接受教育是否妥当?由于孟母堂不属于家庭教育机构,因此,其办学行为必须接受我国《民办教育促进法》及其实施条例等法律的约束和管制。在没有取得合法资质的情况下,学前儿童在这样的机构里接受教育,家长可能认为这是优质、理想的教育,然而一旦发生纠纷后孩子的权益和家长的利益将无法获得法律的保障。此时,人们才会觉得任何美妙和精致的权利如果失却了法律的捍卫和保护都将如夜间的萤火虫那样,

① [美]迈克尔·桑德尔:《金钱不能买什么——金钱与公正的正面交锋》,邓正来译,中信出版社 2012 年版,引言第 18 页。

虽然令人神往,但是瞬间消失。不管监护人选择公办教育还是民办教育,监护人行使的教育权利属于家庭教育权在公共教育机构的参与权或监督权。当家长对公办教育和民办教育都不满意而选择"单飞"之时,监护人开始独享其在家教育权。

在我国现在的法律下,学前教育阶段里父母独享其在家教育权是可以的,但也是有限度的。比如,"孟母堂事件"中父母对儿童读经内容的选定应接受社会和国家的监督和审查,也就是说监护人在行使教育权的同时有义务向社会公开自己的教育内容,以方便社会和国家的管理和监督。父母的教育权像国家权力一样,绝对的权力可能导致绝对的滥用。失却了有效制衡的父母教育权可能成为"专政"学前儿童的工具。学前儿童的自由选择权就会受到侵犯,比如孟母堂的儿童只能阅读父母选择的"经典"。

第二节　学前儿童受教育权保障的基础——家庭、社会与国家教育权的合理定位及其依据

在第一章讨论个人权利与国家权力时已经指出这是为受教育权和教育权的研究提供分析框架。在现代宪政背景的框架体系里,"第一,受教育权是教育权的根由和来源。第二,受教育权是教育权的意义和目的。第三,受教育权是教育权的前提和中心内容"。[①] 但是,儿童受教育权必须依赖于成人教育权的保障,否则就无法实现。有论者指出,"现代社会的教育权,指由当今世界各国法律所普遍规定、确认和维护的教育权利或权力。根据各国法律所规定和保障的教育权利或权力的基本性质和归属,现代社会的基本教育权结构,由国家教育权、家庭教育权和社会教育权所组成"。[②] 从这个定义可以看出,此处的教育权是一个纯法律意义上的概念,然而这并不能满足本研究的

---

① 孙霄兵:《受教育权法理学:一种历史哲学的范式》,教育科学出版社 2003 年版,第 78 页。

② 秦惠民:《现代社会的基本教育权型态分析》,《中国人民大学学报》1998 年第 5 期。

要求。为了满足本研究的要求,需要将教育权概念扩展到应然层面,即具有道德意义上的属性。具体而言,国家教育权是单纯法律意义上的概念,家庭教育权和社会教育权兼具道德意义和法律意义的双重属性。家庭教育权和社会教育权相对于学前儿童受教育权即权力,相对于国家教育权即权利,国家教育权本身乃一权力。在学前教育阶段,国家教育权、家庭教育权和社会教育权如何定位才能最好地保障学前儿童受教育权的实现,其定位的依据又是什么? 这就是本节要解决的问题。

笔者的基本立场是家庭教育权和社会教育权居于优先地位,国家教育权居于辅助的地位,因为国家教育权派生和服务于家庭教育权和社会教育权。笔者将从人权与国家的关系、传统中国的文化—心理结构和哈耶克社会秩序规则二元观等方面加以证明。确立这个立场的实践意义在于:第一,有助于解决像“孟母堂事件”中各种权力之间的缺位或越位现象;第二,有利于最好地保障学前儿童受教育权的实现;第三,这是我国认真践行《经济、社会及文化权利国际公约》和《儿童权利公约》等国际法精神的体现。有人可能会以为确立家庭教育权的优先性会削弱国家教育权的权威性,其实国家只要管好该管的地方,其他社会能完成的就让给社会,家庭本身能完成的事情就留给家庭,这样不仅不会削弱国家教育权的权威性,反而会因为它把有限的权力和财力投入到满足学前儿童接受最低限度的教育需要上,更加有利于提高其权威性和有效性。

一、人权与国家的关系

从宪法和普通法律两个方面对“三权”的分析来看,家庭教育权虽然是原生性的绝对权利,然而这种地位并不能保证其有效地行使。作为社会的基本单元,家庭在万能的市场和强大的国家机器面前显得渺小和卑微,就像小草与参天大树之别,家庭教育权同样如此。不过,渺小和卑微并不意味着缺乏生命力和持久力,恰好家庭教育权就像小草那样,虽然弱小,容易被“世风”所左右，但是其稳定的自然关系决定了其稳固和不可动摇的地位。在“孟母堂事件”中，虽然他们的家庭教育权行使有不当之处，但是他们为了孩子的教育，捍卫自己的教育权利的精神就证明了家庭教育权不可动摇。有论者指出：“研究这些具有代表性的宪政事例，就是研究中国的基本问题，就是研究中国社会未来的发展方向，就是研究中国改革的基本问题，就是研究中国宪法作用于中国社会的基本途径和方法。”① 从人权的视角审视“孟母堂事件”就是研究中国学前教育法学的基本问题，即学前儿童受教育权与成人教育权问题。

作为人权的受教育权来说，将其在义务教育阶段的属性定为社会权也许更为妥当。正如林来梵之言：“适龄儿童和少年的受教育权利，尤其是其亲权人的施与教育的自由，在理念上均可视为自由权或消极的权利。然而，公民的自我教育毕竟存在着诸多的局限，尤其是在科学与技术高度发达的现代社会里，人们必然要求国家为教育活动提供合理的教育制度、适当的教育设施以及平等的受教育机会，为此，受教育的权利更主要地体现出作为一种社会权利或积极权利的性质。”② 这既是由家庭教育之短和公共教育之长所定，又为义务教育的强制性和特殊使命所定。义务教育的特殊使命在于传递本族社会基本的文化知识和核心价值观，培养对国家的认同感。作为人权的受教育权，在学前教育阶段的属性定为自由权也许更为妥当。确定学前儿童受教育权的自由权属性意味着保障它的家庭教育权的自由性和优先性。在现代自由社会中，从某种程度上可以说，自己是自己利益的最好知晓者和捍卫者，对于学前儿童来说，父母是其利益的最好知晓者和捍卫者。确保了父母教育权的行使就保障了学前儿童的受教育权利。事实上，强调学前儿童受教育权的自由权属性并不排除其社会权属性。反而，任何抽空了自由权的意蕴而片面地强调社会权的成分，其结果可能导致学前儿童受教育权的保障失去了最好的自我纠偏机制。

---

① 胡锦光主编：《中国十大宪政事例研究》，中国人民大学出版社 2009 年版，序论 4。

② 林来梵：《从宪法规范到规范宪法》，法律出版社 2001 年版，第 24 页。

纪录片《小人国》的巴学园校车上有一句话，“儿童是脚，教育是鞋”。好的教育是“鞋”去适应“脚”，坏的教育是“脚”去适应“鞋”。对于后者，我国的先贤叫“削足适履”或“截趾穿鞋”，古希腊的先哲叫“普罗克汝斯忒斯之床”[①]。作为人权的学前儿童受教育权是成人教育权的前提，成人教育权派生和服务于学前儿童受教育权。而不是相反，成人教育权是作为人权的学前儿童受教育权的前提，学前儿童受教育权派生和服务于成人教育权。在成人的教育权中，家庭教育权和社会教育权是原生性的权利，国家教育权服务和服从于前者，而不是相反。这个论断可以从法国人权学者马里旦的观点中推导出来，他说，不是人为国家而存在，而是国家为人而存在。

二、传统中国的文化—心理结构[②]

通常将传统中国的社会结构描绘成家国同构的金字塔结构，在这个结构里先有家，后有国。支撑这个社会结构运行的是一套独特的文化—心理结构，因此，下面通过分析中国文化的深层结构来阐明先有家，后有国的观点，进而证明家庭教育权是居于首位的。

这里的传统中国不是指一个单纯时间意义上的概念，毋宁说更像是历时和共时双重维度上的概念，具体而言指的是在农耕社会（包括前农耕社会）形

---

① 普洛克汝斯忒斯是古希腊神话传说中的拦路大盗。他在阿提卡厄琉西斯城附近开了一家黑店，店里有两张床，一张很长，一张很短。如果旅客身材矮小，他便把旅客放在长铁床上拉长，直到旅客气绝身亡；如果旅客身材高大，他便把旅客放在短铁床上剁去腿脚，直到旅客因疼痛而死。后来，英雄忒修斯路过此地，捉住了普洛克汝斯忒斯，并以其人之道还治其人之身，把他放在短铁床上，砍掉他的腿，使他受到应有的惩罚。

② 此部分的论述还有一个意思：儒家的“仁”（二人）文化定义了传统国人的依附特质，这种依附性与现代公民具有的独立人格是格格不入的。尽管我们已经身处社会主义初级阶段，但国民的公民气质不够。这极大地提高在我国建设法治社会的难度和成本。这告知我们今日建设法治国的必要与难度，同时注意与已有社会传统与惯例的接续与融合。

成的一整套适应其经济和政治秩序的文化—心理结构。[①] 照此，传统中国指的就是历史的中国，也可能是当下的中国。确立传统中国历时和共时双重维度具有重大的理论意义，因为它是建设和改革作为后发型国家的当下中国不得不面对的时代前提，也是型构各种权利束的社会现场。

地理环境不仅是人类仰赖发展的物质基础，而且也是政治结构、意识型态的基础。在历史长河中，中国在相对封闭的地理环境中发展出了自己特有的政治制度和文化心理结构。[②] 在秦始皇统一中国之前，夏商周建立了以血缘关系为纽带的宗法制度（嫡子制、庙数制、分封制），秦统一中国之后开始进入皇权专制社会。[③] 在春秋战国时代，中国文化迎来了发展的第一个顶峰，百家争鸣成为中国史上难得一见的现象，占据中国文化核心的儒家和道家登台亮相。经过文化的种种选择，"阳儒阴法"，儒道两家结合终于成为占据中国历

---

① 笔者采用"文化—心理结构"一词来自于李泽厚在《孔子再评价》一文中，但是李泽厚本人没有对此概念作出自己的解释，而是在该文的注释中予以说明。其文为，"究竟什么是所谓'文化—心理结构'，当专文论述。暂可参考 Ruth Benedict Patterns of Culture（《文化模式》），该书只谈到文化有机体，与本文所讲仍大有区别"。参见李泽厚：《中国古代思想史论》（第 2 版），天津社会科学院出版社 2004 年版，第 26 页。关于"结构"一词，孙隆基在一书中的专门定义可以作为此概念的注解。他指出，我们的"深层结构"是指即使在日常生活这个"当代史"中也可以看得到的文化行为。我们假定：每一个文化都有它独特的一组文化行为，它们总是以一种只有该文化特有的脉络相互关联着——这个脉络关系就是这组文化行为的"结构"。参见孙隆基：《中国文化的深层结构》（第 2 版），广西师范大学出版社 2011 年版，第 22 页。

② 关于中国地理环境的特点参见王恩涌："中国文明的起源与特点"，载于文池主编：《在北大听讲座（第 20 辑）》，新世界出版社 2010 年版，第 151–161 页；张岱年、方克立主编：《中国文化概论》（修订版），北京师范大学出版社 2004 年版，第一章。

③ 近代以来，主流观点把从秦代到清代的这段社会统称"封建社会"。其实这并不符合历史的轨迹，近代通常使用的"封建"一词来自西语中的"feudal、feudalism"。在西语中的封建社会特指的是西欧中世纪的社会型态，如果硬要对比中国的社会发展，接近于西周时代的中国社会。秦始皇统一中国，"废封建，置郡县"之后，"封建"格局基本消失或者不是社会的主要格局。有学者认为，把现在的"封建社会"换成"皇权专制社会"较为妥当，笔者采用此说法。参见侯建新：《"'封建主义'概念辨析"》，《中国社会科学》2005 年第 6 期。关于封建社会相关的系统成果还可参见[法]布洛赫：《封建社会》，郭守田译，商务印书馆 2004 年版；冯天瑜：《"封建"考论》（修订版），中国社会科学出版社 2010 年版。造成这个历史的误会主要是政治原因，这种误会给学术界的研究带来了诸多混淆和误解，比如说，如果把中古时代的中国定为封建社会就难以解释同处一起的日本社会为何在近代转型比较成功，而今日之中国还在转型途中的原因。

史舞台的主流意识型态。近代以前，中华文化遭受到的最大冲击是佛学的传入，三种文化兼容并收之后，佛学思想开始融入中国的传统社会脉络中，但是一支独大的还是儒家。这绵延千年的历史经历一种分久必合、合久必分的改朝换代过程。以上概述了中国的文化心理结构形成条件和历史起源。那么中国的文化心理结构是如何处理个人、家庭、社会和国家的关系？

在《论语》中，有人统计，《论语》中讲“仁”出现 109 次；讲“礼”出现 74 次；讲“德”出现 38 次。从统计的频次来看，“仁”字居于《论语》的第一位，那么由这个可以推测出“仁”是孔子思想的核心吗？“也几乎为大多数孔子研究者所承认，孔子思想的主要范畴是‘仁’而非‘礼’。后者是因循，前者是创造。”[①]“仁”字在《论语》中出现上百次，孔夫子对此从未从正面对其下过直接的定义，导致其含义宽泛而多变，也使长久以来对此的理解莫衷一是。这倒也符合孔子本人给《易经》写的系辞传表达的意思，“仁者见之谓之仁，智者见之谓之智”。[②]在诸多的“仁”语中，“仁者，人也，亲亲为大”[③]是富有代表性的一句。“仁”字在甲骨文、古文和篆文皆从人，从二，用二人会亲近。[④]故而，认为仁即二人，表示其意义为人际关系，亦即是说，“只有在‘二人’的对应关系中，才能对任何一方下定义”。“中国人的‘仁’指的是这样的一种关系：人与人之间的心意感通，亦即是‘以心换心’，并且，在这种双方心意感通的过程中，理想的行径必须是处处以对方为重。”[⑤]因此，人活在世界上就必须去“交心”，去“讨好”身边的每个人，因为如果没有建立起相应的社会关系，那么就找不到别人来定义自己，这样作为自己的“人”就被蒸发掉了。

在“二人”与“一人”的关系网中，不受人伦与集体关系定义的个体就成了不道德主体，因此个人的利益在整体面前也就失去了合法性的存在。人有身

① 李泽厚：《中国古代思想史论》（第 2 版），天津社会科学院出版社 2004 年版，第 9 页。
② 中国易学文化研究院编：《易经导读》，九州出版社 2009 年版，第 128 页。
③ 《中庸・第二十章》。
④ 谷衍奎编：《汉字源流字典》，华夏出版社 2003 年版，第 66 页。
⑤ 孙隆基：《中国文化的深层结构》，广西师范大学出版社 2011 年版，第 27 页。

体与精神之分，为了在“二人”中定义好自我，身体属于自身，无法交给别人，在这一前提下只能把精神交给他者。“在中国文化里，既然没有个体‘灵魂’设计，因此将‘个人’只当作是一个没有精神性的肉体，是顺理成章之事。这并非说中国人没有精神型态，而是说，中国人的精神型态却是由这个‘身’散发出去的‘心’之活动，亦即是克服人我界限的‘由吾之身，及人之身’的心意感通。换而言之，中国人‘个体’的精神型态，必须在别人‘身’上才能完成。”“人生有三碗面难吃：情面，场面，人面”这句话是对这种国民性的经典表述之一。[①]

既然传统中国文化塑造了人的身心分离的二元综合体的胚胎，那么它是怎样复制和繁衍下去？作为心学的儒家去完成安顿灵魂的使命，作为身学的道家充当去完成安身立命的使命。一阳一阴，一前一后，二者相互补充，相得益彰。

中国人如何做到安身立命？主宰不了自己的灵魂，只能主宰自己的身体，这就出现了“身体化”的倾向。“身体化”的典型表现就是解决“口”的问题。“民以食为天”道出了“吃”的真谛。中国以烹调术为特色的食文化可谓是世界上最发达的，也是中国从古至今能够贡献给世界的一种资源。语言是文化偏向的反映，从特定词汇中可以反映出一个民族的文化取向和价值偏好。从中国关于“吃”的丰富词汇中可以折射出“食”对于民众的重要性。[②]“吃仅仅

---

① 这种心理投射在生活中的表现就是如央视的《焦点访谈》一期题为“洋货为何贵在中国”揭示的心理，“买贵不买贱”。正如主持人张泉灵所指出的：“洋品牌进口卖得贵，成本和关税都不是主因，这不是一场‘价格战’，这更像是一场‘心理战’。首先，推高中国售价，利用中国奢侈品消费者‘买贵不买贱’的心理大赚一笔，同时利用价差，吸引中国消费者到境外消费，又赚一笔。人家里外全是赚，那，赔的是谁呢？这笔账，真该算一算。”参见 http://news.cntv.cn/2013/02/21/VIDE1361448381244235.shtml。2013 年 2 月 22 日访问。

② 中国的“吃”词汇非常丰富。比如，大家见面寒暄问“你吃了吗”，谋生叫“糊口”，岗位叫“饭碗”，受雇叫“混饭”，花积蓄叫“吃老本”，混得好叫“吃得开”，占女人便宜叫“吃豆腐”，女人漂亮叫“秀色可餐”，受人欢迎叫“吃香”，受照顾叫“吃小灶”，不顾他人叫“吃独食”，受了伤害叫“吃亏”，男女妒忌叫“吃醋”，理解深刻叫“吃透精神”，工作太轻了叫“吃不饱”，负担太重了叫“吃不消”，犹豫不决叫“吃不准”，干不好叫“干什么吃的”，说话办事不着边际叫“吃饱了撑的”，负不起责任叫“吃不了兜着走”，做事不力叫“吃干饭的”，等等。关于“吃”的词汇还有很多，其中在《现代汉语词典》中以“吃”字开始的词汇就有 80 个。参见中国社会科学院语言研究所词典编辑室编：《现代汉语词典》，商务印书馆 1996 年版，第 164–165 页。

是为了更好地活着，而活着却不仅仅是为了吃”。本来，“吃”仅仅是一种手段，渐渐地，当“吃”异化为一种目的，其后果就非常可怕。从普通百姓想办事前先吃饭到“革命不是请客就是吃饭”，从“食”成为一国最大的民生问题到生存权就是最大的人权，所有这些倾向，有助于我们了解具有“亲民”基础的专制主义的本质。[①]

孙隆基以弗洛伊德的成长分期理论为基础来分析儿童的“身体化”倾向。在口腔期阶段和肛门期阶段，人类婴儿的口欲的满足是非常重要的。但中国人的人格发展往往就停留在这个阶段，即具有很严重的口腔期的遗留，这种现象导致成人儿童化倾向。正如所言，“中国人的上一代倾向于把下一代当作是从头到尾只有一个阶段——口腔阶段——的人”。[②]儿童的成长不仅要有身体的发育，更要有人格的扩张。然而，传统的教育模式往往太过于“身体化”，这就导致儿童人格的健全发展受到了压抑。在“二人”关系中，长辈往往通过对晚辈的吃穿住行进行“无微不至”的关怀，晚辈在享受这一切的同时就必须做一个听话的孩子。长辈对晚辈的体贴和照顾本是人之常情，但是太过“无微不至”，儿童的自主空间、参与能力和自主意识就遭到剥夺。我们能说这样的教育方式是好的吗？对此，孙隆基尖锐地指出，“中国式的‘个体’也不可能是一个内在动态的开展过程，它只可能是一个静止的、永恒受照顾的‘身’。这个身的开展方式不是‘成长’(growth)，而是生理上的‘年长’(aging)，亦即是一个外部人伦关系的堆砌”。[③]

在肛门期，孙隆基列举了一位“阿姨”用嘘声催促孩童大小便的排泄训练行为。在他看来，排泄行为本是幼儿内在的生理需要，是不由别人决定的行为。也许这个例子本身不是非常的妥当，但是它提醒我们注意到传统教育中养成孩子“他制他律的人格”。孙隆基认为：“一般来说，当一个人养成自制自

① 孙隆基：《中国文化的深层结构》，广西师范大学出版社 2011 年版，第 60 页。
② 孙隆基：《中国文化的深层结构》，广西师范大学出版社 2011 年版，第 112 页。
③ 孙隆基：《中国文化的深层结构》，广西师范大学出版社 2011 年版，第 115 页。

律的肌肉动作之时,就是他的'自我'疆界开始浮现之时。然而,中国人在肛门期养成的那种可以将排泄物随意地放入外在世界,以及可以让外在的意志任意地加在自己身上的习惯,则仍然保持了口腔期的'人我界限不明朗'。……换而言之,从'人之初',中国人就设计了由'二人'定义'一人'的局面。"①

由上关于中国文化对"人"的设计是:"一人"只是"一身",这个"身"需要"心"去照顾和组织,因为"本身"无法自我组织,也就是说必须用"二人"去定义"一人"才符合"天理"。在上文提到中国成人存在儿童化倾向,那么中国幼儿是否存在成人化倾向?恰如中国文化对"人"设计的二元模式,一个孤零零的幼小个体始终给人还未"完成"的感觉。因此,他(她)只有由长辈去定义,等他们长大经由媒婆介绍,父母定夺组建家庭,完成传宗接代的任务,形成自己的人伦关系,这样才算是真正"成人"。儿童成人化压缩了儿童的童年阶段,成人儿童化使得终生都需要"组织"来照顾。在家庭里,成人不让儿童自己"组织"自己,只能把自己交给社会和国家。身心分离的单个中国人注定了就是一盘散沙,因为自己无力组织起来,所以需要强有力的社会和国家力量。从"二人"关系来看,长辈是儿童的"心",社会是成人的"心",国家是社会的"心"。"君为臣纲、父为子纲、夫为妻纲","君君,臣臣,父父,子子"就是这样垒成的一个立体的金字塔国家,这种结构的近世版本就是"大河有水小河满,大河无水小河干"。② 在这个国家中,皇帝就是国家的主人,众人都是他的子民。所以,当国人养成有皇帝习惯后,突然有一天没有了还不习惯。正如梁先生形象地指出:"他总想天下定要有个作主的人才成,否则闹哄起来谁能管呢? 怎的竟自可不闹哄,这是他不能想象的,闹哄怎的可不必要有个人管,这也是他从未想象的。因此他对于这个闹哄无已的中国,总想非仍旧抬出个皇帝来,天下不会太平……如果谁也不卑而平等一般起来,那边谁也不能管谁,

① 孙隆基:《中国文化的深层结构》,广西师范大学出版社 2011 年版,第 117 页。

② 这句口号是 1956 年全国"合作化"以后,在当时的政治需要下应运而生的,很快就成为农村社会主义教育中的"经典比喻"。

谁也不管于谁，天下未有不乱的。如此而竟不乱，非他所能想象。几千年来维持中国社会安宁的就是尊卑大小四字。没有尊卑大小的社会，是他从来没有所没看见过的。”[①]

上面从“二人”关系的角度分析了传统中国里家庭、社会和国家的文化心理结构，这种结构不仅支配着传统中国“家庭”与“国家”的关系。另外，这里附带指出的是，虽然当下的中国已经跨入了现代社会的大门，也建立起了一整套的现代法律制度，但是现在还很难说我们已经摆脱了已有的文化心理结构模式后而进入现代性的世界结构之中的。[②]在这种结构中，作为一个庞大的文明体在确定建立制度理性和建设法治国之后，为缺少法律理性的传统找到一个“拐点”便成为一个重大的问题。如果认识不到自己文化传统的基因特点，任何法律的改革和探索可能都是困难的。

三、哈耶克社会秩序规则二元观

家庭教育权和社会教育权主要接受习惯法和民法的规范，国家教育权主要接受公法的管制，哈耶克把前者叫作“自由的法律”，后者叫作“立法的法律”。在“自由的法律”与“立法的法律”中，前者在整个社会秩序中起着基础性的支配作用，后者只能作用于特定的公共领域里。由此得出，由自由的法律支配的家庭教育权和社会教育权应该居于主导地位，由立法的法律支配的

---

① 梁漱溟：《东西文化及其哲学》（第 2 版），商务印书馆 1999 年版，第 42–43 页。

② 邓正来曾指出：“在面对当下世界结构的时候，我们所采取的态度既不应当是百年来那些一旦西化未果便动辄以一种狭隘的方式诉求所谓中国文明或传统的中国论者所主张的态度：彻底从世界结构中退出或者视这种世界结构而不见；也不应当是那些不具反思或批判能力的反主体性的西化论者所主张的态度：通过完全遵守世界结构的既有规则而彻底承认这个世界结构的支配——亦即全盘接受西方的价值或理想图景并根据它们去想象中国的未来；而应当是这样一种态度，即在建构和采用共时性视角的同时还必须对这种视角本身保有一种‘共时性’的反思和批判，否则共时性视角的建构和采用将意味着中国将失去自己的未来，因为它已经被规定了。因此，虽说当下的世界结构是中国法律哲学基本使命的历史性条件，但是与此同时，反思和批判这种世界结构也必须被视作为中国法律哲学当下基本使命中的应有之意。”参见邓正来：《中国法律哲学当下基本使命的前提性分析——作为历史性条件的世界结构》，《法学研究》2006 年第 5 期。

国家教育权处于从属地位。20世纪后半叶以来,我国基本上否定前者的存在和意义,完全以后者取代前者,这种思想的本质就是实证主义法律观。历史和实践教训证明了这种法律观的局限性,然而要深刻地认识它并不容易,这里从哈耶克的"社会秩序规则二元观"对它进行尝试性分析。

居于我国法学界主导地位的实证主义法律观认为,只有经过立法机构颁布的法律才是法律,这种单一的法律观妨碍了我们对应然的法与实然的法之间的良性互动,以至于我国在建设法治国家的过程中未能给予充分的知识资源的支持。哈耶克把这种现象称作"社会秩序规则一元观"支配下的立法观。哈耶克在其名著《法律、立法与自由》中,在对"社会秩序规则一元观"批判的基础上提出了自己的"社会秩序规则二元观"。其实这可以从本书的题目和第一卷("规则与秩序")第五章和第六章的标题中直接看出,书名中的"法律"指的是"自由的法律","立法"指的是"立法的法律"。那么,哈耶克是如何论证自己的二元法律观,它对我们理解教育法律有何借鉴意义?

关于自由的法律思想哈耶克在《自由秩序原理》中已经提及。他指出,真正的法律(后称为"自由的法律")就是具有一般性、抽象性和平等适用于所有人的规则。用哈耶克自己的话说就是,"理想型态的法律(law in its ideal form),可以被认为是一种指向不确定的'一劳永逸'(once-and-for-all)的命令,它乃是对所有时空下的特定境况的抽象,并仅指那些可能发生在任何地方及任何时候的情况"。[①] 哈耶克在《自由秩序原理》中仅仅论及自己的理想法律观,并没有对现代社会的单一法律观进行批判而证明自己的二元法律观。那么,该使命就只能由13年之后的《法律、立法与自由》完成。

为了理解哈耶克的二元法律观,笔者不得不回溯哈耶克为了论证自己的二元法律观而运用了诸多烦琐难解的专门术语。在第三章笔者已经指出,自生自发秩序概念是哈耶克社会理论和法律理论的一个基础概念。事实上,

① [英]弗里德利希·冯·哈耶克:《自由秩序原理》,邓正来译,生活·读书·新知三联书店1997年版,第185页。

哈耶克并不是用这个概念来指涉一切社会秩序,而仅仅是指个人可以自由行为的私人领域。在《法律、立法与自由》中,哈耶克用了三对概念来解释和论证他的二元法律观,即内部秩序(endogenous order 或 cosmos)与外部秩序(exogenous order 或 taxis)、内部规则[未阐明的规则(unarticulated rules)与阐明的规则(articulated rules)]与外部规则、正当行为规则和组织规则。[①] 这三组概念的内在关联是:内部秩序、内部规则与正当行为规则都是描述自然的非人为设计的私人自由活动领域,外部秩序、外部规则与组织规则都是描述人为设计的公共领域。前者对应的是私法,后者对应的是公法。在哈耶克所限定的特定意义上,私法主要是指那些支配着个人行动和交易的规则,公法主要是指“经由立法之方法而制定出来的法律”,它包括宪法性法律、财政立法和行政法。[②]

哈耶克认为,尽管在一个自生自发的现代社会秩序中,公法有必要组织一种能够使作为其基础的自生自发秩序发挥更大作用所必须的架构,但是公法却不能因此而渗透和替代私法。这种公法替代私法的结果就是“几乎完全摧毁了作为一种普遍行为规则的法律与作为指导政府在特定情势之中如何行事的命令的法律之间的区别”。[③] 然而在现代自由社会中,虽然出现了公法

---

① 哈耶克为何要用这么多的概念来论证自己的二元法律观?正如邓正来所指出,“一如哈耶克本人所言,《法律、立法与自由》的撰写和出版将近持续了 17 年的时间,而期间一定会发生某些变化;这里我们仅指出哈耶克在术语方面的一些变化。除了本章中的 cosmos(内部秩序)和 taxis(外部秩序)术语以外,可还在本卷中使用了‘内部规则’(nomos)和‘外部规则’(thesis)等一系列术语;当然,这种做法的目的是使所用的术语更为精确。但是需要强调的是,哈耶克在 6 年以后出版的第三卷中,却放弃了这种做法,正如他本人所承认的那样,‘我颇感抱歉的是,我自己没有勇气一以贯之地使用我在先前所建议采用的其他一些新词,例如:comos, taxis, nomos, thesis, catallaxy 和 demarchy。然而,因此而在阐述中丧失的精确性,很可能会因它们易于理解而得到补偿’。因此,请读者在阅读和理解哈耶克这部三卷本的时候注意这方面的问题”。参见[英]弗里德利希·冯·哈耶克:《法律、立法与自由》(第 1 卷),邓正来译,中国大百科全书出版社 2000 年版,第 53 页。

② [英]弗里德利希·冯·哈耶克:《法律、立法与自由》(第一、二卷),邓正来译,中国大百科全书出版社 2000 年版,第 208 页。

③ Hayek, New Studies in Philosophy, Politics, Economics and the History of Ideas, Routledge & Kegan Paul, 1978, p.82.

代私法的趋势,但是这并不意味着公法能够承担其指导和组织整个社会运行的能力。恰恰相反,在成熟的市场社会里,由内部规则支配的私法起着更为重要的基础作用。一如哈耶克所言,“确凿无疑的是,任何人都不曾成功地对复杂社会中所展开的所有活动做到全面且刻意的安排。如果有什么人能够成功地把这样一种复杂的社会完全组织起来,那么该社会也就不再需要运用众多心智,而只需依赖一个心智就足够了;再者,即使真的发生这种情况,这种社会也肯定不是一种极复杂的社会,而只是一种极端原始的社会”。[①] 因此,在哈耶克看来,自由的法律就是指社会在长期的进化过程中自发形成的内部规则,这种规则具有一般性、抽象性和平等适用于所有人的特性;立法的法律指的是那种只适用于特定之人或服务于统治者目的的外部规则。

哈耶克所阐发的“社会秩序规则二元观”为我们反思那种视立法为唯一的法律观和实践模式的思想提供了一种重要的知识维度,更为重要的是,“不仅为我们认真思考内部秩序所遵循的内部规则如何分立与组织(包括政府)规则以及人们如何设定各种组织(包括政府)的权利范围及外部规则的适用范围等问题确立一个极具助益的路径,而且也在更深刻的层面上为我们所理解和解释长期困扰学人的‘国家行动与自生自发秩序’这个理论问题开放出了某种可能性”[②]。这种可能性对于教育法律来说意味着,我们不仅应该认识到《义务教育法》《民办教育促进法》等这样立法的法律的局限性,同时如果它们违反了人们的普遍认知和宪法的立法精神,我们应该通过某种途径进行矫正和立法解释。“孟母堂事件”为我们理解和推进我国的法治化进程提供了一个标本,然而遗憾的是,我们丧失了这样的一个良机。

---

① [英]弗里德利希·冯·哈耶克:《法律、立法与自由》(第一卷),邓正来译,中国大百科全书出版社 2000 年版,第 71 页。

② 邓正来:《研究哈耶克法律理论的一个前提性评注——〈法律、立法与自由〉代译序》,载于弗里德利希·冯·哈耶克:《法律、立法与自由》(第一卷),邓正来译,中国大百科全书出版社 2000 年版,第 44 页。

第三节　教育权的实施就是对学前儿童受教育权的保障

教育权分为家庭教育权、社会教育权和国家教育权。家庭、社会与国家之间的边界并不十分地清晰,这种状况影响了家庭教育权、社会教育权和国家教育权边界的确定。边界的确定是确保各种教育权实施的必要规制,因此,探源家庭教育权、社会教育权和国家教育权的概念、性质就是必要的基础工作,其后讨论家庭教育权、社会教育权和国家教育权的实施内容。

一、家庭教育权的实施

家庭是社会的基本细胞。本研究的"家庭"指的是以婚姻关系、血缘关系或收养关系为基础,包括二代或三代人口的基本社会组织。家庭是以两性结合与血缘关系为其自然条件而形成的社会关系,因此,家庭首先具有自然属性,然后才是社会属性。我们应当正视家庭的自然属性,因此,人类的任何立法须以尊重家庭的自然属性为前提,立法者不能违背自然规律的要求恣意妄为。男女两性的结合不仅仅是二人的重组,而且也是不同社会生产方式和伦理传统的重新结合。在社会关系中,社会属性是家庭的主要属性。明确家庭的双重属性有利于人类在制定规则和确立社会规范时必须从自然属性出发,以社会属性为旨归。

(一)家庭教育权的概念和性质

家庭教育权、父母教育权、家长教育权是含义相近又存有微妙差别的一组概念。先看后两者,有人认为:"本着遵从我国立法习惯的原则,本书采用

‘父母’或‘父母教育权’的概念，不使用‘家长’或‘家长教育权’。”[①] 就实证法来说，这似乎没有问题，但是细加考究二者不能等同。依照论者的意思来看，这里的父母教育权属于法律权利。显然，父母教育权是基于血缘关系而产生的自然权利，这也是论者在后文所承认的观点。[②] 笔者并不反对把二者视为等同，但是必须注意两点：第一，“父母”是相对于儿女相称，强调的是个体对个体；第二，“父母”概念可以包括亲生父母、继父母及养父母等，但是难以包括祖父母和外祖父母。在教育关系中，“家长”往往是教师对学生的父母的一般称谓，因此，如果使用家长教育权的话，一般认为是与教师教育权相对称。“家庭”强调的是作为组织的属性，往往与社会、国家等概念相对称。本研究中，当与社会教育权和国家教育权对称时通用家庭教育权，当然父母教育权是家庭教育权的核心。在一般情况下，父母教育权、家长教育权和家庭教育权可以互换。

在传统社会，家长（父辈为核心）对子女的教育拥有完全的权利，自由地依其意志教育子女。自民族国家诞生以后，教育出现了国家化的趋势，但是国家化的范围局限在义务教育阶段。在后发型国家，国家政权往往把教育作为富国强兵、复兴民族基业的一种手段，所以义务教育不断延长成为一种必然的选择路径，但是学前教育作为一个独立的学段在我国暂不宜义务化。不过，这个事实表明，在现代国家体系内，父母再也不能独享对儿童的教育权。尹力认为家长教育权是一种自然权利和基本权利，具有义务性。在论及家长教育权的自然权利性质时，尹力指出：“父母的教育权是优先于国家的始源性

① 申素平：《教育法学：原理、规范与应用》，教育科学出版社 2008 年版，第 110 页。类似的观点参见尹力：《儿童受教育权：性质、内容和路径》，教育科学出版社 2010 年版，第五章；［英］布赖恩·克里滕登：《父母、国家与教育权》，秦惠民、张东辉、张卫国译，教育科学出版社 2009 年版。这里需补充说明一点：本书的封面上把“教育权”的英文印成了“the right to education”，事实上原著的英文为“the right to educate”，期望此书再版时能消除这个问题。虽然表面看来只是一词之别，但是这两个词汇“受教育权或教育权”是教育法学的核心概念，倘若这里出错可能导致教育法学研究产生完全不同的结果。

② 申素平：《教育法学：原理、规范与应用》，教育科学出版社 2008 年版，第 113 页。

的权利，即使在实体法上没有明文规定的情况下，也可以从法理上推导出父母的教育权是‘作为父母的自明的权利’，是受法理保障的。”[①] 尹力从教育权的理路分析了家庭教育权的性质，叶强从父母权利的视角论证了家庭教育权具有基本权利性质。[②] 家长教育权另一个特性就是“权义的统一体”，[③] 即是一种不可让渡的、必须履行的权利，因此，家长教育权既是一种权利又是一种义务。正如日本学者指出的，“父母就子女的教育，或者说有关子女的教育所具有的权利与义务的总称”。[④]

综上所述，家庭教育权具有以下几个特征：第一，其权利主体是父母、养父母、祖辈或其他法定监护人；第二，其权利遵循习俗和道德的规范，同时不能背离法律的约束；第三，权利主体与国家教育权之间的法律关系是行政行为关系，与其他权利之间的法律关系是平等的民事关系；第四，家庭教育权是原生性的权利，国家教育权是继受性的权利。历史上曾有关于“儿童公育”的学说，这种学说的本质则是取消父母教育孩子的权利，否定家庭教育权是原生性的权利。这种学说已被历史扬弃，但它在我国近代对儿童养育产生了巨大的社会影响。因此，这里回顾有关“儿童公育”学说的思想，不仅是为了认识其真相，更是为了更好地还原教育的本质。

在历史上第一个主张儿童公育思想的学者当属柏拉图，他在《理想国》中阐述了他的思想。他考察当时各国的政体，发现没有一种政体是理想的，他设想的理想国就是由哲学王统治的国家。他指出：“除非哲学家成为我们这些国家的国王，或者我们目前称之为国王和统治者的那些人物，能严肃认真地追求智慧，使政治权力与聪明才智合二为一；那些得此失彼，不能兼有的庸庸碌碌之徒，必须排除出去。否则的话，我亲爱的格劳孔，对国家甚至我想

① 尹力：《儿童受教育权：性质、内容和路径》，教育科学出版社 2011 年版，第 196 页。

② 参见叶强：《论作为基本权利的家庭教育权》，《财经法学》2018 年第 2 期。

③ 张天麟：《试论双亲的权利与义务——普及教育中的一个法学问题》，《教育研究》1983 年第 10 期。

④ 转引自尹力：《儿童受教育权：性质、内容和路径》，教育科学出版社 2011 年版，第 190 页。

对全人类都将祸害无穷,永无宁日。"[①] 柏拉图的儿童教育观是建立在其国家观之上,为了建立理想国就需要培养哲学王,如何培养哲学王就成了问题的关键。柏拉图把人分为三类,其中在哲学家和军人中废除私有财产和一夫一妻制,遴选健壮硕美的女子归这些男子共居。他说:"这些女人应该归这些男人共有,任何人都不得与任何人组成一夫一妻制的小家庭。同样地,儿童也都公有,父母不知道谁是自己的子女,子女也不知道谁是自己的父母。"[②] 在柏拉图看来,国家不仅可以安排婚姻,而且还要计划生育,以此控制人口的数量适合城邦的管理。对于生下来的婴儿要进行优劣筛选,优秀者的孩子实行公育,其他人生下来有先天缺陷的孩子,他们将秘密地加以处理,有关情况谁都不清楚。[③] 柏拉图这些思想在现实中没法实现。他在晚年写成的《法律篇》中重新调整理想的政治制度,实行以法治代替哲学家的人治,恢复了私有财产和一夫一妻制,因此其儿童公育也恢复由家庭抚养。

柏拉图的儿童公育思想晚期虽然有所改变,但是却影响了后来的追随者。就近代中国而论,他们是康有为、恽代英等人。中国近代先进知识分子和教育家认为,传统家庭是万恶之源,非废除不可。欲革新社会,必先废除家庭制度。康有为早在 1844 年写成的《礼运注》中,便提出了"人人教养于公产而不恃私产"的主张。继而又在《大同书》中写道,"而公立政府者,人人所共设也;公立政府当公养人而公教之,公恤之"。[④] 要公养公教,又必须建立一套相应的机关,即人本院、育婴院、慈幼院、蒙学院、小学院、中学院、大学院。康有为首次设想了从胎教到学前教育的完整的儿童公育体系。恽代英的公育思想主要体现在"儿童公育在教育上的价值"(1920 年)一文中,他初步运用唯物史观来分析儿童公育的作用。他认为,个人本位的经济组织已经从根本上

① [古希腊]柏拉图:《理想国》,郭斌和、张竹明译,商务印书馆 1986 年版,第 214-214 页。

② [古希腊]柏拉图:《理想国》,郭斌和、张竹明译,商务印书馆 1986 年版,第 190 页。

③ 参见[古希腊]柏拉图:《理想国》,郭斌和、张竹明译,商务印书馆 1986 年版,第 194 页。

④ 中国学前教育史编写组编:《中国学前教育史资料选》,人民教育出版社 1989 年版,第 87 页。

崩溃了,私产、家庭等失去了时代的价值。在这个时间,只有打破私产,自由恋爱,儿童公育。[①] 康有为等人的思想虽然在他们有生之年未能变现,但是在他们逝世几十年之后幼儿公育公养突然降临。儿童公育思潮是建立在铲除私有制和家庭消亡论的基础之上,家庭废除,儿童必然公育;家庭存在,儿童不会公育。

与儿童公育相反的是儿童在家接受教养,这种思想自私有制产生后就占据了主导的位置。正如古罗马的查士丁尼皇帝在其《法学总论》第九篇《家长权》开篇即规定的,“在我们合法婚姻关系中出生的子女,都处于我们的权力之下”。[②] 其后,一大批如洛克、约翰·穆勒、洪堡、哈耶克等思想家都主张家长具有教育孩子的优先权。如果这种思想总体上代表了一种历史进步的话,其被《世界人权宣言》和《儿童权利公约》等载明就是最有力的证据。然而遗憾的是,20 世纪后半期的历史告诉我们,我们必须对儿童公育思想保持足够的警惕和批判,至少在我们长期处于社会主义初级阶段这个事实面前,在学前教育阶段,优先保障家长教育权不受国家教育权的非法侵蚀和剥夺是必要的。

(二)家庭教育权的实施内容

家长教育权从空间分布来看,包括家庭、社会和托幼机构。理论上讲,家长教育权可以分为家长在家教育权、家长社会教育权和家长托幼机构教育权。家长在家教育权又可分为父母在家教育权和祖辈在家教育权两种。家长社会教育权主要体现在为儿童接受社会教育提供一个支撑和后盾的作用,这种作用几乎与家长在家教育权相同,因此对其内容就按住不表。家长托幼机构教育权同义务教育阶段家长教育权在学校教育中基本相同,即选择权和

① 中国学前教育史编写组编:《中国学前教育史资料选》,人民教育出版社 1989 年版,第 121—122 页。

② [意]查士丁尼:《法学总论——法学阶梯》,张企泰译,商务印书馆 1996 年版,第 19 页。

参与管理权等。[①] 所以,这里重点讨论父母在家教育权和祖辈在家教育权。

1. 父母在家教育权

父母在家教育权主要指的是选择合适教育方式的权利。选择合适教育方式权利指的是在家庭里,父母凭借已有的能力和自身的文化传统有权选择有利于孩子成长和学习的手段或途径,主要包括语言选择权、基本生活方式确定权和宗教信仰权等。

语言选择权主要集中在少数民族父母对自己母语和国语之间的选择权,跨文化移民家庭对原住国和移入国两种语言间的选择权。在多民族国家里,少数民族原生态的文化传统易遭遇现代科技文化和主流强势文化的夹击和碰撞,语言作为人与人之间交流最基本的媒介,在文化撞击中,往往在第一时间面临冲击。这种冲击力如果是社会自发形成的,那么可以看成是对少数语言活力和存在的一场考验和证明。但如果是国家政权凭借其政治强权出于某种狭隘的目的对其进行人为干预,就是不正义的行为。跨文化移民家庭对孩子语言教育一般会采取优先选择自己母语的原则,在父母的母语不一致情况下,父母跟孩子交流时可能会使用各自的母语,便于孩子对父母双方的母语都能传承。强调语言选择权的重要性在于,一人之母语承载了此种文化信息之全部,一种语言就是一个世界,父母给孩子选择不同的语言就选择了不同的世界,这种选择将可能决定其一生的命运。而欲消除文化的多样性,从语言下手就是一个捷径。正如《儿童权利公约》中确定的教育目的,"培养对儿童父母、儿童自身的文化认同、语言和价值观、儿童所居住国家的民族价值观、其原籍国以及不同于其本国的文明的尊重",为此父母对子女语言的选择就需要慎重行事。

基本生活方式确定权。基本生活方式(way of life)指的是:(1)人们共享的、道德的、宗教的、哲学的以及其他的基本信仰,它们诠释人类生活并为人

---

① 参见尹力:《儿童受教育权:性质、内容和路径》,教育科学出版社 2011 年版,第 203-211 页。

们作为个体和社会成员提供理念与规则;(2)与职业、社会等级、区域、种族背景等相关的重要习俗及惯例(例如:基于人类共同需求的语言、抚养儿童的惯例、礼貌、男女角色、亲属价值);(3)个人品味与风格,通常体现在衣着、饮食、体育和艺术方面。[①] 父母确定子女基本生活方式的权利界限是不能违反社会道德的核心价值,独特的生活方式的差异程度以不超越众人业已接受的价值观和实践为限。“他们的任务是鼓励儿童忠实于支撑整个社会的那些信仰和价值观,他们是整个社会普遍的法律、政治、经济及其他制度赖以存在的基石。”[②]

2. 祖辈在家教育权

祖辈在家教育权指的是祖父母、外祖父母对孙子女进行保育和教养的权利。一方面,由于血缘、年龄、知识和阅历等因素的制约,祖辈对孙子女的教育理念和教育方式与父辈产生冲突,使得祖辈的教育权只能辅助于父母教育权。另一方面,由于在现代社会分工体系越来越细,父辈的生活和工作的压力大大地影响和分散了其在家教育孩子的心理和精力,而与此同时,多数祖辈基本上已经卸下工作或不再从事重体力劳动,精力较好,人生阅历丰富。因此,在父母不能充分地兼顾孩子教育事务时,祖辈可以适当地担负起教育孙子女的教育重任。

二、社会教育权的实施

“社会”一词就像诸如“自由”“权利”等是一个使用频率极高而内涵又不易确定的日常语言,因为它本身的不确定直接导致由其构成的词汇也有很大

---

① Joel Feinberg, Protecting a Way of Life, Absolute Values and the Search for the Peace of Mankind, Vol.1, 1980, pp. 188–201.

② [澳]布赖恩·克里滕登:《父母、国家与教育权》,秦惠民、张东辉、张卫国译,教育科学出版社 2009 年版,第 88 页。

的不确定,所以简要讨论一下其所指和能指。[①]在汉语中合称“社会”原意是春秋社日迎赛土神的集会,后来指村民集会,到了近代进一步演变为志趣相同者结合的团体之义。[②]在《现代汉语词典》里,“社会”有两种解释,即“指由一定的经济基础和上层建筑构成的整体。也叫社会型态。原始共产主义、奴隶社会、封建社会、资本主义社会、共产主义社会是人类社会的五种基本型态;泛指由于共同物质条件而互相联系起来的人群”。[③]英文的“society”一般指的是“社会或会,社,协会,学会,团体”等,西方早在17世纪开始普遍使用该词,它是市场经济和公共空间形成的产物。经由上面的讨论和本研究的特定对象,笔者采用下述定义,即“严格意义上的‘社会’,是各种社会组织,即人们为各种各样的目的进行不同方式的联合”。[④]这个定义一方面接近于“society”,不仅用于指涉人类一般组织,还用于表达各种专业协会和个人按某种目的自行组织起来的种种系统;另一方面,符合于市民社会理论的兴起和建设社会主义市场经济体制带给中国现实的实况。[⑤]

(一)社会教育权的概念

社会教育与民办教育是对几近互相包含的概念,然而它们又有细微差别。因此,有必要对之辨析,有助于理解社会教育权。“社会教育”作为一个

---

① 由“社会”构成的基本概念如“社会法”“社会组织”“社会权”“社会教育”“公民社会”“市民社会”“社会主义”,以及紧密相连的“社区”和“共同体”等名词成了一组模糊的概念。参见相关文章对他们的讨论:竺效:《“社会法”概念考析——兼议我国学术界关于社会法语词之使用》,《法律适用》2004年第3期;竺效:《关于“社会法”概念探讨之探讨》,《浙江学刊》2004年第1期;[俄]科斯京、科斯季娜:《关于“社会组织”概念的定义问题》,《国外社会科学》2002年第3期;龚向和:《社会权的概念》,《河北法学》2007年第9期;龚超、尚鹤睿:《社会教育概念探微》,《浙江社会科学》2010年第3期;李慧凤、蔡旭昶:《“共同体”概念的演变、应用于公民社会》,《学术月刊》2010年第6期等。

② 金观涛、刘青峰:《从“群”到“社会”、“社会主义”——中国近代公共领域变迁的思想史研究》,载于许纪霖、宋宏编:《现代中国思想的核心观念》,上海人民出版社2011年版,第512页。

③ 中国社会科学院语言研究所词典编辑室编:《现代汉语词典》(汉英双语),商务印书馆2002年版,第1695页。

④ 陈桂生:《普通教育学纲要》,华东师范大学出版社2009年版,第50页。

⑤ 参见尹力:《儿童受教育权:性质、内容与路径》,教育科学出版社2011年版,第221-229页。

专门概念讲，有两种理解：即作为一种教育内容的社会教育，另一种是作为一种教育型态的社会教育。[①] 前者是课程论的范畴，后者才是本研究讨论的对象。从教育系统所赖以运行的空间来看，将教育分成家庭教育、社会教育和学校教育的观点基本上是学界之共识，然而什么是社会教育是一大难题。有人指出，社会教育就是在广泛的社会生活和生产过程中所进行的教育活动，从外延上包括“社会传统的教育”“社会制度的教育”与“社会活动或事件的教育”[②]等不同类型。社会教育与家庭教育和学校教育相比，由于后者的边界易于确定，所以作出解释和说明也较容易。而社会教育之“社会”往往不知所指为何，所以解释社会教育也不容易。依据上文对社会的界定，此处的社会教育就指一般社会组织机构对受教育者所实施的有目的的影响活动。

分析了社会教育之后，理解社会教育权就较容易了。有论者指出：“社会教育权是一种狭义概念，特指广义上的社会教育权中，分解出国家教育权和家庭教育权之后，由其他社会力量作为权利主体所直接行使的社会教育权利，并形成与国家教育权和家庭教育权相对应的，由法律所确认和保障的第三种教育权型态。”[③]另有论者指出，“社会教育权是一项公私权混合性质的权利，权利来源于国家法律法规的授权，同时需要接受国家教育权的指导和监督”[④]。社会教育主体的不确定性决定社会教育权主体的不确定性。其中，第一个定义在广义社会教育权中使用排除法来确定其主体，虽然思路可嘉，但是结果还是模糊。本文采用第二种定义。本研究在承认家庭教育权是第一种教育权型态的基础上把社会教育权视为第二种教育权型态。

---

① 第一种理解参见龚超、尚鹤睿：《社会教育概念探微》，《浙江社会科学》2010 年第 3 期。

② 全国十二所重点师范大学联合编写：《教育学基础》（第 2 版），教育科学出版社 2008 年版，第 8–9 页。

③ 秦惠民：《现代社会的基本教育权型态分析》，《中国人民大学学报》1998 年第 5 期。

④ 殷继国：《我国社会教育权的新现代性解读——以基本公共教育服务均等化为视角》，《高等教育研究》2013 年第 5 期，第 12–17 页。

（二）社会教育权的性质

社会教育权是一种最原初的、自然法上的权利，它主要接受习惯法和自然法的制约，这种状态处于前民族国家时期。当人类社会进入民族国家时代之后，社会教育权不仅是一种自然权利，也是一种法律权利。尹力说："社会组织和个人的教育权利是不含有任何职权性质的，属于社会组织和个人的自愿行为，是可以放弃的自由权利。"①

由此看来，社会教育权具有如下基本特点：第一，其权利主体多元化，具体说是非政府机构的其他社会利益群体的组织或个人；第二，其教育权范围属于"法不禁止即自由"的习惯权利，主要受自身自发的社会秩序的控制；第三，在社会教育权主体与受教育者主体关系上，主要依赖于民法的规范与调整。

（三）社会教育权的实施内容

1. 社会教育权的消极作为

社会教育权的消极作为是指只要社会教育权主体履行好自己的一般义务而无须对保障学前儿童受教育权实施特别的行为的情况下，学前儿童受教育权就能变成实有权利。这里把社会教育权主体称作"社会组织和个人"，包括企业事业组织、社会团体及其他社会组织和个人。社会教育权的消极作为以《未成年人保护法》的第四章"社会保护"为表征，主要体现在下面几个方面。第一，禁止任何组织、个人制作或者向未成年人出售、出租或者以其他方式传播淫秽、暴力、凶杀、恐怖、赌博等毒害未成年人的图书、报刊、音像制品、电子出版物以及网络信息等（《未成年人保护法》第三十四条）。第二，生产、销售用于未成年人的食品、药品、玩具、用具和游乐设施等，应当符合国家标准或者行业标准，不得有害于未成年人的安全和健康；需要标明注意事项的，

① 尹力：《儿童受教育权：性质、内容与路径》，教育科学出版社 2011 年版，第 230 页。

应当在显著位置标明(《未成年人保护法》第三十五条)。第三,任何人不得在中小学校、幼儿园、托儿所的教室、寝室、活动室和其他未成年人集中活动的场所吸烟、饮酒(《未成年人保护法》第三十七条第二款)。第四,禁止拐卖、绑架、虐待未成年人,禁止对未成年人实施性侵害。禁止胁迫、诱骗、利用未成年人乞讨或者组织未成年人进行有害其身心健康的表演等活动(《未成年人保护法》第四十一款)。第五条,任何组织或者个人不得扰乱教学秩序,不得侵占、破坏学校、幼儿园、托儿所的场地、房屋和设施(《未成年人保护法》第四十二条第二款)。

2. 社会教育权的积极作为

社会教育权的积极作为是指社会组织与个人通过特定的主动的行为保障学前儿童受教育权从法律权利变成实有权利。社会教育权的积极作为可以概括为五种:依法举办学校;参与学校管理;进行校外教育;捐资助学和监督等。在西方基督教国家,社会举办教育的主体主要是教会组织;在我国,新中国成立后到20世纪80年代末,社会举办教育的主体主要是企业事业组织,20世纪90年代至今,社会举办教育的主体主要是个人,形式上以市场化替代社会化。任何一种教育权的过分积极作为都可能僭越其他权力的领地,社会教育权的行使要么是慈善形式,要么就是市场机制,前者当然是不嫌多,但是后者就相反了。

三、国家教育权的实施

(一)国家教育权的概念和性质

国家教育权是国家依法对年青一代施教的公权力。[①] 由政府代表国家形

① 参见秦惠民:《现代社会的基本教育权型态分析》,《中国人民大学学报》1998年第5期。

式的教育权利即为国家教育权。[①]与家庭教育权和社会教育权不同的是,国家教育权必须是法律权利(或权力),国家教育权的行使遵循公法权的原则——“法律授权即拥有”或者“法无规定即禁止”。这是因为从教育权的渊源来看,宪法是国家教育权的直接依据。因此,国家教育权的合理性首先是国家教育权的合宪性,即国家教育权的行使必须要有宪法根据。现行宪法第十九条规定:“国家发展社会主义的教育事业,提高全国人民的科学文化水平。”这就是我国国家教育权的宪法依据。国家教育权作为国家权力的一部分,从其作为“权力”的特性来讲,带有职权、职责和义务的特性,是不可放弃的;从其权力“来源”上讲,是一种继受性的权力,是由宪法制定权所派生出来的。[②]根据国家机构的横向分布,可以把国家教育权分为教育立法权、教育行政权和教育司法权三部分,其权力主体为立法机关、行政机关和司法机关。根据政府机构和授权机构的纵向分布,国家教育权分为中央教育权和地方教育权,其权力主体为中央政府和地方政府。根据管理职能和执行功能,国家教育权又可以分为行政教育权和公办学校教育权。

综上所述,国家教育权具有以下几个特征:第一,其权力主体是行政管理职能部门或托幼机构法人;第二,其权力遵循着“法律授权才具有”原则;第三,国家教育权行使具有行政法所具有的一般特点;第四,权力主体与相对方之间的法律关系依赖于公法的调整;第五,权利相对方不仅包括受教育者,也包括依据法律授权的负有教育责任的教育机构和管理机构。[③]

① 劳凯声主编:《变革社会中的教育权与受教育权:教育法学基本问题研究》,教育科学出版社2003年版,第139页。

② 尹力:《儿童受教育权:性质、内容与路径》,教育科学出版社2011年版,第102页。

③ 参见劳凯声主编:《变革社会中的教育权与受教育权:教育法学基本问题研究》,教育科学出版社2003年版,第145页。

(二)国家教育权的实施

1. 国家教育权的消极义务

国家教育权的消极义务是针对作为自由权的学前儿童受教育权和家庭教育权和社会教育权而言的。国家教育权的行使本质是保障学前儿童受教育权的实现,但是国家教育权本身作为国家权力的管理职能之一,它极易凭借其强大的行政资源和权力支配侵犯家庭教育权和社会教育权的边界。当家庭教育权和社会教育权的职能不能正常发挥,那么作为自由权的学前儿童受教育权就根本无法得到保障。为了有效地发挥家庭教育权和社会教育权的功能,此时必须把“国家教育权”装进“牢笼”。正如美国总统布什心怀崇敬地说道:“人类千万年的历史,最为珍贵的不是令人炫目的科技,不是浩瀚的大师们的经典著作,不是政客们天花乱坠的演讲,而是实现了对统治者的驯服,实现了把他们关在笼子里的梦想。因为只有驯服了他们,把他们关起来,才不会害人。我现在就是站在笼子里向你们讲话。”国家教育权如何做到不僭越其划定的界限?一是尊重,二是保护。

美国政治哲学家亨利·舒在其著作《基本权利》中提出国家义务的三种类型,即“避免剥夺”的义务、“保护不被剥夺”的义务和“帮助被剥夺者”的义务。挪威人权专家艾德教授对这一观点作了进一步阐释,提出国家应对人权的实现承担尊重、保护和实现三个层次的义务。[①] 这三个层次的义务,对国家教育权意味着:首先,国家自身不能采取阻碍或阻止受教育权行使的措施;其次,国家应采取措施禁止第三方对受教育权的侵害;第三,国家应采取积极措施帮助个人能够享有受教育权,国家既应直接提供教育,也应创造条件并使受教育权的实现更为便利。为了充分地保障学前儿童受教育权的实现,国家教育权首先履行尊重的义务,然后才是保护的义务。

---

① 这里参考了申素平的相关论述。参见申素平:《教育法学:原理、规范与应用》,教育科学出版社 2008 年版,第 63 页。

2. 国家教育权的积极义务

国家教育权的积极义务是针对作为社会权的学前儿童受教育权而言的。作为社会权的学前儿童受教育权从本质上说就要求国家的积极作为,国家教育权有诸多的表现,如国家教育目的确定权、教育方针政策制定和发布权、国家举办学校权和国家教育督导权等。[①] 此处笔者着重从中央与地方教育权的博弈看国家教育权的实施。

新中国完成私有教育改造之后,中央与地方教育权呈现出利益的高度一致性,政令畅通,上行下达,但随着改革的深入和分税制的实行,中央与地方教育权开始出现博弈。改革开放前,中央和地方的关系是比较单一的,利益比较统一,二者之间没有大的利害冲突。在一次未竟的开放与赤字压力下开始了中国式改革。[②] 改革之后,中央与地方的利益开始出现多元化发展。从解放后到 1994 年间我国主要实行的是统收统支、分类分成和总额分成等较单一的财政体制。由于利益的分化,在这种财政体制下导致中央财政收入占 GDP 比重和中央财政收入占整个财政收入的比重迅速下降,中央政府面临前所未有的"弱中央"的状态。中央财力的薄弱,使那些需要国家财政投入的国防、基础研究和各方面必需的建设资金严重匮乏。1993 年 12 月 25 日,国务院发布了《关于实行分税制财政管理体制的决定》(以下简称《决定》)。《决定》规定,改革地方财政包干体制,对各省、自治区、直辖市以及计划单列市实行分税制的财政管理体制的改革,从 1994 年 1 月 1 日起正式启动。此次改革在发展社会主义市场经济的背景下具有必要性和合理性。分税制实行十年后,在中央和地方的关系上,中央财政的实力以及所谓的"国家能力"不断加强;在东中西部的区域间关系上,分税制对地区间的财力平衡也有着越来越深刻的影响;在政府

① 参见温辉:《宪法与教育——国家教育权研究纲要》,中国方正出版社 2008 年版,第 115-152 页。

② 董筱丹、薛翠、温铁军:《改革以来中国对外开放历程的演变及其内在逻辑》,《中国经济史研究》2012 年第 2 期。

和企业的关系上，分税制产生了间接的、潜在的影响，这在一定程度上重塑了地方政府的行为模式。[①]然而，由于当初的顶层设计有欠周虑，分税制改革在取得成功的同时也造成了诸多的影响，即事权划分不明晰，地方财政负担沉重；转移支付制度不规范，影响财政分配均等化；省以下财政体制不健全，县、乡财政比较困难等方面。[②]这些影响直接引发了我国的土地财政和中央与地方利益的严重分化。[③]分税制度改革带给中国的不仅仅是利益的调整和分化，同时也是引发整个法律制度包括国家教育权制度变革的诱导性因素。

"诸侯割据"和"上有政策，下有对策"开始出现。有论者将各权力主体之间的权力博弈，归纳成六种方式：一是隐性权力博弈；二是灰色权力博弈；三是主动型权力博弈；四是被迫型权力博弈；五是混合型权力博弈；六是显性权力博弈。[④]与高等教育相比，学前教育由于其掌握的社会资源和自身话语权等极其有限，因此作为学前教育领域本身几乎难于同权力部门进行任何博弈。然而这并不意味着学前教育就是一个没有博弈的静悄悄的领域，相反，幼儿园巨大的市场开发空间可能促使其他权力主体之间进行一场没有硝烟的战争。这里以 S 市公办园转企为例来具体分析中央与地方教育权的冲突。已有论者从社会学的视野对其进行了深入的分析，此处的视角则是从教育权力的角度进行讨论。[⑤]

S 市公办园转企概况

2006 年深圳市政府将 22 家市属公办园转企，随后还将对区属

① 参见周飞舟：《分税制十年：制度及其影响》，《中国社会科学》2006 年第 6 期。

② 参见王泽彩：《我国财政分税制的缺陷日益显现》，《经济纵横》2007 年第 2 期。

③ 关于分税制与土地财政的关系请参见刘婧娟：《"分税制"与"土地财政"——我国土地征收问题之诱因分析》，《法学杂志》2012 年第 7 期。对分税制的反思还可参见许多奇：《我国分税制改革之宪政反思与前瞻》，《法商研究》2011 年第 5 期。

④ 参见林荣日：《我国转型期中央与地方高教权力博弈的方式和特点》，《复旦教育论坛》2007 年第 2 期。

⑤ 从社会学的视野对 S 市公办园转企为例进行深入的分析参见王海英：《常识的颠覆——学前教育市场化改革的社会学研究》，广西师范大学出版社 2010 年版。

的公办园进行转企改制。其对外宣称性缘由:(1)幼儿教育属于非义务教育范畴,不属于政府必须提供的公共服务;(2)S市已经形成了由市场配置资源、以社会力量办学为主的学前教育体制,幼教市场的发育比较成熟;(3)公办幼儿园享受公共财政支持,市财政对幼儿教育的全部投资,仅仅用于占幼儿园数量5.6%的市属22家公办幼儿园,公办幼儿园提供的服务仅仅惠及于某些特殊群体,这样既不公平,也不利于公办幼儿园转换机制、加强管理、节约成本、提高服务,更不利于教育主管部门加强学前教育的全行业管理。因此,市委市政府决定对市属各部门包括市教育局、妇联、卫生局、政法委直接办的22家幼儿园,转为企业。深圳的这一改革举措受到了被改制单位的强烈抵制,也在全国范围内引起了广泛的关注和持久的讨论。①

这里以时间为轴,将公办园转企过程中发生地方与中央教育权有关的大事记录如下:

2006年2月初,市政府向公办幼儿园下发《改制征求意见稿》,遭强烈抗议。

2007年7月5日,市政府在第39期《市政府公报》上公布了《S市深化事业单位改革指导意见》及其三个配套文件:《S市市属事业单位分类改革实施方案》《S市事业单位改革人员分流安置办法》和《S市事业单位转企社会保险有关问题实施办法》(简称"1+3"文件)。

2007年7月7日,S市事业单位分类改革动员大会召开。

2006年7月13日,中国学前教育研究会以全国部分学前教育工作者的名义向温家宝总理提交了一封信。

---

① 转引自王海英:《常识的颠覆——学前教育市场化改革的社会学研究》,广西师范大学出版社2010年版,第42页。

2006年8月4日,S市市属22家公办园划转交接仪式进行,由S市国资委投资控股公司和新组建的幼教管理中心筹备组负责。

2006年8月30日,广东省人民政府教育督导室下发国务院办公厅转发的《关于幼儿教育改革与发展指导意见》执行情况督导检查通知,省教育督导室开始介入与干预。

2006年8月31日,S市部分公办园教师集体到市政府门口静坐,抗议政府将公办园转企。

2006年8月31日,S市政府出台了《关于公办幼儿园转企有关政策的补充意见》。补充政策包括三条:一是公办幼儿园转企后原在编教师退休待遇仍实行事业单位退休保障制度;二是关于公办幼儿园教育教学辅助人员的待遇参照在编幼儿教师待遇办理;三是关于公办幼儿园转企后的办园方向问题,仍按照国家法律法规和有关政策规定进行,在政府主管部门行业管理下开展教学业务。

2006年9月左右,国务院副总理吴仪批示,责成办公厅派工作组进S市调查改制事宜,查询写信给总理事因。

2006年11月,国务院组成调查组前往S市调查公办园转企事宜,听取S市政府《S市学前教育发展和公办幼儿园管理体制改革情况汇报》,召开幼儿园园长、教师座谈会(包括民办幼儿园),教育部有关人士明确表示反对转企行为。

2008年2月29日,22家幼儿园园长联名写了一封《市属二十二所公办园园长致刘玉浦书记的一封信》,呼吁市政府采取措施维护幼儿园的稳定。

2008年3月10日,持续近一周的罢课基本结束。

2009年1月15日,S市召开建市29年来首次学前教育工作大会,出台了关于学前教育发展的首个纲领性文件——《关于学前教育发展的若干意见》和规范学前教育发展的首个政府规章——《S

市学前教育管理暂行办法》。

此案例涉及的关系极多,比如政府、市场与教育的关系,公办幼儿园与民办幼儿园的关系,政府与幼儿教师的关系等,这里只讨论涉及地方教育权和中央教育权的关系。地方教育权指的是由地方政府、地方人大和地方司法机构对涉及办学、学校性质变更、教育事业发展规划、财政拨款、受教育权侵权救济等进行管理、救助的权力。中央教育权指的是国务院(教育部包含在内)、全国人大及其常委会和中央司法结构对涉及教育事项(如教育事业发展规划、财政拨款)以及对地方教育事务的管理和督导权力。教育权是为保障受教育权的实现而存在,第二章已经指出,受教育权属于基本权利和宪法权利。基本权利对国家机关具有拘束力。"其具体的效力包括三个方面:一是基本权利是一种价值体系,立法及行政部门的行为不应与之相悖,司法机关的裁判应以基本权利作为最高的准则。二是适用基本权利规定的机关,遇有多重意义解释及发生解释上的疑义时,应尽可能使基本全条款发挥最大的效力。三是在规范竞合时,如批准的国际人权公约与本国宪法基本权利条款发现重叠时,应适合用于最有利于当事人的规定。"① 个人行使基本权利时可能产生冲突,因此,出于一定目的可以对基本权利进行限制,但是须符合一定条件,须为了法律设定的目的,即只有法律才可以限制基本权利,且限制须保持在一定范围内;否则,限制基本权利的法律有可能超越界限而构成违宪。也就是说,"根据法治原则之下的法律保留与法律优越,对基本权利的限制必须由立法机关进行,排斥行政机关的自由裁量"。②

依据上面的标准来看,深圳市政府虽然表面上是对公办园进行改制,其宣称的目的是解决教育的公平问题,但是实质上这种改制已经涉及这些幼儿园儿童的受教育权问题,作为行使地方教育权的深圳市政府从开始到结束仅仅依靠的是市政府出台的行政规章。因此,该项改革在制度层面缺乏明确的

---

① 郑贤君:《基本权利原理》,法律出版社 2010 年版,第 168 页。

② 郑贤君:《基本权利原理》,法律出版社 2010 年版,第 215 页。

法律依据。[①] 作为全国副省级市的深圳市人民代表大会自始至终没有参与和介入到这种改制运动中，这反映了当前地方政府行政权力一支独大，人大立法机构虚置无为的严峻现实。这种现象与我们建设社会主义法治国的根本要求相去甚远。另外一方面，该改制在价值层面缺乏民主基础。任何影响权利主体的权利实现的行为，都应经权利主体同意。任何一项改革都需要“自上而下”和“自下而上”相结合形成合力才能保证改革的成功，而任意的单方面强力推行改革都有可能遭到另外一方的公开反对或消极抵制而影响改革的初衷和结果。我国现行宪法第二条明确规定：“中华人民共和国的一切权力属于人民。人民行使国家权力的机关是全国人民代表大会和地方各级人民代表大会。人民依照法律规定，通过各种途径和形式，管理国家事务，管理经济和文化事业，管理社会事务。”庄严地写在宪法上面的条款不能仅仅写在纸上，它必须镌刻在每个人民公仆的心上。正如伯尔曼所说：“法律如果不被信仰，否则它将形同虚设。”一个涉及 22 家公办幼儿园，数以百计的幼儿教师，数以万计的幼儿受教育权的事业改革仅仅通过一个走走形式的征求意见稿和几个行政规章就决定了，这不是把教育当儿戏对待吗？口头上说的“教育的战略地位”“优先发展教育”等口号在现实当中不过是少数官员张口就能决定的“小儿科”。

---

① 与此类事的有劳教制度与《宪法》、国际人权公约、《立法法》以及《行政处罚法》的精神不相符。劳教不经司法程序就限制、剥夺人身自由，不符合我国《宪法》的“公民的人身自由不受非法侵犯，任何公民未经人民检察院批准或者决定或由人民法院决定，不受逮捕”的规定，也不符合《公民权利与政治权利国际公约》的“除非依照法律规定的根据和程序，任何人不得被剥夺自由”的规定。《劳动教养试行办法》只是行政法规，不符合《立法法》的“涉及人身自由的强制措施和处罚只能由法律来规定”的要求。此外，劳教属于行政处罚的性质，而现行劳教制度并没有按照《行政处罚法》的规定进行相应修改。2013 年 1 月 7 日上午，中共中央政法委员会书记孟建柱在全国政法工作会议上宣布，中央已研究，报请全国人民代表大会常务委员会批准后，停止使用劳教制度。

2003 年 3 月 17 日，在广州工作的大学毕业生孙志刚逛街时因“未携带身份证件”，被广州市黄村派出所带回讯问，并以“三无”人员身份被转送到市收容遣送中转站，在收容站内被毒打致死。事件披露后，引起社会各界强烈反响。当年 8 月 1 日起《城市生活无着的流浪乞讨人员救助管理办法》正式施行，替代了 1982 年国务院发布的《城市流浪乞讨人员收容遣送办法》，限制人身自由、侵害人权的强制收容遣送制度就此终结。

更加令人遗憾的是，此事之后，中央和省政府行使教育权的行为与地方政府如出一辙，仅仅派个工作组检查和听取一下工作汇报表示一下态度就完事。全国人大或省级人大完全没有对深圳市政府的行为进行违法审查。从这件事情不难看出，我国政府决策的惯例和决策思维还停留在过去人治的传统上。当然这背后还值得追问的是，行政部门办事或改革往往追求立竿见影的效果、遵循效率优先的原则，如果把事项提交给人大讨论和研究，这个周期肯定比单独的行政决策慢很多。这就使得像涉及受教育权等基本权利改革成为行政自由裁量权的牺牲品，然而，对于涉及人的基本权利的事项改革和推进必须交由法律来保障。

客观地说，中国的公办幼儿园（机关幼儿园、示范性幼儿园）改革已经势在必行了。现存的公办幼儿园制度拿全部老百姓纳税的钱为少数人服务已经成为社会不公的表现之一，也成为社会关注的焦点。正如有人尖锐地指出："公办幼儿园，一边喝着政府财政的'免费牛奶'，每年每个幼儿园有几百万的财政补贴；另一方面，又在吸着老百姓的血汗，从孩子身上收着比私立幼儿园还要高昂的学费。公办幼儿园已经演化成一个政府的机关部门，门难进，脸难看，事难办，孩子难入。领导已经不是园长了，而是政府一级官员。我们现在所说需转制的公立幼儿园，可以说是计划经济时代下的特权产物，是权力部门利用纳税人的钱为一小部分人提供服务的产物，并非公共教育服务的产物。"[①] 造成这个问题的原因是极其复杂的，也是历史遗留的问题。现在似乎可以达成的一个共识是，公办幼儿园改革不是改不改的问题，而是怎么改的问题。应该说，深圳市政府推行的改革已经给公办幼儿园敲响了警钟，然而，改革的认识和方式有待商榷。深圳市政府抱着"幼儿教育属于非义务教

① 王海英：《常识的颠覆——学前教育市场化改革的社会学研究》，广西师范大学出版社 2010 年版，第 66-67 页。此类典型事件就是尹安学：《广东将为 8 所机关幼儿园编列 6863 万元财政预算》，《羊城晚报》，2011 年 1 月 22 日。参见 http://news.ifeng.com/mainland/detail_2011_01/22/4404078_0.shtml。

育范畴，不属于政府必须提供的公共服务”的认识就推行改革要么是不懂学前教育，要么就是极端肤浅的看法。深圳市政府推行公办园转企改革的本质就是想甩掉包袱，而甩掉包袱的深层原因就是分税制改革后产生的中央与地方的利益差别。公办幼儿园改企的关键问题是幼教财政投入与分配的问题。中央建立专项学前教育经费，加大转移支付力度是解决中央与地方教育权冲突，有效保障学前儿童受教育权的有力手段。

第五章　我国学前儿童受教育权的保障体系历史考察

学前儿童受教育权的保障体系包括其立法保障体系、执法保障体系和司法保障体系。本研究主要指的是学前儿童受教育权的立法保障体系。“不忘本来,吸收外来,面向未来。”本章从历史的维度检视我国百余年的学前教育立法,分析地方性学前教育立法的经验与启示。

第一节　我国百年学前教育立法探索

1903 年是我国学前教育国家化的开端。时至 2023 年,我国学前教育国家化历程恰好历经两个甲子(120 年)。当前,《学前教育法》正在制订之中。历史的经验需要赓续,教训需要避免。为此,对我国百年学前教育立法历程进行梳理,分析其得失,以咨立法。

一、我国百年学前教育立法的演进历程

在百年里,我国经历了清帝、民国和共和国三个时期,斗转星移、政权更替。从中国内部社会变迁、国力增长和世界格局分布来看,这百年是名副其实的“千年未有之大变局”。正如党的十九大报告指出:“中国特色社会主义

进入新时代,意味着近代以来久经磨难的中华民族迎来了从站起来、富起来到强起来的伟大飞跃。"[①]1949 年中华人民共和国成立,标志着中国人民开始站起来。1978 年党的十一届三中全会召开,我国实行改革开放政策标志着中国人民开始富起来。对于百年学前教育立法的演变阶段的划分既要考虑学前教育立法发展的外部政治经济环境,又要注重学前教育立法演变的内在关键节点。综合内外因素,本研究将百年学前教育立法的演变阶段划分为四个阶段。

(一)从蒙养院到幼稚园:学前教育立法灵光一现(1903—1949)

1903 年 9 月,湖北幼稚园在武昌创办,这是我国第一所官办的学前教育机构。[②] 张之洞等人于 1903 年草拟了《奏定学堂章程》,其中包括《奏定蒙养院章程及家庭教育法章程》。这是中国第一次用学制的形式,把学前教育机构的名称和地位确定下来,蒙养院成为我国最早的学前教育机构。因此,本研究将 1903 年视为我国学前教育立法的元年。1911 年,辛亥革命推翻帝制,建立共和。虽然政权更替,但是包括学前教育在内的教育立法并未完全推倒重来。将 1903 年至 1949 年学前教育立法并为一个阶段,能更好地看到 20 世纪上半叶我国学前教育立法的连续性和整体性。

人类社会起源到近代以前,学前教育主要在家庭和氏族部落以自发秩序进行。当学前教育开启国家化的历程时,首要处理的问题就是如何协同国家教育权与家庭教育权、社会教育权的关系,抑或说公共学前教育机构与家庭

---

① 习近平:《决胜全面建成小康社会　夺取新时代中国特色社会主义伟大胜利——在中国共产党第十九次全国代表大会上的报告》,2017 年 10 月 18 日,见 https://www.gov.cn/zhuanti/2017-10/27/content_5234876.htm。

② 有书认为,湖北幼稚园是我国第一所幼教机构。准确地说,应是我国第一所官办幼教机构。见中国学前教育研究会编:《百年中国幼教(1903—2003)》,教育科学出版社 2003 年版,第 6-7 页。根据目前已知的情况,英国长老会女教徒韦爱莉于清光绪二十四年(1898 年)创办厦门市鼓浪屿日光幼稚园。这是笔者所知的创办最早的幼儿园。

的关系。该时期在处理这个关系时呈现较为统一的立场,学前教育机构尊崇家庭的原发地位和作用,辅之以补不足。1904 年的《湖北幼稚园开办章程》指出:幼稚园是“因家庭教育之不完全而设”。《奏定蒙养院章程及家庭教育法章程》规定:“蒙养家教合一之宗旨,在于以蒙养院辅助家庭教育。”1916 年,《国民学校令实施细则》规定:“保育幼儿,务令其身心健全发达,得良善之习惯,以辅助家庭教育。”[①]1932 年,《幼稚园课程标准》的幼稚教育总目标规定:“协助家庭教养幼稚儿童,并谋家庭教育的改进。”[②]1939 年,教育部公布《幼稚园规程》规定,幼稚园教育之目的为“协助家庭教养幼稚儿童,并力谋家庭教育的改进”。1943 年,《幼稚园设置办法》第十五条规定:“幼稚园应联络并协助家庭对于儿童作一致之保育。”[③]1934 年 2 月,苏区中央人民政府内务部颁布了《托儿所组织条例》,它是红色政权的第一部关于学前儿童教育的指导性、纲领性文件。它明确了托儿所的目的是“为着要改善家庭的生活……使小孩子能够得到更好的教育与照顾,在集体的生活中养成共产儿童的生活习惯”。

家庭教育古已有之,故受习俗和道德调整即可,国家教育权更多消极作为。由于传统社会结构单一,故其社会教育也不昌达。民国时期,社会教育发育比较成熟,故法制调整显得必要。与学前教育较为关联的社会教育法规有:《省市立艺术馆规程》(1944 年 9 月 25 日)、《普及全国图书教育办法》(1944 年 11 月 22 日)、《推行家庭教育办法》(1945 年 8 月 17 日)、《家庭教育试验区实施办法》(1945 年 9 月 10 日)、《科学馆规则》(1946 年 7 月 6 日)、《民众教育馆规程》(1947 年 4 月 1 日修正)。其中,《推行家庭教育办法》规定幼稚园必须举办家庭教育班外,还应办理下列事项两种以上:家庭访问、恳亲会、特约模范家庭、主妇会、各项家事比赛、儿童教育指导、育婴指导、家庭

① 祁占勇等:《学前教育立法及其法治建设研究》,陕西师范大学出版社 2020 年版,第 6 页。

② 宋恩荣等:《中华民国教育法规选编》,江苏教育出版社 2005 年版,第 223 页。

③ 宋恩荣等:《中华民国教育法规选编》,江苏教育出版社 2005 年版,第 279 页。

医药卫生指导、家政管理指导、子女婚姻指导、礼俗改良指导、家庭消费合作指导、家庭副业指导、家庭实行新生活指导等。[①]由此可见，推行家庭教育是社会教育的重要内容。

国家化后的学前教育，国家政权行使教育权以规制学前教育。《奏定蒙养院章程及家庭教育法章程》包括"蒙养家教合一章第一""保育教导要旨及条目章第二""屋场图书器具章第三"及"管理人事务章第四"四个部分。第一章对蒙养院的宗旨、招生对象、设置办法、师资培训、教导原则、家庭教育等做了规定。在最后一节指出："蒙养通乎圣功，实为国民教育第一基址。"[②]第二章规定了关于儿童德、智、体、美等方面的培养目标，儿童保教的内容有游戏、歌谣、谈话、手技四项。第三、四章对蒙养院的设施设备和管理作了规定。1907年，清政府颁布《奏定女子师范学堂章程》，幼儿师范教育发展有了制度保障。1911年，学部奏订《地方学务章程施行细则》也对学前教育进行了规定。清末学前教育立法开启了中国学前教育法制化的道路。

1912年，《壬子癸丑学制》未对学前教育出台专门的法规，部分内容隐含在初等教育、师范教育的相关法规法令中。在《小学校令》《师范教育令》《师范学校规程》中规定附设"蒙养园"。1916年，教育部公布《国民学校令实施细则》对蒙养园做了较为详细的规定，蒙养园获得正式的法律地位。1922年，《学校系统改革案》的"初等教育"部分里面规定"幼稚园收受六岁以下之儿童"[③]。1929年，国民政府颁布《幼稚园课程暂行标准》。该标准的底本源于陈鹤琴为代表的南京鼓楼幼稚园的课程实验成果。1932年公布《幼稚园课程标准》，并附《幼稚园小学课程标准施行办法》，这是我国学前教育史上第一个正式的课程标准，标志着学前教育课程全面国家化。1939年，教育部公布《幼稚园规程》。1943年，教育部将《幼稚园规程》加以修正，改为《幼稚园设署

① 宋恩荣等：《中华民国教育法规选编》，江苏教育出版社2005年版，第279页。

② 中国学前教育研究会编：《百年中国幼教（1903—2003）》，教育科学出版社2003年版，第87页。

③ 在中华民国的政策法规文件中，初等教育可包含幼稚园。

办法》,作为设置幼稚园之准则。这些法规法令确立了我国近代的幼稚教育制度。

(二)从幼稚园到幼儿园:学前教育立法苏化实验(1949—1979)

1949 年中华人民共和国成立后的一段时间里,新生政权对"家庭"和"社会"不太友好。家庭被作为资产阶级毒瘤和封建习惯的残余组织来对待。正如论者所言:"人民公社以其最激进的形式意味深长地被形容为'通向共产主义的金桥'。它实行严格的男女分开,把动产和农具充公。公社是一种群体生活的形式,儿童和老人由集体负担,住在幼儿园和养老院里。这是作为生活和消费场所的家庭单位的真正崩溃。"[①] 人类社会古已有之,然而,在 1949 年至 1978 年期间,我国的"社会"存在感是很低的。"在中国,社会主义制度的确立不仅意味着市场在国家控制之下,超级官僚机构还深入社会每一个角落,并将任何一种非官方民间组织变成其附庸,连民主党派、工会和妇女组织都不例外。"[②] 由于这段时间,"家庭"和"社会"地位岌岌可危,因此,国家与家庭、社会的关系就无从谈起,家庭教育权和社会教育权也自然没有存在的余地。"皮之不存,毛将焉附。"这一时期,国家教育权一家独大。

1949 年 9 月的《中国人民政治协商会议共同纲领》确立了民族的、科学的、大众的文化教育总方针。1949 年 12 月的第一次全国教育会议指出,"以老解放区新教育实验为基础,吸收旧教育某些有用的经验,特别是要借助苏联教育建设的先进经验"。[③] 我国的学前教育在总方针的指引下,向着新民主主义的方向前进。1951 年 8 月,政务院通过《关于改革学制的决定》。该决定规定实施幼儿教育的组织为幼儿园。幼儿园收三足岁到七足岁的幼儿,使

① [法]安・比尔基埃等主编:《家庭史:现代化的冲击》,袁树仁、姚静等译,三联书店 1998 年版,第 329–330 页。

② 金观涛、刘青峰:《从"群"到"社会"、"社会主义"——中国近代公共领域变迁的思想史研究》,载许纪霖、宋宏编:《现代中国思想的核心观念》,上海人民出版社 2011 年版,第 549 页。

③ 唐淑、钟昭华:《中国学前教育史》,教育科学出版社 2000 年版,第 299 页。

他们的身心在入小学前获得健全的发育。1951年7月颁行的《幼儿园暂行教学纲要》促进了旧学前教育的改革和新学前教育制度的建立。1952年3月，制订了《幼儿园暂行规程(草案)》，共分为八章四十三条，包括总则，学制，设置、领导，教养原则、教养活动项目，入园、结业，组织、编制、会议制度，经费、设备，附则。《幼儿园暂行规程(草案)》是对新民主主义教育方针的具体落实，为过渡时期的社会主义幼儿园划定了一个框架。1955—1956年，《国务院关于工矿、企业自办中、小学和幼儿园的规定》和《关于托儿所、幼儿园几个问题的联合通知》旨在解决幼儿园多样性的问题。1957—1979年，我国学前教育事业经历了一个从稳步发展到相对动乱的时期。期间经历了“文化大革命”，学前教育在遵循“为生产服务、为工农服务”的方针下曲折发展。

(三)从集体化到社会化：学前教育立法上至行政(1979—2009)

1978年实行改革开放后，“社会主义”对家庭、社会友好多了，但是国家教育权一家独大的局面一时难以改变。1979年7月24日至8月7日，教育部、卫生部、劳动总局、全国总工会和全国妇联联合召开了全国托幼工作会议，会议建议国务院设立托幼工作领导小组。该会议拉开了“文革”后规范学前教育发展的序幕。1979年10月11日，《中共中央　国务院转发〈全国托幼工作会议纪要〉的通知》是粉碎“四人帮”后颁布的第一个学前教育文件。1980年10月14日，卫生部、教育部印发《托儿所、幼儿园卫生保健制度(草案)》。1981年6月6日，卫生部妇幼卫生局颁布《三岁前小儿教养大纲(草案)》。1981年10月，教育部颁布了《幼儿园教育纲要(试行草案)》，该草案在幼儿教育领域起到拨乱反正、提高教育质量的作用。1983年9月21日，国家教委出台了《关于发展农村幼儿教育的几点意见》。1985年5月6日，教育部印发《幼儿师范学校教学计划》。1985年12月7日，卫生部印发《托儿所、幼儿园卫生保健制度》。1986年6月10日，国家教委颁布了《关于进一步办好幼儿学前班的意见》。1986年10月14日，发布《国家教委关于幼儿园教师考核的补充意见》。1987年3月9日，劳动人事部、国家教委印发《全日制、寄宿制幼儿园编制标准》。1987年9月3日，城乡建设环境保护部、国家教育委员会颁发《托儿所、幼儿园建筑设计规范》。1987年10月，召开了全国幼教工作会议，这是新中国成立以来第一次有关幼儿教育的专门会议。会议明确提出幼儿教育是一项社会公共福利事业，各级政府都应重视幼儿教育的改革与发展。1987年10月，国务院办公厅转发了国家教委等九部门《关于明确幼儿教育事业领导管理职责分工的请示》，要求各有关部门遵照执行。1988年7月14日，国家教委、建设部颁发了《城市幼儿园建筑面积定额（试行）》。1988年8月15日国务院办公厅转发《关于加强幼儿教育工作的意见》。1989年10月25日，国家教委印发《关于进一步办好职业高中幼师专业的意见》。这个时期最为重要的是，1982年新宪法的颁布从国家根本大法上确立了学前教育的宪法地位。

20世纪90年代中后期，在我国建立社会主义市场经济体制和国企改革大潮过程中，学前教育事业发展迎来了艰难的探索阶段。1989年6月5日，国家教育委员会发布《幼儿园工作规程（试行）》。1996年3月，经过6年的试行后，《幼儿园工作规程》正式颁布实施。《规程》的颁布，对加强幼儿园内部的科学管理，提高保育和教育质量起着重要作用。《幼儿园管理条例》于1989年8月经国务院批准颁布，自1990年2月1日起施行。该条例是新中国成立以来第一个经国务院批准颁发的学前教育行政法规。1992年12月，国家教委印发《幼儿园玩教具配备目录》。1995年9月，教育部等七部委联合颁发了《关于企业办幼儿园的若干意见》，该意见明确指出“推进幼儿教育逐步走向社会化”。1997年7月17日，国家教委印发《全国幼儿教育事业“九五”发展目标实施意见》，进一步确认幼儿教育社会化的发展方向。这一政策由于在实施中变样，导致了全国多地出现幼儿园“关、停、并、转、卖”现象，我国的学前教育事业在世纪之交出现了“文革”之后的低谷。2001年，教育部印发《幼儿园教育指导纲要（试行）》。2003年3月，国务院办公厅转发了十部委《关于幼儿教育改革与发展的指导意见》。该文件绘制了21世纪初我国幼儿教育改革与发展的目标。

（四）从幼儿园到家庭和托育机构：学前教育立法接近原点（2009—2022）

经过改革开放三十年的发展和孕育，家庭的各项功能逐渐恢复，社会组织不断发育和壮大，这使得家庭、社会和国家的力量发生此消彼长的变化。家庭教育权、社会教育权和国家教育权的关系发生了重要的位移。党和国家重视家庭教育立法工作。2010年以来，《国家中长期教育改革和发展规范纲要（2010—2020）》《中国儿童发展纲要（2011—2020年）》，以及全国妇联、教育部等七部委制订的家庭教育"十二五"规划都提出了制订家庭教育法、推进家庭教育立法进程等要求。2013年，全国妇联、教育部向全国人大常委会法工委提交了关于申请制订《家庭教育法》列入十二届全国人大常委会五年立法规划项目的建议。2014年、2015年十二届全国人大二、三次会议上，多名代表提出了关于制订家庭教育法的议案。习近平在《在2015年春节团拜会上的讲话》（2015年2月17日）中指出："不论时代发生多大变化，不论生活格局发生多大变化，我们都要重视家庭建设，注重家庭、注重家教、注重家风。"这段话放在当下并不能充分体现其价值和历史地位，但是当把它置于人民公社和"文化大革命"那段历史来看，其宣示的价值具有历史转折性，即无论什么时代都不能破坏家庭这个基本细胞。习近平关于注重家庭家教家风建设的讲话为新时期家庭教育指明了方向，也对加快家庭教育立法提出了更紧迫的要求。2016年5月27日，重庆人大审议通过《重庆市家庭教育促进条例》，这是大陆关于家庭教育的第一部地方性法规。贵州、山西、江西、江苏、浙江、福建、安徽、湖南、湖北等地相继出台本地家庭教育促进体例。2018年9月7日，《十三届全国人大常委会立法规划》将家庭教育列入立法条件尚不完全具备、需要继续研究论证的三类立法项目，学前教育法列为条件比较成熟、任期内拟提请审议的法律草案。《中共中央关于坚持和完善中国特色社会主义制度　推进国家治理体系和治理能力现代化若干重大问题的决定》(2019 年 10 月 31 日)指出:“注重发挥家庭家教家风在基层社会治理中的重要作用。”2020 年,十三届全国人大常委会将家庭教育立法列入常委会立法规划和年度立法工作计划,并明确由全国人大社会建设委员会承担牵头起草工作。2021 年 1 月,《家庭教育法(草案)》公布。2021 年 8 月 17 日,十三届全国人大常委会第三十次会议听取了关于家庭教育法草案修改情况的汇报。草案二审稿将法律名称修改为家庭教育促进法。2021 年 10 月 23 日,第十三届全国人民代表大会常务委员会第三十一次会议通过《家庭教育促进法》。家庭教育立法实现了对学前教育立法的弯道超车。在此期间,2015 年出台《反家庭暴力法》,2020 年第二次修订《未成年人保护法》。

《家庭教育法(草案)》公布之后,学者们对法律名称、立法宗旨、“家庭教育干预”、第四十七条(法律责任)等部分提出了强烈的质疑。多位学者指出,家庭教育立法更接近于社会立法而非典型的教育立法。[①] 社会立法强调家庭责任,淡化国家干预色彩,有效平衡家庭亲权和国家亲权的关系。草案二审稿较好地回应了上述问题,为较快出台赢得了时间。关于社会教育权的法规少且零散,故此略。

自 2004 年全国人大在全国范围内开展学前教育立法调研以来,学前教育立法工作开始进入国家立法层面。2010 年 7 月 29 日,《国家中长期教育改革和发展规划纲要(2010—2020 年)》规定学前教育法是未来十年教育立法“六修五立”的重要组成部分。自此,学前教育法工作几乎每年都进入教育部的年度工作要点(见表 1)。从这些表述中似乎可以看出,头五年教育部关于学前教育立法信心满满,鼓声雷动;2016 年“偃旗息鼓” ;2017 年开始重燃战

---

① 参见劳凯声:《把握家庭教育性质　推进家庭教育立法》,《首都师范大学学报》(社会科学版)2021 年第 5 期;姚金菊:《立足家庭画好立法同心圆　明确责任协同促进家庭教育》,《首都师范大学学报》(社会科学版)2021 年第 5 期。

火。2018 年 9 月 7 日,《十三届全国人大常委会立法规划》将学前教育法列为一类立法项目,加速其立法进程。《中共中央　国务院关于学前教育深化改革规范发展的若干意见(2018 年 11 月 7 日)》指出:“加快推进学前教育立法。”2020 年 9 月 7 日,教育部公布《学前教育法草案(征求意见稿)》。草案的形成是《学前教育法》立法过程中的重大突破,但也仅仅是第一步,经过公开征求意见、征求各职能部门意见、国务院常务会议审议、全国人大审议通过才能最终成为法律。

表 1　教育部年度工作要点关于学前教育立法的表述一览

年度	关于学前教育立法的表述
2011	启动学前教育立法项目
2012	开展《学前教育法》研究起草工作
2013	研究起草学前教育法
2014	力争完成学前教育法的起草工作
2015	积极推动《学前教育法》起草
2016	无
2017	启动《学前教育法》立法
2018	推动《学前教育法》起草
2019	研究起草学前教育法(草案)
2020	教育部未出台年度工作要点
2021	推动学前教育法立法进程
2022	配合做好学前教育法审议
2023	教育部未出台年度工作要点

草案明确学前教育在国民教育体系中的地位和公益普惠属性,强化政府和各有关部门在学前教育规划、投入、资源配置、师资队伍建设和监管等方面的责任,明确举办者对幼儿园办园条件、师资聘任、工资待遇、运转保障、经费使用与财务管理等方面的责任。草案将过去政策性文件的成熟性经验法律化固定下来,体现了政策法律化的立法路径。第一,《关于当前发展学前教育

的若干意见》在内容上涵盖了学前教育的地位与性质、办学方针、政府责任、财政投入、教师队伍建设与权益保障等诸多事项。政策具有灵活性,在立法机关对某一社会问题形成较为成熟的解决方案之前,其往往发挥着“暂行法”作用,替代法律承担更多社会治理的功能。随着政策经过实践检验并被认为是成熟、有效的,立法机关再依照法定程序将其上升为法律,此过程即政策的法律化。[①] 第二,就宏观层面学前教育的定位问题,《若干意见》业已规定“学前教育是终身学习的开端,是国民教育体系的重要组成部分,是重要的社会公益事业”,这一政策要求直接被《草案》第三条吸纳;针对微观层面学前教育办学过程中存在着的诸多难题,《若干意见》也已提出了“遵循幼儿身心发展规律,面向全体幼儿,关注个体差异,坚持以游戏为基本活动,保教结合,寓教于乐,促进幼儿健康成长。加强对幼儿园玩教具、幼儿图书的配备,为儿童创设丰富多彩的教育环境,防止和纠正幼儿园教育‘小学化’倾向”之政策要求,这一政策要求转化为立法规定,即是《草案》第 31 条。第三,《中共中央国务院关于学前教育深化改革规范发展的若干意见》的出台更为学前教育法立法定下基调。《草案》第二十七条直接吸纳该意见中关于“遏制过度逐利行为”的表述,“社会资本不得通过兼并收购、受托经营、加盟连锁、利用可变利益实体、协议控制等方式控制国有资产或集体资产举办的幼儿园、非营利性幼儿园”,“民办园一律不准单独或作为一部分资产打包上市。上市公司不得通过股票市场融资投资营利性幼儿园,不得通过发行股份或支付现金等方式购买营利性幼儿园资产”。[②]

2020 年 5 月 28 日,《民法典》的出台把中国带进了法典化时代。《教育部 2022 年工作要点》指出,推动教育法典化立法研究。从此,学前教育立法

① 湛中乐、李烁:《我国学前教育立法研究——以政策法律化为视角》,《陕西师范大学学报》(哲学社会科学版)2019 年第 1 期。

② 《中共中央　国务院关于学前教育深化改革规范发展的若干意见》,人民出版社 2018 年版,第 16–17 页。

就被置于教育法典化场域，学前教育立法需要运用体系化的立法思维加以指导。

2013年，国家卫生和计划生育委员会成立，出现了计划生育政策放松的趋势。2014年、2016年出台的单独二孩、全面二孩的政策实施后，2016年新生儿数量为1883.2万人。2021年7月，中共中央发布三孩政策。自2017年起，我国新生儿出生数量以每年少生150万持续走低。2022年，我国新生儿出生数为956万；死亡人口数为1041万。由此，2022年成为61年来首个人口自然负增长年。为应对人口少子化和老龄化问题，2019年5月，出台《国务院办公厅关于促进3岁以下婴幼儿照护服务发展的指导意见》指出："建立完善促进婴幼儿照护服务发展的政策法规体系、标准规范体系和服务供给体系。"[①]该文件出台后，国家以史无前例的速度出台婴幼儿照护服务政策法规。2021年6月，出台《中共中央　国务院关于优化生育政策促进人口长期均衡发展的决定》，决定提出实施三孩生育政策。为贯彻落实三孩生育政策，2021年8月20日，第十三届全国人民代表大会常务委员会第三十次会议第二次修正《人口与计划生育法》。该法第二十七条："国家采取财政、税收、保险、教育、住房、就业等支持措施，减轻家庭生育、养育、教育负担。"第二十八条规定："县级以上各级人民政府综合采取规划、土地、住房、财政、金融、人才等措施，推动建立普惠托育服务体系，提高婴幼儿家庭获得服务的可及性和公平性。国家鼓励和引导社会力量兴办托育机构，支持幼儿园和机关、企业事业单位、社区提供托育服务。托育机构的设置和服务应当符合托育服务相关标准和规范。托育机构应当向县级人民政府卫生健康主管部门备案。"2023年2月21日，国家卫生健康委已起草了《托育服务管理条例（草案）》，用法律保障婴幼儿托育服务的普惠性与可及性。[②]2023年3月15日，《家庭托育点管理办

① 《婴幼儿照护服务文件汇编（2021版）》，中国人口出版社2021年版，第29页。

② 《全国人大教科文卫委建议开展托育服务立法研究》，2023年2月21日，见http://www.npc.gov.cn/npc/c30834/202302/552a9140c7bb48d59f6afcb27c3328cb.shtml。

法(试行)》(征求意见稿)公开征求意见。

二、我国百年学前教育立法的特点

回顾百年学前教育立法史,第一个时期(1903—1949)的学前教育立法就像一颗流星从天空划过,或称灵光一现;第二个时期(1949—1979)的学前教育立法模仿苏联,政策重于法律;第三个时期(1979—2009)的学前教育立法在惯性中缓慢推进;第四个时期(2009—2022)的学前教育立法取向逐渐趋近家庭这个原点。下面从三个方面分析百年学前教育立法史的特点。

(一)"三权"之间的重心家庭—国家—家庭的特点

家庭教育权、社会教育权与国家教育权(后简称"三权")之间的关系是检视各个时期学前教育立法品质的一个测度。在学前教育阶段,家庭教育权与社会教育权是第一位的,家庭教育权与社会教育权行使的缺失、不当才需要国家教育权的介入和帮助;国家教育权服务于前者,国家教育权不能恣意干预或消灭家庭教育权和社会教育权。学前教育事业的健康有序发展需要"三权"各自履行自己的基本权能,有效联动。

第一个时期(1903—1949)经历了清朝和中华民国两个政权,但是其学前教育立法在"三权"关系上一脉相承,国家教育权尊崇和辅助家庭教育权的原发性和初始性。"因家庭教育之不完全而设","协助家庭教养幼稚儿童,并谋家庭教育的改进"。有观点认为,学前教育制度在清末之前并不存在,在当时属于全新的事物。其实,更为精确地说,在清末之前不存在带有国家化色彩的学前教育制度,但是一直存在着家庭化的学前教育制度。马克思曾深刻指出:"立法者应该把自己看作一个自然科学家。他不是在创造法律,不是在发明法律,而仅仅是在表述法律。"[①]"法律本身却从来不是像立法那样被'发明'

① 转引自陈斯喜:《中国特色社会主义法律体系的主要特征》,《人民日报》2011年3月12日。

出来的，因此与这种法律不同，立法的发明在人类历史上要相对晚出一些。”[①]家庭教育制度不是创制出来的，我们仅仅是在陈述它的存在。马克思认为，法律归根结底是由物质生活条件决定的。在半封建半殖民的旧中国，尊崇家庭教育权的地位与作用与当时的物质基础、经济状况和政权动荡不安是一致的。

1949年至1978年，随着社会主义私有制改造的完成，大跃进、人民公社运动中的生活集体化运动意在铲除家族势力和改变家庭制度。[②]在家庭遭受铲除或解体的情况下，家庭教育权就没有存在的空间。1952年，《幼儿园暂行规程草案》虽然规定了“要使幼儿家庭教育和幼儿园教育密切配合”，但是在此后的日子里只有“家庭”配合了。1979年后，家庭与社会逐步回归正常的功能，家庭教育权的地位也开始归位。1996年和2016年的《幼儿园工作规程》都规定了幼儿园应主动与幼儿家长配合，帮助家长创设良好的家庭教育环境。2019年，《国务院办公厅关于促进3岁以下婴幼儿照护服务发展的指导意见》规定了“家庭为主，托育补充”的基本原则。这是对习近平关于注重家庭家教家风的重要论述的有力回应。这个原则虽然针对的对象是婴幼儿照护服务，但是它却释放出一个强烈的信号，家庭作为孩子的第一所学校的重要意义。“不论时代发生多大变化，不论生活格局发生多大变化，我们都要重视家庭建设。”《家庭教育促进法》第四条规定：“未成年人的父母或者其他监护人负责实施家庭教育。国家和社会为家庭教育提供指导、支持和服务。”第一款规定了父母或其他监护人拥有教育权，第二款规定了国家、社会与家庭的关系。百年学前教育立法经历了从起点开始，又回到起点的循环，这种循环体现了历史的曲折性。这种曲折性换回我们更加珍惜当下“三权”之间的

---

① ［英］弗里德利希·冯·哈耶克：《法律、立法与自由》（第一卷），邓正来译，中国大百科全书出版社2000年版，第113页。

② 陈映芳：《国家与家庭、个人——城市中国的家庭制度（1940—1979）》，《交大法学》2010年第1期。

良好互动关系。

(二)学前教育政策法规越来越完善,初步构建了学前教育法律体系

民国时期的学前教育政策主要涉及了幼稚园与其他学制、家庭教育的关系、幼稚园课程标准、设置办法等,这些内容为幼稚园发展提供了基本的准则。改革开放 40 多年来,特别是 2010 年后,我国学前教育政策法规涉及教育教学类、幼儿师资和学前教师教育、经费投入、园所设施与标准类、卫生安全管理等。政策性文件出台的密度大、数量多、有针对性和全面性。[①] 学前教育政策既涉及学前教育事项的各种具体政策,又涉及教育综合性的基本政策。我国大概每隔十年左右就会出台一个教育基本政策,包括 1985 年的《中共中央关于教育体制改革的决定》、1993 年的《中国教育改革和发展纲要》、1999 年的《关于深化教育改革,全面推进素质教育的决定》、2010 年的《国家中长期教育改革与规划纲要(2010—2020)》。这些文件指导和推动了各个领域教育法制化进程,这些法律规范也为保障学前教育事业提供了准绳。经过四十多年的努力,我国建设了以宪法为基础,以教育法为核心,以行政法规为框架,以部门规章为补充的学前教育法律体系。

(三)高位阶的专项学前教育立法太少,政策色彩浓

高位阶的学前教育立法指的是立法法规定的法律、行政法规、规章等形式的立法。民国时期,关于幼稚园的课程标准、设置办法出自民国政府教育部。1952 年,《幼儿园暂行规程(草案)》出自新中华人民共和国教育部。截至 2022 年,关于学前教育的专门法规仅有一部行政法规,两部部门规章。一部行政法规即《幼儿园管理条例》(1989);两部规章即《幼儿园工

---

① 张利洪:《改革开放 40 年我国学前教育政策法规的历程、成就与反思》,《陕西师范大学学报》(哲学社会科学版)2019 年第 1 期。

作规程》(1989,2016)和《托儿所幼儿园卫生保健管理办法》(1994,2010)。1981 年,中国台湾地区出台《幼稚教育法》。高位阶的专项学前教育立法太少,增添了学前教育规范性文件的政策色彩。过多的学前教育政策性文件易形成"政策无能",意指政策不能取得预定的效果,对教育实践起不到规范和管理的作用。[①]

三、我国百年学前教育立法的启示

百廿年,对于宇宙只是一瞬间;对于时代就是一长幕。长久以来,我国认识到了教育的重要性,但未必就认识到学前教育的重要价值。"作为国家教育体系之基础的学前教育理应受到重视和优先发展。但现在事实上,在社会上和教育领域中均存在着忽视甚至严重忽视学前教育发展的现象。"[②]这种认识与长期缺乏有说服力的科学研究证据有相当的关系。美国儿童早期发展综合科学委员会研究报告指出,早期的环境具有重要的作用,而养育的关系是根本。[③]欧洲规模最大的一项旨在考察幼儿园保育和教育对儿童发展影响的追踪研究英国有效学前教育项目(Effective Provision of Pre-school Education,EPPE)的结果表明,无论是在家还是在学前教育机构,早期获得的一些经验比其他经验作用更大。[④]在整个 20 世纪,我国整体上尚未意识到学前教育的重要性,这种认识也反映在立法上。随着越来越多基于"循证教育"研究成果的出现,"学前教育非常重要"的理念和我国学前教育事业发展的失误正反两面证明,重视和发展学前教育事业是政府应有的选择。鉴于时代背景的不同和立法的现实性,本文主要从改革开放以后的学前教育立法实践谈

---

① 参见朱家雄:《当今我国学前教育事业发展面临的主要问题及政策导向》,华东师范大学出版社 2016 年版,第 4 页。

② 庞丽娟、胡娟、洪秀敏:《论学前教育的价值》,《学前教育研究》2003 年第 1 期。

③ 参见[美]杰克·肖可夫、黛博拉·菲利普斯:《从神经细胞到社会成员》,南京师范大学出版社 2007 年版,第 5 页。

④ 参见[英]凯西·西尔瓦等主编:《学前教育的价值——关于学前教育有效性的追踪研究》,教育科学出版社 2011 年版,第 6 页。

谈当下学前教育立法应处理的不同关系。

(一)处理好学前教育集中立法与分散立法的关系

集中立法与分散立法是涉及立法模式或立法路径选择的问题。集中立法是指关于某事项的规定集中在一部专门法律、法规之中,各个单行法律不再分别作出具体的规定。[①] 集中立法的优点是标准统一,力求一步到位,有利于形成形式意义上的公平,缺点是对立法质量要求更高,立法难度更大,否则法律不能很好地适应快速变化的社会现实。分散立法是指关于某事项的规定分散在各单行法律、法规之中。分散立法的优点是比较灵活,分阶段、分步骤立法,可以较好地适应繁杂多变的现实,立法难度相对较低,但是容易出现标准不统一,甚至相互冲突的情况。还有一种立法模式是集中基础上的分散立法,指对于某事项基本的问题和制度由专门法律作出规定,在该专门法律规定的基础上,各单行法律、法规可以根据具体的情况灵活地规定有关内容。集中基础上的分散立法实际上是以上两种立法模式的折中,目的是在集中立法不具备条件的情况下,实现集中立法与分散立法优缺点的合理整合。学前教育集中立法包括高度集中的立法路径(教育法典化的路径)和适度集中的立法路径(以学前教育法为中心的立法路径)。[②] 学前教育分散立法的极端主张就是用其他领域立法来替代学前教育专门立法。

目前,理论界与实务界的主流观点是主张学前教育集中立法,极少提倡学前教育分散立法。但是,关于学前教育法的调整对象是 0~6、7 岁儿童的保育与教育还是 3 岁以上~6、7 岁儿童的保育与教育两种观点存在争议。争议观点的背后是分阶段立法,优先解决幼儿教育的法律规制,其后再解决早期教育的法律问题。在我国已经基本建成社会主义教育法律体系的背景下,

---

① 参见郭庆珠:《我国行政规划程序的不足与立法展望——以〈行政程序法〉之规划程序建构为基点》,《行政论坛》2010 年第 5 期。

② 参见张守文:《经济法的立法路径选择》,《现代法学》2023 年第 1 期。

学前教育集中立法模式几乎难以动摇。不过,值得思考的是,制订学前教育法的事宜从启动到今年已近二十年,这一周期已经超过了已有十部教育法律的立法时间。一方面,社会各界对“学前教育法”是千呼万唤;另一方面,“学前教育法”仍然待字闺中。2022年人口负增长时代的到来给《中共中央国务院关于学前教育深化改革规范发展的若干意见》中确立的拓宽资源供给、普惠性幼儿园发展、扩大学前教育专业培养规模等政策提出了很多的不确定性。面对诸多学前教育正在改革的举措和未来发展的不可预测性,这让人不得不深思学前教育集中立法的合理性。学前教育发展长期无法依靠已经让人沮丧。当前,学前教育事业欲甩掉短板之帽,加快推进学前教育法立法不能一推再推。选择以学前教育法为中心的分散立法模式既不违背已有的教育立法传统,又能创新解决学前教育事业发展中的疑难杂症。1981年台湾地区的《幼稚教育法》仅仅两千多字为大陆树立了一个例子。

(二)协调好学前教育立法质量与立法速度的关系

学前教育立法要处理质量与速度的关系。质量与速度的关系,一方面是指作为学前教育立法规制的学前教育事业发展中存在的质量与速度的问题;[①] 另一方面是指学前教育立法本身也需要处理好立法质量与立法速度的问题。关于学前教育集中立法与分散立法的讨论中隐含了质量与速度的问题,学前教育集中立法质量相对较高,其立法速度相对变慢;而学前教育分散立法质量相对不高,其立法速度相对变快。党的十九届五中全会提出,“十四五”时期要建设高质量教育体系,“十四五”规划纲要对建设高质量教育体系作出了全面部署。要解决整个教育体系的短板的学前教育立法本身不能成为教育立法的短板,而是必须成为高质量教育立法的样板。高质量学前教育立法要考虑立法的效益与效率。“立法过程中各个环

① 管华:《学前教育立法应处理好十大关系》,《湖南师范大学教育科学学报》2019年第1期。

节如何厉行节约，提高效益，多、快、好、省地完成立法任务，是提高立法效率所要考虑的问题。”[①] 衡量高质量学前教育立法除了立法过程外，不能忽略了人工造出来的学前教育法能够保证高质量学前教育目标的达成。倘若学前教育法无法保证高质量学前教育目标的达成，立法过程中的高质量学前教育立法也不值得期许。又好又快是当前学前教育立法质量与立法速度的基本标准。“好”是学前教育立法的第一目标，“快”是学前教育立法的第二目标。有“好”无“快”，无“好”有“快”都不适宜成为当下学前教育立法的目标。

（三）均衡好学前教育政策与法律的关系

此处的学前教育法律包括立法法规定的宪法、教育法律（人大及人大常委会通过的）、行政法规、规章，而学前教育政策则指除了学前教育法律以外的其他所有规范性文件。通常认为，学前教育政策指导学前教育法律，学前教育法律是对学前教育政策的落实和执行。事实上，这种表述是不严谨，且具有时代烙印。有论者极富洞见地提出区分教育问题与教育政策问题。[②] 教育问题是长期存在的，但是只有它被察觉、牵涉到大多数人的利益、引发价值观冲突、政策机构认为有必要加以解决的教育问题才转变成教育政策问题。比如“小学化”问题从一个教育问题演变成政策问题，这本身反映了小学化问题从个别问题变成一个普遍问题。学前教育政策作为规范和调节学前教育关系的手段，它总是针对某一特定的目标而言的，因而具有灵活性、专门性、临时性的特征。当一般的学前教育问题卷入学前教育政策问题不一定都是好事，政策的限度可能无力去回应本不该介入的普通学前教育问题。法律以权利与义务的关系为配置内容，它解决的问题具有普遍性、根本性和稳定性。因此，只有学前教育政策涉及关于学前教育事业的全局性、基本性和反

---

① 郭道晖：《立法的效益与效率》，《法学研究》1996 年第 3 期。

② 参见袁振国主编：《教育政策学》，江苏教育出版社 2001 年版，第 22 页。

复性的教育问题才能升格为学前教育法律问题。否则,法律不能轻易介入本不属于自己应该调整的领域,比如学前教育的内部事项。也就是说,不是所有的学前教育政策都能指导学前教育法律,只有那些涉及全局性、基本性和反复性的学前教育政策文件才能指导学前教育法律。若以此为限,目前仅有《中共中央　国务院关于学前教育深化改革规范发展的若干意见》属于学前教育的基本政策。

第二节　我国地方性学前教育立法的经验及启示

从制订主体层级来划分,我国地方性学前教育立法可分为省级学前教育立法和地市级学前教育立法(比如《浙江省学前教育条例》与《宁波市学前教育促进条例》);从立法适用对象的范围来划分,我国地方性学前教育立法可分为综合性学前教育立法和专项学前教育立法(比如《江苏省学前教育条例》与《宁德市幼儿园规划建设条例》);从制订主体不同来划分,我国地方性学前教育立法可分为地方人大常务委员会制订的地方性学前教育法规和地方人民政府制订的地方性学前教育行政法规(比如《南京市中小学幼儿园用地保护条例》与《南京市学前教育管理办法》)。我国自 20 世纪 80 年代起,地方人大和政府出台了较为丰富多样的学前教育文件,为我国各地的学前教育事业发展提供了保障。为汲取地方学前教育立法的有益经验,本研究选择省级人大制订的学前教育法规进行梳理和分析。

一、我国地方性学前教育立法的进展先慢后快

1986 年 6 月 20 日,江苏省人大常委会审议通过了《江苏省幼儿教育暂行条例》。这是我国首先实行幼教地方立法。1985 年,江苏入园率达到 56.7%,其中学龄前一年幼儿的入园率达到 94.6%。1986 年 12 月,江苏省教委制定了《江苏省幼儿教育暂行条例实施办法》。1995 年颁布《江苏省幼儿园基本

实现现代化要求(试行)》。1995年,江苏省入园率达到75%,城市基本普及学前三年教育,农村连续10年普及学前一年教育。在《国家中长期教育改革与发展规划纲要(2010—2020)》的推动下,尽管江苏省学前三年入园率已经超过95%,但在更高层次上"入园难"的问题仍很突出。为此,江苏省教育厅根据省人大常委会和省人民政府2011年立法工作计划,组织起草了《江苏省学前教育条例(送审稿)》,于2011年7月报送省人民政府。2012年1月,江苏省人大常委会通过了《江苏省学前教育条例》。2013年,颁布《江苏省公办幼儿园机构编制标准(试行)》,明确按照师生比1∶16的比例来核定事业编制。2018年,江苏省出台《关于深化学前教育体制改革试点工作的意见》。截至2020年年底,江苏全省在园幼儿254.07万人,学前三年毛入园率98%以上,公办园和普惠性民办园占比达88.89%,88.65%的幼儿就读于省、市优质幼儿园,优质普惠健康的学前教育公共服务体系基本建立。[①]

2001年6月22日,北京市第十一届人民代表大会常务委员会第二十七次会议通过《北京市学前教育条例》。这是我国第二部省级学前教育条例。2012年11月29日,云南省第十一届人民代表大会常务委员会第35次会议通过《云南省学前教育条例》。2014年3月28日,安徽省第十二届人民代表大会常务委员会第十次会议通过《安徽省学前教育条例》。2014年9月25日,吉林省第十二届人民代表大会常务委员会第十一次会议通过《吉林省学前教育条例》。2016年5月27日,天津市第十六届人民代表大会常务委员会第二十六次会议通过《天津市学前教育条例》。2017年1月10日,辽宁省第十二届人民代表大会常务委员会第三十一次会议通过《辽宁省学前教育条例》。2017年5月26日,浙江省第十二届人民代表大会常务委员会第四十一次会议通过《浙江省学前教育条例》。2019年9月27日,山东省第十三届人

① 参见潘玉娇:《走出一条优质普惠发展之路——江苏省砥砺十年推动学前教育发展纪实》,《中国教育报》2021年7月18日。

民代表大会常务委员会第十四次会议通过《山东省学前教育条例》，2021年12月3日修正。2022年11月23日，上海市第十五届人民代表大会常务委员会第四十六次会议通过《上海市学前教育与托育服务条例》，成为全国首部将学前教育与托育服务整合立法的地方性法规。

从第一部学前教育地方性法规颁布实施至2022年，我国地方性学前教育立法时间已有36年。在10部省级地方性学前教育立法中，有8部地方性学前教育法规是2012年后颁布实施。我国地方性学前教育立法的进展呈现先慢后快的特点（见表2）。

表2　10省市学前教育条例概况

名称	发布时间	实施时间	字数	条数	新立或修改
江苏省幼儿教育暂行条例	1986.06.20	1986.09.01	1668	18	《江苏省幼儿教育暂行条例》已经废止
江苏省学前教育条例	2012.01.12	2012.03.01	7277	60	
北京市学前教育条例	2001.06.22	2001.09.01	3208	30	2016.11.25修正
云南省学前教育条例	2012.11.29	2013.03.01	7012	52	新立
安徽省学前教育条例	2014.04.01	2014.06.01	6343	61	新立
吉林省学前教育条例	2014.09.25	2014.12.01	6059	61	新立
天津市学前教育条例	2016.05.27	2016.09.01	4061	46	新立
辽宁省学前教育条例	2017.01.10	2017.09.01	5914	50	新立
浙江省学前教育条例	2017.05.26	2017.09.01	7910	58	新立
山东省学前教育条例	2019.09.27	2020.01.01	9322	78	2021.12.3修正
上海市学前教育与托育服务条例	2022.11.23	2023.01.01	10103	69	新立

二、从立法体例看学前教育地方立法的经验与不足

通过对上述地方性学前教育立法的简要梳理，从1986年诞生第一部省级学前教育条例到2022年止，我国现有10部省级学前教育条例。从表中可以看出，各省条例名称规范统一、结构均衡、体例完整等。依据表3和表4，

本节对地方学前教育条例的章节名称作了百分比的频次统计。其中，地方学前教育条例章数最少为6，最多为10，平均章数在7～8。总则、法律责任和附则三章的名称完全统一，在每部条例中都出现了，其频次为100%。其他章节名称不尽相同，为方便统计，根据其核心意思对其进行了合并和归类。“保障监督”在有些条例中可能只含有其中一个方面，“保障”或“监督”，在《浙江省学前教育条例》中都出现了，因此统计频次为11，超过了条例总数10。“机构人员”指学前教育机构和从业人员、保育教育人员、幼儿园工作人员、幼儿园教职工等称呼。“管理”指办学管理、机构管理或运行管理等。除《北京市学前教育条例》外，总则、法律责任、附则、保障监督和保育教育的频次皆为100%，占条例总数（均值为7.3）的68%。机构人员、机构和规划建设的频次在50%～60%。其他部分的频次都低于半数。

表3　10省市学前教育条例的体例

	一章	二章	三章	四章	五章	六章	七章	八章	九章	十章
北京	总则	学前教育责任	学前教育机构和从业人员	学前教育保障	法律责任	附则				
江苏	总则	保育教育	教育机构	保育教育人员	保障监督	法律责任	附则			
云南	总则	职责	机构设立与管理	保育与教育	保障措施	法律责任	附则			
安徽	总则	幼儿园的设立	保育和教育	幼儿园工作人员	保障	法律责任	附则			
吉林	总则	发展与保障	职责	学前教育机构的设立、变更与终止	保育与教育	管理与监督	法律责任	附则		
天津	总则	规划与建设	保育与教育	保育教育人员	保障与监督	法律责任	附则			
辽宁	总则	规划建设	办学管理	保育教育	保障促进	法律责任	附则			

续表

	一章	二章	三章	四章	五章	六章	七章	八章	九章	十章
浙江	总则	规划与建设	幼儿园设立	幼儿园工作人员	保育与教育	保障与扶持	监督管理	法律责任	附则	
山东	总则	规划与建设	幼儿园管理	保育与教育	幼儿园教职工	保障与监督	法律责任	附则		
上海	总则	规划与建设	设立与管理	保育与教育	从业人员	家庭科学育儿指导	支持与保障	监督管理	法律责任	附则

从上面的分析与统计,我国地方学前教育条例体例完整,总则、法律责任和附则三章一个都不落下,这些都反映了地方学前教育立法有效继承了我国改革开放以来教育领域立法的有效经验。其二是内容丰富,其表现为章数和字数总体呈增长趋势。《上海市学前教育与托育服务条例》的章数为10。上海市将托育服务作为一个增量放在学前教育立法中,这是我国地方学前教育立法的一个创举,但是这个经验可能难以复制。上海的这种立法模式得益于上海市发达的学前教育基础和政府的高度重视。其三,回应学前教育事业发展保障、监管缺位、队伍建设不力等现实热点问题。然而,这种体例从另外一面来看就存在大而全、详而杂的问题。大而全的立法浪费有限的立法资源,缺乏明确的问题导向,期望一部地方立法能解决所有的问题。详而杂的立法主观意愿是能解决所有的问题,但是客观上往往什么问题都不能解决。部分章的编排未能有效体现其逻辑上的前后承接关系。比如将学前教育责任、职责、发展与保障直接放在总则之后,例如北京、云南、吉林的学前教育条例。

表4　关于章节的频次统计(%)

总则	法律责任	附则	保障监督	保育教育	机构人员	机构	规划建设	管理	职责	学前教育责任
10	10	10	11	9	6	5	5	3	2	1
100	100	100	100	90	60	50	50	30	20	10

三、从立法内容看学前教育地方立法的经验与不足

法的总则是一部法的灵魂,具有统领其他部分和解释整个条文的依据的功能。一般来讲,总则包括立法目的、立法依据、法的原则、有关基本制度、法的效力和法的适用等。地方学前教育条例的总则基本都呈现了立法目的、立法依据、法的效力和法的适用等。因此,不能将总则当成一个杂物袋,把凡是被认为不好放到别的组成部分的内容,都填进总则。[①]政府发展学前教育的体制或基本制度可出现在总则,但是不应该明细化,这缺失了概括性,也就没有解释力。这种情况表现在《陕西省学前教育条例(第二次征求意见稿)》之中,其总则第五条将部门职责细化。[②]

“规划建设”部分是早期五部地方学前教育条例所没有的,但后期五部条例都有,且都居于第二章。其转折点是2016年《天津市学前教育条例》的出台。这是直接回应《国务院关于当前发展学前教育的若干意见》精神指导下我国一、二期“学前教育三年行动计划”(2011—2013、2014—2016)所确定的“扩大总量、调整结构”等目标的要求。这种回应具有时代的必然性和时间性。关于学前教育机构的人员或者师资队伍,有七个条例单列一章规定,其他条例则将其编入其他的章节中。关于学前教育机构中的工作人员的称谓,有“保育教育人员”“教职工”“学前教育从业人员”“幼儿园工作人员”“从业人员”等不同称谓。

关于“保育与教育”,只有《北京市学前教育条例》没有单独以章的形式规定,其他9个条例都以专章呈现。如何看待这个问题其实值得深度讨论。按

① 周旺生:《立法学》(第2版),法律出版社2009年版,第484页。

② 《陕西省学前教育条例(第二次征求意见稿)》第五条规定:“〔部门职责〕县级以上人民政府教育行政部门主管本行政区域内的学前教育工作,主要履行以下职责:(一)贯彻实施国家学前教育方针、政策;(二)开展学前教育业务指导;(三)实施学前教育机构分类定级管理;(四)开展学前教育师资培养、培训;(五)组织开展学前教育研究;(六)开展督导评估;(七)法律法规规定的其他职责。县级以上人民政府发展改革、公安、民政、财政、人力资源和社会保障、国土资源、住房城乡建设、卫生计生、食品药品监督管理、工商行政管理等有关部门应当按照各自职责,做好学前教育相关工作。”

照教育内外部事项划分理论来看[①],保育与教育典型属于学前教育的内部事项,它更多属于道德调整的范畴,它的开展和实施依赖于教师专业自主权的行使和发挥。当然,由于教育对象的特殊性使得必要的管理和监督不可或缺。立法介入保育与教育事宜不是绝对不可,但须存有限度。因为《幼儿园教育指导纲要(试行)》《3～6岁儿童学习与发展指南》和《幼儿园工作规程》等政策文件已经就相关要求和标准详细、清楚地表达出来,作为法律性质的地方条例除了特别重要的内容予以概要重申而外,其他几无必要单章详细地表述。比如,"家长应当配合幼儿园实施科学保育教育"(辽宁省),"幼儿园教育的内容应当包括健康、语言、社会、科学、艺术等方面"(浙江省)等常识性的东西应避免进入法律条文,这既让法律变得冗长,也会损害法律的威严。更有甚者的是安徽版,以12条(1150个字)来展现其"保育和教育",可谓是"不惜笔墨"。

关于对学前教育的保障监督,所有的条例均有涉及。比较而言,吉林省和浙江省将学前教育保障、监督分为两章进行规定,虽然条文总数上没有明显的增加,但在结构上更加细化,内容上更加具体,实际上更便于操作。

从历史的维度来看,我国地方学前教育条例的立法质量从体例、结构和内容上来看都有较大的进步,但是同时也存在一些问题,权利义务关系配置缺位以及实质性内容条款较为模糊且操作性不强。[②]"抄上位法、照搬外省的较多,自主创新、有特色的较少。体例上追求'大而全'、'小而全'的多。"[③]经由上面的分析可看出,体例安排的价值选择和逻辑性有待改变,内容选择有待斟酌,语言表述冗长等问题。

---

① 详见申素平:《教育法学:原理、规范与应用》,教育科学出版社2008年版,第3页;张利洪主编:《幼儿教育政策法规与职业道德》,西南师范大学出版社2018年版,第3页。

② 陈亮:《我国学前教育地方立法的现实困境及其改进方向》,《陕西师范大学学报》(哲学社会科学版)2017年第6期。

③ 李高协:《地方立法的可操作性问题探讨》,《人大研究》2007年第10期。

四、我国地方学前教育立法对中央学前教育立法的启示

经由前述简单地分析,中央学前教育立法应该吸收地方学前教育立法好的经验,避免其不足的地方。

(一)明确学前教育立法的调整对象

从着眼构建体系化、法典化的教育法律体系来看,学前教育立法的调整对象应以所有学龄前儿童的教育事业为对象。但是,从早期教育与幼儿教育的差异,我国已有的保教二元行政管理体制等问题来看,将早期教育与幼儿教育作为一个整体作为学前教育立法的调整对象具有相当的难度。在十部地方学前教育条例中,除北京和上海的条例的调整对象为学龄前儿童实施的教育外,其余八部条例的调整对象皆为三周岁以上学龄前儿童实施的保育和教育。《学前教育法草案(征求意见稿)》(2020 年 9 月 7 日)也是采用这种观点。也就是说,这种观点是目前的主流观点。从立法的可行性来讲,这种观点并无不可。但是,这种观点背后隐藏的更多是保守主义立法观。立法不仅应该固化、守成过去被实践证明行之有效的政策措施,而且应该敢于打破已有发展的桎梏,主动为未来构建可预的理想图景。保教二元行政管理体制经由长期形成的制度已经不适应托幼一体化的时代要求。在有限的立法机会到来之时,学前教育立法者应该珍惜这个稍纵即逝的良机。

(二)破解学前教育事业的难题要有“硬招”

当前学前教育事业的难题有学前教育的性质、主体责任、管理体制、保障机制等。这些难题都需要学前教育立法做好顶层设计。关于学前教育的管理体制和主体责任问题的根本解决不能完全寄希望于一部法律,它有赖于政府机构改革和教育法律体系的整体健全。不过,关于学前教育的保障制度是一个必须解决而又能够解决的问题,即“钱”和“人”的问题,归根结底还是钱

的问题。在十部地方学前教育条例中，有三部条例对此给予硬核的呼应，出了“硬招”。《江苏省学前教育条例》第三十九条规定：“县级人民政府和乡镇人民政府、街道办事处应当共同分担学前教育财政经费，加大财政性学前教育经费的投入，保证学龄前儿童人均学前教育经费、人均公用经费逐步增长。财政性学前教育经费占同级财政性教育经费的比例不低于百分之五。”《吉林省学前教育条例》第十二条规定：“县级以上人民政府应当将学前教育经费纳入财政预算，并保证财政性学前教育经费在同级财政性教育经费中所占比例不低于3%。”《浙江省学前教育条例》第三十九条规定：“县级以上人民政府应当保障学前教育经费，将学前教育经费纳入财政预算，新增教育经费应当向学前教育倾斜。县级财政性学前教育经费占同级财政性教育经费的比例不低于百分之五。”“不低于百分之五”的规定就是“硬招”，“不低于3%”规定虽然低了一点，但是总比“一定比例”“合理”这些模糊规定管用。学前教育事业发展不缺政策，缺管用的政策。

（三）突出以“问题为中心”，在“管用”与“体系”之间平衡

我国地方学前教育立法为中央立法探索了诸多有益的经验，但是有些立法过于追求“大而全”的问题，这可能影响法规的执行力。2004年，教育部开始学前教育立法调研。2010年，《国家中长期教育改革与规划纲要（2010—2020）》确立了“六修五立”的立法目标，学前教育法位居其中。2018年，十三届全国人大常委会立法规划将学前教育法列入一类立法项目。2020年9月，教育部公布《学前教育法草案（征求意见稿）》。学前教育立法启动至今已近二十年，学前教育法尚未正式出台，这说明了学前教育立法的难度非同一般。2022年，我国人口61年来首次负增长。人口负增长时代的来临给托幼机构发展带来了诸多的不确定性，这种不确定性给学前教育立法增加了更大的难度。在这种背景下，如果学前教育立法还想追求“大而全”的体系化目标，将使学前教育立法难上加难，还要兼顾立法质量等因素，学前教育法的真正出

台更加遥远。瞄准人口负增长时代学前教育的核心问题,以解决学前教育事业发展的“难点”“痛点”“堵点”为目的,这样的学前教育立法也许不好看,但能用、实用和管用。

第六章　我国学前儿童受教育权法律体系构建

学前儿童受教育权的保护与实现是我国学前教育法律体系构建的逻辑起点,亦是审视和评判学前教育法律的价值尺度。法律体系并不是一个内涵十分清晰的概念,有论者认为,法律体系(或简称为"法体系")是指一国以现行的全部法律规范按照一定逻辑顺序组合起来的整体。[①] 也有学者认为,法律体系就是一国在一定发展阶段上,以所有现行法为基础形成的,作为一个有机统一体存在的法的整体。[②] 第一种观点将法律体系视为一个静止封闭的系统,忽视了法律的变化性。本研究采用第二种观点,即法律体系就是一国以现行法为基础,同时也包括将要制定或修订的法律法规按照一定逻辑关联组成的规范系统。这种观点将法律体系视为一种动态、开放的系统。本章拟从法律体系视角审视学前教育法律在教育法律体系中的定位,分析我国已有学前教育法律体系的不足,进而提出保障学前儿童受教育权的法律体系理想图景。

---

① 周永坤:《法理学——全球视野》(第 4 版),法律出版社 2016 年版,第 72 页;张文显主编:《法理学》(第 2 版),高等教育出版社 2003 年版,第 98 页。

② 周旺生主编:《北大法学百科全书:法理学　立法学　法律社会学》,北京大学出版社 2010 年版,第 293 页。

第一节　从法律体系到教育法律体系

将学前教育法律规制置于法律体系视域以窥全貌，目的在于回答学前教育法律规制在教育法律体系的定位。当下，关于教育法典化讨论盛行，因此有必要从本原之处分析法律体系与法典化之争的本质。辨明法律体系与法典化之争，继而讨论教育法律体系与教育法典化的必要性与可行性。最后，论证学前教育法在教育法律体系的地位与作用。

一、法典化之争

2021 年 1 月 1 日，《民法典》正式生效实施。2021 年 1 月，《法治中国建设规划（2020—2025 年）》明确指出："对某一领域有多部法律的，条件成熟时进行法典编纂。"同年 3 月，教育部网站发布的《教育部政策法规司 2021 年工作要点》第 6 条明确指出："研究启动教育法典编纂工作。"同年 4 月，中国人大网发布的《全国人大常委会 2021 年度立法工作计划》中明确指出："研究启动环境法典、教育法典、行政基本法典等条件成熟的行政立法领域的法典编纂工作。"民法典把中国正式带进了法典化的时代。民法典的诞生引发了实务界和学界对部门法法典化的诸多思考，学者们站在各自部门法的立场上大谈法典化问题，却难以做到历史性地看待法典化的进程，这有可能造成对法典化价值的片面理解。[①] 因此，在热谈教育法典化之时，如何更理性地思考法典化之热、教育法典化之路是一个十分必要的议题，法学界诸多学者对此问题的思考值得教育法学研究者予以重视。

---

① 高仰光：《法典化的历史叙事》，《中国法学》2021 年第 5 期。以教育法为例，从"论我国教育法的法典化"（《教育研究》2020 年第 6 期）发表到 2023 年 3 月，学界讨论教育法典化议题的论文达到四十多篇，其核心命题都是主张教育法典化。

(一)法典的内涵与主要表现型态

法典、法典化、部门法、法律体系都是具有交集的概念群。一部法律是其内容与形式的结合体,正如,"实质是法律的精神,而形体是法律的躯体"。[①]在概念上,法典属于"法律表现形式",它是一个适合于成文法和普通法传统的法律表现形式,是单行法在概念上的对应物。法典与单行法是成文法的穷尽分类,即一部成文法不是法典,就是单行法,反之也成立。如果承认单行法是实在法的适当表现形式,那么,作为并非实在法的唯一表现形式的法典,只是特定法律的"应然"表现形式,而非"较佳或最佳"表现形式。[②]有学者经由一般性的法律概念、单行法、特定法的应然形式、部门法的四层次逻辑分析认为,法典就是特定部门法区别于单行法的应然表现形式。[③]另有学者认为,所谓法典(code)就是指在某一法律主题之下将既有的和新设的规范进行体系化集成之后形成的具有单一性和完整性的法律文本。[④]第一个定义将法典居于关系的视角定位其性质,这利于辨析法典化的条件。第二个定义揭示了法典的内在逻辑和特征。法典化(codification),也称为"法典编纂",是指国家推进并形成法典的事业,其形成的法律文本可区分为汇编(compilation)、整编(canonization)、整合(consolidation)、编纂(codification)等不同类型。就现代法典而言,主要有大陆法系法典和英美法系法典两种表现型态。英美法典以汇编模式为主,其深置于普通法传统。因此,法典在英美法系中不是一种主导性法源,而是对判例法的有益补充。大陆法系法典以编纂为主,这种法典具有学理性、系统性、确定性和内部一致性的特征,《法国民法典》《德国民法典》《瑞士民法典》是这类法典的典范。在大陆法系,法典是第一位的法源,以

① [日]穗积陈重:《法典论》,李求轶译,商务印书馆 2014 年版,第 5 页。
② 陈景辉:《法典化与法体系的内部构成》,《中外法学》2022 年第 5 期。
③ 陈景辉:《法典化与法体系的内部构成》,《中外法学》2022 年第 5 期。
④ 高仰光:《法典化的历史叙事》,《中国法学》2021 年第 5 期。

金字塔塔式居于一国法律体系的核心和支柱。

(二)法典化运动的叙事之争

客观的事实难寻,在探寻事实过程中往往建构多种叙事,而叙事是在特定的历史条件下被人们有意识地建构出来的产物。有学者为我们分析三种不同的法典化历史叙事:证成“民法法系”的法典化运动、投射“现代性”观念的法典化运动和作为一种“书写传统”的法典化运动。[①]

证成“民法法系”的法典化叙事认为,近代以来的法典化运动起于1804年《法国民法典》的颁布,终于1900年《德国民法典》的生效。这种法典化运动叙事不仅无视早在1804年前欧陆地区已存多部具有原创性法典,而且对1900年后问世的《瑞士民法典》《苏俄民法典》等颇具原创性的法典视而不见。这种主流叙事把民法典的编纂作为主线,对其他部门法以及宪法法典化的立场忽略造成一种结果,民法法系就是法典法系的代名词。论者给予的解释是法典化主流叙事不是历史学研究的产物,而是比较法理论的副产品。[②]《法国民法典》是第一部世界性的法典,也是法律移植的成功典范,之前没有任何一部法典的域外影响力能够超越《法国民法典》。《德国民法典》将“概念—体系”的方法推向了极致,并试图建构一座超越时空局限的私法的“通天塔”。这就是“两点一线”(从《法国民法典》到《德国民法典》)的线性法典进化史观的可能合理解释。无论对于什么学科背景的学者而言,叙事与事实之间的鸿沟是无法回避的。论者认为,法律史学者应该以确凿的事实为依据去批判那些关于“法”的宏大叙事。

“两点一线”的法典化叙事过于刻板,有些法律史学者开始对这一叙事加以修正。为了克服狭义法典化叙事的对象窄化和时段过短的问题,广义的法典化叙事将“法典”概念的界定变得宽泛,将带有“现代性”特征的法典化进

---

① 高仰光:《法典化的历史叙事》,《中国法学》2021年第5期。

② 高仰光:《法典化的历史叙事》,《中国法学》2021年第5期。

程的界线推到 11 世纪。与狭义的法典化叙事不同，广义的叙事关心的并不是法典本身的分类学特征，而是由法典化所反映出的“现代性”观念的迭代过程。以萨维尼为代表的历史法学派反对将民法典视为现代社会的终极解决方案。尽管后来的德意志法典化并未完全按照萨维尼预设的道路前进，但是历史法学派的努力使得法的主体性得以初步的树立。关于法典化叙事向着“法的主体性的生成”，法典也成为关于现代性的可靠表达。“凭借着这一特征，法在现代社会中的地位被抬升到了前所未有的高度，但同时，过度的（或仍旧不足的）理性化也给现代社会带来了深刻的危机。”①

论者指出，无论是在狭义的还是相对广义的层面上，既有的法典化叙事都显露出相当大的局限性。一方面，它们以欧陆的立法和法学实践为中心，忽视了包括中国在内的很多国家被排斥在“现代”之外。这导致“对于那些希望快速推进本国法律现代化进程的非西方国家来说，追求法典化也就并非是唯一的选择；而在某些社会治理的领域，法典化显然也并不是最好的选择”②。另一方面，既有叙事欠缺对于口述传统的重视，使得法典化运动似乎变成了每一个致力于寻求法律现代化的国家都必须历经的阶段，法典化则被视为现代社会治理的万灵丹。为克服上述局限性，将法典化“作为文明史的一部分的法律史”置于人类文化记忆的积极方式的“书写传统”法典编纂期待提供更多批判性的价值。论者将法典化的历史进程置于三种叙事范式之中，为我们描绘了一幅复杂的法典图景，这对于当下的法典热提供了一个理性审视的机会。法典化的部门法成为在内容上“大而全”并且具有“理论终结性”的规范性文本视为解决实践中的所有问题的“一揽子”解决方案，这种认知和期待仍然停留于构建“宏大叙事”的层面，它有可能使得判断法治建设成败的标准变得过于简单。

① 高仰光:《法典化的历史叙事》,《中国法学》2021 年第 5 期。

② 高仰光:《法典化的历史叙事》,《中国法学》2021 年第 5 期。

(三)法典化标准之争

法典化的历史叙事为当下中国的法典化运动提供了历史资源,但是思考后民法典的部门法法典化的可行性还需从法典化的内在标准和条件去确证。民法典施行后激发了一场涉及多个部门的法典化热,分析这股法典热的逻辑证成是反思这场法典化运动的必要路径。

一般认为,民法法典化的成功取决于以下基本条件:以实现民法的体系性作为法典化的规范条件;以提取公因式获取民法总则作为法典化的事实条件。一旦上述条件齐备,法典编纂将势在必行。我国民法典的成功为部门法典化提供了一种可能的典范。经由民法法典化获得了一种关于法典化的一般理论:法典 = 体系性 + 法律总则。[①] 法典化的一般理论的获得激发了关于所有部门法的法典化想象。有论者指出,这个一般化理论存在致命的困难。"'法典 = 体系性 + 法律总则'的逻辑结果,不仅是所有部门法的法典化,甚至是所有法律现象的法典化。"[②] 这等于彻底否认存在有别于法典的其他表现形式,忽视了各部门法各自承担的不同功能。论者在确立上面已述的法典概念之上,紧紧围绕"体系性"和"总则"两个维度对法典化的一般理论进行了抽丝剥茧、鞭辟入里的拆分解析后得出结论:价值完备性是法典化的唯一依据。据此,论者认为:"我想强调的是:在同样标准之下,行政法的法典化绝无可能,因为它绝对不可能、也不应当获得完备价值,这会彻底危及宪法本身的正当性……无论行政法学者最终找到的理由多强大,它都不足以跨越宪法和法治早已划下的红线。"[③] 目前,在我国实务部门对法律体系分类中,教育法仍然被划归到行政法属下;另一方面,教育法独立说成为越来越多学者的共识。实践与理论的鸿沟是教育法典化不能逾越的阶段。若行政法法典化绝无可

① 参见陈景辉:《法典化与法体系的内部构成》,《中外法学》2022 年第 5 期。

② 陈景辉:《法典化与法体系的内部构成》,《中外法学》2022 年第 5 期。

③ 陈景辉:《法典化与法体系的内部构成》,《中外法学》2022 年第 5 期。

能,那么教育法法典化的可能性与难度都是教育法通向“通天塔”不可逾越的阶段。

论者在该文的最后指出,此文的讨论框架仍有很多值得丰富和发展的余地。笔者认为,该文的最大价值在于为我们审视法典化的条件提供了一个清晰的理论架构,尽管是一家之言,但是这样的思考是值得包括教育部门法法典化必须认真予以对待的。

(四)法典观之争

法典观就是对赞成法典化或反对法典化的根本看法。民法典生效实施之后,部分学者对于法典化的支持达到了一种过度迷信的程度,恨不得法典化可容纳所有对一般法律的赞美。[①]法典本是逻辑与科学思维的馈赠,但是这种对法典化的过度迷恋反而是非逻辑和反科学的表征。为此,全面梳理各种法典观,让各种观点都能得到出场和重视的机会。以对法典化的不同看法为依据,法典观可分为法典化论、去法典化论和折中论;从生成路径来讲,法典观可分为静态的法典观和动态的法典观。

根据对法典化的赞成度的高低,可把法典化论分为强法典化论与弱法典化论。强法典化论的基本立场可能有三种:第一,主张部门法都法典化,因为法典化是法律的完美理想型态,这种观点在实践中未必主张所有部门法都法典化,但是只想看到法典化之优势,不愿承认法典化的不足;第二,主张体系化的法典化,不赞成汇编式的法典化。弱法典化论的基本观点:不主张所有的部门法都法典化,既看到法典化的长处,又能看到法典化的不足;既能接受体系化的法典化,也不拒绝汇编式的法典化。强法典论近乎极端的主张,可能让法典化走上其反面去法典化,因为法典化本身是一个过程。[②]这种观点是我国法典化进程中需要高度警示的倾向。弱法典化论的主张本身包含法典化

① 参见陈金钊:《法典化语用及其意义》,《政治与法律》2021 年第 11 期。

② 参见陈金钊:《法典化语用及其意义》,《政治与法律》2021 年第 11 期。

的价值合理性和技术合理性是最具有建设性的立场。

去法典论也称为反法典论,根据对法典化的反对度的高低,可把去法典化论分为强去法典论与弱去法典论。强去法典论是强法典化论的对立面,这种立场在现实中几乎没有空间和价值,对此存而不论。弱去法典论的本质不是为了反对法典化而反对,而是期待法典化论者能够更好地看到法典化的不足而制定出更为精良的法典为世人所用。从这个角度讲,弱去法典论是法典论的一种变异。我国反法典化主张多源自国外学者的著述。经常被援引的学者是德国学者萨维尼和日本学者穗积陈重。但美国学者认为:“萨维尼的法的科学方法极大地推进了德国的法典化,在这一点上 19 世纪法律界无人可比。”[①] 反法典化的主要理由,法典是对社会发展的禁锢,不能与时俱进。绝对的非法典化学说认为法典不能伴随社会的进步,不能包含法律之全部,不能终止单行法,不能终止裁判例之必要,未必会减少诉讼。[②] 事实上,穗积陈重博士牵头与富井政章博士、梅谦次郎博士共同组成日本新民法典的法学博士“三剑客”,主导了 1898 年日本民法典的起草。经由萨维尼和穗积陈重两位学者的经历似乎可以表明,忠诚的反对派法典论者更可能成就优秀的法典作品。

在法典化论与去法典论的灰色地带中间还有一种折中论。折中论欲调和强法典化论和强去法典论的极端主张,试图去吸收二者之间的合理性观点。折中论还有一种可能未获得强法典化论和强去法典论的合理主张,尽取二者的非理性化观点。“反对和支持创制法典、推进法典化的争论双方,某种意义上来讲与其说争论的是‘是否应当推进法典化’,还不如说是在争论‘应当创制什么样的法典’。”[③] 在回答“应当创制什么样的法典”时,论者的观点是创

---

① [美]罗杰·伯科威茨:《科学的馈赠——现代法律是如何演变为实在法的?》,田夫、徐丽丽译,法律出版社 2011 年版,第 13 页。

② 参见[日]穗积陈重:《法典论》,李求轶译,商务印书馆 2014 年版,第 17-23 页。

③ 瞿郑龙:《重访法典(化)的基本法理议题》,《苏州大学学报》(哲学社会科学版)2022 年第 3 期。

制的法典是综合而非完备的法典；开放而非封闭的法典；动态平衡而非静态僵化的法典；实用而非全能的法典。[①] 这是一种典型的法典折中论。

我们究竟需要一种什么样的法典观才有利于有序推进中国的法典化进程。我们需要的不是强法典化论和强去法典论，而是弱法典论和弱去法典论。综合而言，我们应该把法典化当手段，而不应该当作一劳永逸的"统摄机器"。以上花了较大篇幅讨论法典化之争，其意图在于理性化地对待教育法典化工作。本研究并不认同这样的观点，"对于教育法典必要性和可行性的论证似乎告一段落"。[②] 教育法典化的完成需要政治力量、理论储备和立法技术三者之间的有效互动和博弈才有可能成功。当前，后两者因素尚不具备。本研究的立场是教育法典化宜缓行。

二、教育法律体系的内涵、构成与价值

2011 年 3 月 10 日，一个以宪法为统帅，以宪法相关法、民法商法等多个法律部门的法律为主干，由法律、行政法规、地方性法规等多个层次法律规范构成的中国特色社会主义法律体系已经形成。《中共中央关于全面推进依法治国若干重大问题的决定》指出，完善以宪法为核心的中国特色社会主义法律体系。实务部门将教育法律部门归属于行政法的一个部分，但学者们对教育法是否是独立部门存在四种不同的观点：隶属说、独立说、发展说和综合说[③]。近来有学者认为，教育法的独立性并非由部门法特征确认。相反，教育法的独立性确证了教育法能够作为独立。教育法是独立的法律部门。[④] 该文进一步夯实了之前存有教育法独立说，教育法独立说是教育法律体系的理论基础，倘若教育法缺乏独立说的理论支持的话，讨论教育法律体系就是无源

---

① 瞿郑龙：《重访法典（化）的基本法理议题》，《苏州大学学报》（哲学社会科学版）2022 年第 3 期。

② 马雷军：《论教育法典的体系化》，载于劳凯声、余雅风、陈鹏主编：《中国教育法制评论》（第 23 辑），教育科学出版社 2022 年版，第 71 页。

③ 余雅风等：《教育法学研究》，福建教育出版社 2021 年版，第 51–52 页。

④ 雷槟硕：《教育法是独立的部门法》，《华东师范大学学报》（教育科学版）2021 年第 10 期。

之水。

教育法律体系，也有称教育法体系[①]，是指按照一定的横向联系和纵向联系，将具有不同内容的教育法律规范有机地结合为一个具有内在协调关系的、和谐统一的法律规范体系[②]；或是由多种与教育相关的法律法规按照其内在的秩序和联系组成的系统。研究教育法的归属和教育法律体系的构成，不仅与明确教育法学的研究范畴有关，而且对教育立法的预测、规划、教育法的制定、实施、教育法典编纂等都有直接或间接的意义。

根据第一个定义，教育法律体系可分为教育法律纵向构成体系和教育法律横向构成体系。根据我国立法法的规定和中国特色社会主义法律体系特点，教育法律横向构成体系由宪法、教育基本法和教育部门法、教育行政法规、教育部门规章等四级构成。有学者认为，截至 2017 年，我国已经基本形成了以 8 部教育法律为统领，16 部教育行政法规、80 部教育部门规章和大量的地方性教育法规规章构成的中国特色社会主义教育法律法规体系。[③] 教育法律横向构成体系是指以教育部门、教育类型和从业人员等方面构成的体系，这里重点研究此体系。截至 2022 年，我国教育立法已初步形成了以宪法和 8 部教育专门法律为主体的中国特色社会主义教育法律体系。它们包括《教育法》《学位条例》《义务教育法》《职业教育法》《教师法》《高等教育法》《民办教育促进法》《家庭教育促进法》。也有将《国家通用语言文字法》和《国防教育法》纳入到教育法律体系的范畴。[④] 但《国家通用语言文字法》的适用范围不限于教育领域，《国防教育法》亦可归入军事法。我国教育法体系具有以宪法为统领，体现我国教育学制系统和基本制度，围绕教育教学活动规

① 参见杨家亭、徐瑞：《我国教育法体系新探》，《齐鲁学刊》1997 年第 5 期。

② 参见秦惠民、谷昆鹏：《对完善我国教育法律体系的思考》，《北京师范大学学报》（社会科学版）2016 年第 2 期。

③ 参见孙霄兵、翟刚学：《中国教育法治的历史回顾与未来展望》，《课程 · 教材 · 教法》2017 年第 5 期。

④ 参见《中华人民共和国教育法律法规全书》（第 7 版），中国法制出版社 2021 年版，第 693–694、607–609 页。

范不同利益主体的行为等特征。[①]

2021 年 7 月 1 日,《中国教育报》刊文宣告中国特色社会主义教育法律法规体系基本形成。[②] 已有的教育法律体系基本实现了教育事业各个领域有法可依,使得教育优先发展的战略地位进一步落实,有力引领、推动和保障了教育事业改革发展。但是,我们还要看到,我国教育法律在整个法律体系中尚不具有独立法律部门的地位;教育法律法规体系建设缺乏整体设计和系统性;我国横向教育法律体系存在大量立法空白;纵向上我国的教育法律缺乏配套实施规则。[③] 为此,做好我国应然的教育法律体系上的理论构建和顶层设计就显得十分必要。这里讨论以部门教育法为核心。

就笔者目力所见,改革开放后我国关于教育法律体系的顶层设计主要有三次。第一次是 1995 年《教育法》颁布后国家教委拟订了一份教育法主要配套计划,提出了争取到 20 世纪末形成教育法规体系的初步框架。系列配套法规计划包括两部法律草案《职业教育法(草案)》和《高等教育法(草案)》;还有《学校国防教育条例》《少数民族教育条例》《学制条例》《学校保护条例》《教职工代表大会条例》《校办产业管理条例》《师范教育条例》《地方教育附加费征收管理规定》《捐资助学条例》《学校基本建设条例》《教科书出版发行条例》《教学仪器设备管理条例》《教育评估办法》《学校及其他教育机构登记注册办法》《学校收费管理办法》《学校校长选任办法》《教师聘任办法》《教师考核办法》《教育职员管理规定》《家庭经济困难学生就学资助办法》《工读教育规程》《学生申诉办法》《教育行政处罚办法》等共计 25 部规范性文件。[④]《职业教育法(草案)》1996 年通过,《高等教育法(草案)》1998 年通过,《国防教育法》2001 年通过。《教育行政处罚暂行实施办法》于 1998 年出台。截至

---

① 叶齐炼:《完善我国教育法律体系的思考》,《中国高教研究》2019 年第 2 期。

② 金紫薇、司明宇:《教育法治体系完善效能提升》,《中国教育报》2021 年 7 月 1 日。

③ 秦惠民、谷昆鹏:《对完善我国教育法律体系的思考》,《北京师范大学学报》(社会科学版)2016 年第 2 期。

④ 参见焦法:《国家教委加紧制定〈教育法〉配套法规》,《人民教育》1995 年第 12 期。

2022年末,其他规范性文件多数都未出台。这次的法规计划主要为推进《教育法》的贯彻实施,加快教育立法步伐而制定,其设计思路是对教育法律体系规划的一种尝试。第二次是《国家中长期教育改革和发展规划纲要(2010—2020年)》中提出的“六修五立”。“六修”指的是修订教育法、职业教育法、高等教育法、学位条例、教师法、民办教育促进法,“五立”指的是制定有关考试、学校、终身学习、学前教育、家庭教育等法律。截至2022年,法制部门完成了“四修一立”,即教育法、职业教育法、高等教育法、民办教育促进法四部法律的修改,家庭教育促进法的制订。第三次是《全国人大常委会2021年度立法工作计划》中指出,研究启动教育法典的法典编纂工作。教育法典制订工作没有给出明确的时间表。从第一、二次的立法规划来看,其完成情况并不良好,其原因有规划本身的不周延、立法资源紧张、理论准备不充分、社会政治经济情况产生了非预期的变化。在理论准备方面,多位学者对应然教育法律体系作出了自己的思考。

1992年,劳凯声对我国教育法规体系设计了纵向4个层次和横向9个部门构成。① 纵向4个层次包括教育基本法、部门教育法、教育行政法规和规章、地方性教育法规。9个横向部门教育法包括基础教育法、职业技术教育法、高等教育法、成人教育法、残疾人教育法、社会教育法、义务教育法、教师法、学位条例、教育经费法等。② 这个横向体系大体成为我国教育法律体系的基本框架。劳凯声亲自参与教育法、高等教育法、教师法等多部门的调研和起草工作,推动了我国教育法体系化建设。秦惠民等人认为,完善教育法律体系要求在理论层面进一步厘清构建教育法律体系的基本逻辑——将受教育权的实现与保护作为逻辑起点,将教育权的区分与设定作为现代教育法律体系的规范逻辑,将“独立的法律部门”作为教育法律在国家法律体系中的逻辑定

① 参见劳凯声:《教育法论》,江苏教育出版社1992年版,第250–256页。

② 原文为“教育法经费法”,笔者在文中进行了更正。参见劳凯声:《教育法论》,江苏教育出版社1992年版,第251页。

位，将立法分类维度作为教育法律体系隐含的逻辑结构。[①]秦惠民关于教育法律体系的逻辑分析为我国教育法律体系提供了理论指导。为了应对教育法典化和体系化建设的需要，有学者提出建立教育立法学，加强对教育立法自身、教育立法原理、制度、技术、立法评估等方面的研究。[②]只有比较成熟的教育法典化理论准备和科学的立法技术依托才能促成教育法典化的到来。

三、学前教育法在我国教育法律体系中的地位

《中共中央　国务院关于学前教育深化改革规范发展的若干意见》指出，目前学前教育仍是整个教育体系的短板。学前教育法律体系也是我国教育法律体系建设中的短板。学前教育是基础教育的基础，众多学者也把学前教育法放在基础教育法层面去讨论。

殷爱荪在 1997 年设计我国教育法律规范体系时包括基础教育法、职业技术教育法、普通高等教育法、师范教育法、成人教育法五个部类。他认为，学前教育应该包括在基础教育法调整范围内。其理由是：学前教育就是儿童在幼儿园接受的教育，是对九年制基础教育的前期预备，随着九年制义务教育的普及和发展，学前教育将纳入到义务教育或基础教育的概念范畴。[③]学前教育法律规制能够进入教育法律体系设计者的眼中是一件值得欣慰和可喜的事情，但是令人遗憾的是设计者对学前教育的认知和理解存在较大的偏差，对学前教育的发展趋势预判存在失真状态。首先，论者严重地窄化了学前教育概念，将学前教育等于幼儿园教育。第二，对学前教育的定位不够科学。第三，误判了学前教育的义务化趋势。时至今日，我国多数权威性学者极少主张学前教育义务化。杨家亭等设计的基础教育法中不包括学前教

① 秦惠民、谷昆鹏：《对完善我国教育法律体系的思考》，《北京师范大学学报》（社会科学版）2016 年第 2 期。

② 周航、申素平：《从教育立法到教育立法学：法典化的学术因应》，《教育研究》2023 年第 3 期。

③ 殷爱荪：《关于我国教育法体系的问题》，《苏州大学学报》（哲学社会科学版）1987 年第 3 期。

育。[①] 李恩慈主张将幼儿教育纳入到基础教育法的调整范围。胡文斌可能是首位提出单独设置学前教育法的学者。[②]

随着教育法对学前教育性质的定位和20世纪末我国学前教育事业发展遭遇很大的瓶颈,学前教育立法成为一个重大而现实的课题[③]。在21世纪初叶,实务界和理论界对学前教育法的独立定位成为共识。

第二节　我国已有学前教育法律体系的现状及问题

有学者指出,教育法规体系建设缺乏整体设计和系统性。[④]学前教育法律体系构建应立基于我国改革开放40多年来教育法治建设取得的成就和经验,同时避免重复出现过去的不足与教训。当前,《学前教育法草案》正向社会公众征求意见,[⑤] 当我们翘首企盼的法律快要来临之际,现在迫使我们必须思考一个问题,这就是我们期待的学前教育法吗,依凭它,学前教育事业就会迎来真正的春天吗? 当我们思考这些问题之时,从法律体系的视角审视学前教育法律的使命时可能更有利于问题的解答。

一、我国已有学前教育法律体系的现状

(一)宪法视野的学前教育

宪法是现代民主国家的根本法,是治国安邦的总章程。宪法作为一国

---

① 参见杨家亭、徐瑞:《我国教育法体系新探》,《齐鲁学刊》1997年第5期。

② 参见胡文斌:《我国教育法基本结构的构想》,《教育研究与实验》1987年第2期。

③ 参见庞丽娟、韦彦:《学前教育立法——一个重大而现实的课题》,《学前教育研究》2001年第1期。

④ 参见秦惠民、谷昆鹏:《对完善我国教育法律体系的思考》,《北京师范大学学报》(社会科学版)2016年第2期。

⑤ 参见教育部网站2020年9月7日发布《学前教育法草案(征求意见稿)》,面向社会公开征求意见。这是20年千呼万唤始出来的学前教育草案第一次与大众见面。

之总章程,学前教育能入"法眼"既不容易,也不普遍。自近代以降,中国共出现了6部宪法。[①] 这些宪法里,学前教育唯一出现在1982宪法里。1982年宪法第十九条第二款规定:"国家举办各种学校,普及初等义务教育,发展中等教育、职业教育和高等教育,并且发展学前教育。"经历了"文化大革命"的十年浩劫,我们忆起列宁的话,"在一个文盲的国家内是不能建立共产主义社会的"。[②]党的十二大报告特别把发展教育与科学作为经济发展的三大战略重点之一。为了更好地建设社会主义精神文明,1982新宪法对发展教育作了比过去几部宪法详细得多的规定,许多规定是过去几部宪法所没有的。很荣幸地说,学前教育终于首次走进了我国宪法的大门。"并且发展学前教育",宪法表达虽然有些勉强,但是不管怎样,发展学前教育事业终于可以在最高纲领中找到了依据。但是令人遗憾的是,学前教育入宪并未伴随我国学前教育事业的健康发展。时至今日,尽管经过了近十年学前教育事业的大发展,但是学前教育依然是教育事业的最短板,也是民众对教育满意度不高的区域。这再一次证明了一个真理,法律的生命力在于实施,宪法也是。

现行宪法是一部好宪法,但对于学前教育的表述未能体现其定位和价值。建议在今后的修宪中将第十九条第二款修改为"国家举办各种学校,普及学前教育、义务教育,发展职业教育和高等教育"[③],以体现学前教育作为基础教育的基础性质和不可替代性。

(二)社会法视野的学前教育

社会法在中国兴起只有二十多年的时间。2001年,社会法正式被官方确

---

① 即:中华民国宪法(1923、1946)和中华人民共和国宪法(1954、1975、1978、1982)。

② 肖蔚云:《论新宪法的新发展》,山西人民出版社1983年版,第109页。

③ 1986年的《义务教育法》第二条已经规定了我国实行九年制义务教育。宪法关于普及初等义务教育的规定早已不合义务教育法的规定和三十多年义务教育事业取得的巨大成绩。鉴于义务教育的延伸性,宪法上可不规定义务教育的期限。《职业教育法》(2022年4月20日)规定职业教育是与普通教育具有同等重要地位的教育类型。职业教育分为中等职业教育和高等职业教育。因此,将职业教育置于高等教育之前。

认为中国特色社会主义法律体系七大部门之一。社会法有狭义、中义、广义与泛义社会法之说。[①] 其影响最大的是中义社会法，即“调整自然人基本生活权利保障而衍生的社会关系的法律规范的法律群”[②] 或“社会法是调整劳动关系、社会保障、社会福利和特殊群体权益保障等方面的法律规范”[③]。未成年人保护法(后简称为“未保法”)和儿童福利法是典型的社会法，本部分重点从这两部法出发讨论学前教育法律规制。

未保法作为基础性、综合性的儿童保护法律自 1991 年通过后经历了三次修改，此处以未保法(2020 年)为蓝本，分析未保法中的学前教育法律。未保法中涉及早期教育机构和幼儿园的条文多达 30 余条，分析它们的范围和内容更有利于定位学前教育法。在总则部分，第四条规定：“保护未成年人，应当坚持最有利于未成年人的原则。处理涉及未成年人事项，应当符合下列要求：给予未成年人特殊、优先保护；尊重未成年人人格尊严；保护未成年人隐私权和个人信息；适应未成年人身心发展的规律和特点；听取未成年人的意见；保护与教育相结合。”与《民法典》第三十五条规定的“最有利于被监护人原则”一样，“最有利于未成年人原则”是《儿童权利公约》确立的儿童最佳利益原则的中国表达，这极大提升了未保法的立法价值和思想定位，亦是对近三十年《儿童权利公约》所确立的理念在中国不落地的根本否定，这对于推进包括学前儿童在内的未成年人权利保护具有重大意义。学前儿童都是不满八周岁的无民事行为能力人，由于生理发展的不成熟性和特殊性，“特殊、优先保护”和“适应未成年人身心发展的规律和特点”等原则对于学前儿童来说都有更大的实践意义。

---

① 有多位学者做出类似的分类，包括王全兴、管斌：《社会法与经济法关系初探》，载《现代法学》2003 年第 2 期；竺效：《祖国大陆学者关于“社会法”词语之使用考》，载《现代法学》2004 年第 4 期；王为农、吴谦：《社会法的基本问题：概念与特征》，载《财经问题研究》2002 年第 11 期。

② 郑尚元：《社会法的定位和未来》，《中国法学》2003 年第 5 期。

③ 《中国特色社会主义法律体系》，2011 年 10 月 27 日，见 http://www.gov.cn/jrzg/2011-10/27/content_1979498.htm。

未保法与学前教育关联最大部分在“学校保护”。其最大的亮点在于第二十六条。该条规定:“幼儿园应当做好保育、教育工作,遵循幼儿身心发展规律,实施启蒙教育,促进幼儿在体质、智力、品德等方面和谐发展。”其亮点在于该条从1991年和2006年版未保法“学校保护”部分的最后一条变成了现在的第二条。幼儿园是公共化教育机构的第一站,却将其置于最后的位置只能让人联想到点缀品的味道。现在将其放在“学校保护”的第二条,这真正体现了学前教育第一站的重要性,该条可以说是“学校保护”的压舱石。这条规定如果落实到位,那么未成年人权利保护可以说完成了近一半的任务,这样的话,学前教育还会成为教育的短板吗?该条新增了“遵循幼儿身心发展规律,实施启蒙教育”的规定,这是对总则确立的“适应未成年人身心发展的规律和特点”的细化,更点明了学前教育的特殊性,也是未保法回应幼儿园小学化的需要。第三,该条一直坚守学前儿童身体健康第一的观念。《幼儿园工作规程》(2016)规定“实施德、智、体、美等方面全面发展的教育”,《学前教育法草案》(2020)第四条规定也规定“促进儿童德智体美劳全面发展”。这两条规定有违学前儿童的身心发展规律和特点,为保持立法之间的一致性,规程和草案都应予以修正。相对独立的表达是第三十三条第三款的规定:“幼儿园、校外培训机构不得对学龄前未成年人进行小学课程教育。”这款是2020稿新增加的。其他条款都是以“学校、幼儿园”并称的,其涉及的主要内容有禁止体罚、卫生保健、安全管理、校车安全、突发事件、禁止参加商业活动、预防性侵等。“学校、幼儿园”的表达存在问题,第一,在“学校保护”章下面的条款直接出现“学校”,同一术语不同使用,有违逻辑。显然,条款中的“学校”指的是“中小学校”,为避免逻辑混乱,条文中应该明确表述为“中小学校、幼儿园”。在这种表达里,“中小学校”在前,“幼儿园”在后。根据第二十六条的精神一致性,“幼儿园、中小学校”的表述更使法律前后条文精神具有合一性。实际上,《民法典》在规定教育机构侵权责任的第一千一百九十九条和第一千二百零一条有所进步。[①] 未保法其他关于学前教育相关条款出现在"政府保护"。其主要内容有政府责任、条件保障、安全监管等。

(三)教育法律体系视野的学前教育

此处的教育法律体系包括《教育法》《义务教育法》《民办教育促进法》《教师法》《家庭教育促进法》等。《教育法》于1995年颁布施行,后经2009年和2015年两次修正。1995版的《教育法》第十七条规定:"国家实行学前教育、初等教育、中等教育、高等教育的学校教育制度。"2015版新增一条,即第18条,"国家制定学前教育标准,加快普及学前教育,构建覆盖城乡,特别是农村的学前教育公共服务体系。各级人民政府应当采取措施,为适龄儿童接受学前教育提供条件和支持。"该条有一关键规定,即将"普及学前教育"作为一个重要的法律概念展现出来。事实上,"普及学前教育"先是以政策话语出现,《国家中长期教育改革和规划纲要(2010—2020)》和《中国儿童发展纲要(2011—2020)》同时提出了"基本普及学前教育"目标。《国务院关于当前发展学前教育的若干意见》(2010年11月)将普及学前教育落实为普惠性学前教育政策,这一政策极大地推动学前教育事业的快速恢复和发展。2010年,关于推动学前教育事业发展还有一个热点议题,即学前教育义务化的问题。这里谈论《义务教育法》关于入学的问题。2006年的《义务教育法》第五条规定"适龄儿童、少年的父母或者其他法定监护人应当依法保证其按时入学接受并完成义务教育"。第十一条规定:"适龄儿童、少年的父母或者其他法定监护人应当依法保证其按时入学接受并完成义务教育。"第十二条规定:"适

① 《民法典》第一千一百九十九条:无民事行为能力人在幼儿园、学校或者其他教育机构学习、生活期间受到人身损害的,幼儿园、学校或者其他教育机构应当承担侵权责任;但是,能够证明尽到教育、管理职责的,不承担侵权责任。第一千二百零一条:无民事行为能力人或者限制民事行为能力人在幼儿园、学校或者其他教育机构学习、生活期间,受到幼儿园、学校或者其他教育机构以外的第三人人身损害的,由第三人承担侵权责任;幼儿园、学校或者其他教育机构未尽到管理职责的,承担相应的补充责任。幼儿园、学校或者其他教育机构承担补充责任后,可以向第三人追偿。

龄儿童、少年免试入学。地方各级人民政府应当保障适龄儿童、少年在户籍所在地学校就近入学。”这三条同时出现“入学”的规定，“入学”即“开始进学校学习”[①]。这清晰地表明，我国现行义务教育法确立的义务性是进入学校完成义务教育，如果在家接受义务教育在目前的法律框架下为不合法。这个规定与国际法确立的精神和世界在家上学合法化趋势显得有点另类。这个问题是学前教育立法时应避免的议题。

《民办教育促进法》2002年颁布实施，后经2013年6月29日、2016年11月7日和2018年12月29日三次修正，其中第二次是大修。该法第三条规定：“国家对民办教育实行积极鼓励、大力支持、正确引导、依法管理的方针。”然而，《中共中央　国务院关于学前教育深化改革规范发展的若干意见》（2018年11月）所定下的“规范发展民办园”基调似乎给民办幼儿园的大力支持蒙上了一层阴影。

《教师法》由中华人民共和国第八届全国人民代表大会常务委员会第四次会议于1993年10月31日通过，自1994年1月1日起施行。2009年进行一次修正。2018年，十三届人大立法规划将其作为二类修法重点。在我国改革开放40多年教育法治进程中，《教师法》是具有多方面转向意义的一部教育法律。从立法技术上讲，《教师法》是教育领域第一部分“章”、有“法律责任”的较为完整的法律。该法在原则上创立了教师优先、教师专业、教师权利、地位平等、政府保障责任等基本原则。[②]《教师法》的实施为我国教师队伍建设提供了重要的法制保障，但是随着其固有的不足和教育环境的极大变化，其大修亦是必然。教师的法律身份问题、教师待遇和社会地位和法律责

① 中国社会科学院语言研究所词典编辑室：《现代汉语词典》（第7版），商务印书馆2019年版，第1114页。

② 孙霄兵、龙洋：《〈教师法〉的法治价值和立法原则——兼论我国改革开放40年教育立法传统》，《中国高教研究》2019年第3期。

任问题都是修法的关键问题。[①]

二、我国已有学前教育法律体系的问题

已有论者指出，我国现有学前教育法律体系存在基础性法律缺位带来诸多消极影响、地方性法规规章数量偏少且分布不一、学前教育法规规章存在冲突与模糊之处、学前教育法规规章尚有诸多法律空白等问题。[②]当我们评价一个法律体系存在问题时，隐含了一个理想的法律体系的评价标准。当我们离开一定的评价标准去判定某法律体系存在问题时可能会失之偏颇。有论者将法律体系分为三个层次，即法律体系形成、法律体系完备和法律体系健全，三种之间是依次递进的关系。[③]这种划分对于认识法律体系的发展性是有裨益的，但是这不意味着判定这三个层次就存在三种标准，因为在论及评价标准之时已暗含了评价主体对理想性的追求。虽然一定阶段的法律体系永远只是相对的、现实的，而非绝对的、纯理想主义的终极完美体系，但是我们总会选择一个相对理想的标准作为指导我们法治建设的指南。因此，笔者选择论者法律体系是否健全的标准作为评定学前教育法律体系的问题。论者关于法律体系是否健全的标准包括五个方面：适应性、系统性、层次性、公正性、可适用性。[④]

法律体系的适应性是指法律体系与社会、经济、政治、文化现实需求的匹配度和适度的超前引领。20世纪90年代，我国幼儿园的社会化改革涉及了幼儿园办园体制问题，而这样的重大改革完全无法可依，仅仅依靠几个政策

---

① 参见鱼霞、毛涵颖：《〈教师法〉修订的核心问题：重新规定教师法律身份》，《教师发展研究》2019年第3期；任海涛：《教育法学者关于〈教师法〉修改的争鸣》，《湖南师范大学教育科学学报》2019年第5期；刘继萍、吴永才：《〈教师法〉法律责任条款的问题及其完善》，《教师教育研究》2019年第1期。

② 裴培、张更立：《我国学前教育法律体系的现状、问题及优化路径》，《教育评论》2019年第2期。

③ 杨解君：《中国法律体系化的探索：行政法与相关部门法的交叉衔接研究》，人民出版社2014年版，第5页。

④ 杨解君：《中国法律体系化的探索：行政法与相关部门法的交叉衔接研究》，人民出版社2014年版，第5–9页。

文件就搞定。《幼儿园管理条例》颁布实行三十余年依然照旧。学前教育法的缺位与滞后与老百姓的"上幼难""上幼贵"有较大的相关性,与老百姓"有园上""上好园"的美好愿望存在不小的距离。良好的法律体系不仅要回应社会现实的急切需要,而且还要适度超前预测社会发展的未来走势。20世纪90年代初,我国开始实行社会主义市场经济改革,由于缺乏相应的法律规制,当然其超前性更加无从谈起。

法律体系的系统性是指分析某一法律体系内部之间或内外部之间各种构成要素之间相互配合度与支持度。试举一例。《教师法》第二条规定:"本法适用于在各级各类学校和其他教育机构中专门从事教育教学工作的教师。"《国家教委关于〈中华人民共和国教师法〉若干问题的实施意见》(1995年10月6日)第一条第一款规定:"《教师法》第二条所称'教师'是指:各级人民政府举办的幼儿园,普通小学,特殊教育学校,工读学校,技工学校,普通中学,职业中学,中等专业学校,全日制普通高等学校,高等职业学校,成建制初、中、高等成人学校的教师。"第二款规定:"除以上二款规定以外的其他教育机构的教师、学校和其他教育机构中的教育教学辅助人员,地方人民政府可根据实际情况,参照《教师法》的有关规定执行。"《国家教委关于〈中华人民共和国教师法〉若干问题的实施意见》本是我国最高教育行政主管部门颁发的一个规范性政策文本,本质上只属于教育政策体系,而不能归于教育法律体系。就是这样的一个政策性文件居然对教师法规定的调整对象作限缩式规定,这严重背离了立法者的立法意图。由于这样的规定,给非政府举办的幼儿园教师权益保障带来了巨大的制度性缺陷。尽管这个文件已经于2011年废止,但是这个法律体系与政策体系的不支持,消解了法律的权威性,肆意了政策的有限性。

法律体系的层次性,是分析某一法律体系内部不同位阶法律规范之间内容的协调度。我国已有纵向学前教育法律体系没有专门的法律,只有1部行政法规、3部部门规章、10部省级地方性法规。所以,我国学前教育法律层次体系存在极不协调的问题。公正性是分析某一法律体系的权利义务配置在广度与深度上的平衡度和协调度。可适用性是分析某一法律体系的可操作性和可接受性等因素造成的法律规则可实施度。由于学前教育法的缺失,其体系的公正性和可适用性无从谈起。

上面从适应性、系统性、层次性、公正性、可适应性五个维度对学前教育法律体系作了一个简单的评价,其得出的总体评价肯定是存在诸多问题。但是,公允地说,运用这样的评价标准来评价学前教育法律体系本身就缺乏公正性,因为事实上学前教育法律体系都尚未形成。法律体系形成的五项标准中数量标准是其中之一。[①] 学前教育领域中基本的、主要的、起支架作用的法律及其配套规定《学前教育法》尚未制订出来,也就是说学前教育法律体系的核心部件既无数量,难谈质量,这样的法律体系是个空心的存在。前述对学前教育法律体系的认知暗含的是实证主义的逻辑,其主张只以所有现行法作为法律体系的基础,否认尚待制定、还未生效的法律作为法律体系的构成要素。暂且将这种法律体系的定义称为狭义上的法律体系,关于这种法律体系的认知称之为静态的孤立的法律体系观。这种认知长期占据法理学的主流话语,也对教育学研究者研究教育法律体系产生了重要的影响。静态的法律体系观最大局限在于难以发挥其法治建设的引领功能和对立法预测进行理论指导,这种局限性在建设法治中国、法治社会和法治政府的过程中必将被放大。一国法律体系不是仅仅包括现行法,而是以现行法为基础,同时也包括将要制订的法,甚至包括需要制订的法。[②] 这即是广义上的法律体系,持有这种对法律体系的认知称之为动态的发展的法律体系观,其最大的优势就是可以发挥其法治建设的引领功能和对立法预测进行理论指导。当我们把静态的法律体系观转向动态的法律体系观时,运用健全的法律体系评价标准来

---

① 李林:《法律体系形成的五项标准》,《人民日报》2010 年 6 月 2 日。

② 周旺生等主编:《北京大学法学百科全书:法理学·立法学·法律社会学》,北京大学出版社 2010 年版,第 293 页。

审视和判断学前教育法律体系的现实样态和应然图景就是可以接受和理解的，因为这样更让我们清晰地认识到学前教育法制建设的困难和未来学前教育法治建设的努力方向。

学前教育法律体系存在的不足除了上述法律体系理论资源准备的不足而外，还与学前教育理论研究不足、社会大众对学前教育价值的重视不够、政府对发展教育事业重心的不够准确都有关联。这里不再详述。

第三节　我国学前儿童受教育权法律体系的理想图景

"学前儿童受教育权"是一个具有浓郁教育法学话语的概念，但"学前儿童受教育权法律体系"是一个超越学前教育法律体系的多学科概念。学前教育法律体系是教育法律体系下的子概念，这种划分带有深厚的部门法思维。当下，部门法思维难以适应社会现实中复杂多变的法律问题，比如学前儿童接受教育就不同于义务教育阶段儿童受教育的状况。本研究借助领域法学思维，将学前教育看成是一个领域，学前儿童受教育权法律体系是一个跨越卫生法学、教育法学和社会法学的概念。本部分将以学前儿童受教育权作为建构相关法律体系的逻辑起点，重点讨论构建我国学前儿童受教育权法律体系的基本逻辑、基本原则、基本架构和基本法律。

一、构建我国学前儿童受教育权法律体系的基本逻辑①

（一）学前儿童受教育权是相关法律体系的逻辑起点

实现和保障公民的受教育权，是构建各国教育法律体系的基石和逻辑起

① 本部分的框架和思路参考了秦惠民、谷昆鹏：《对完善我国教育法律体系的思考》，《北京师范大学学报》（社会科学版）2016 年第 2 期。

点。[1] 当我们承认这个假设性前提成立的话,那么就可推出:学前儿童受教育权是构建相关法律体系的基石和逻辑起点。这个结论不仅在中国成立,而且在世界其他地区也成立。在本研究的第四章将学前儿童受教育权细分为学前儿童健康权、学前儿童学习权和学前儿童游戏权三个部分。作为受教育权的学前儿童健康权是指学前儿童在接受教育的过程中不得侵害其健康权益,另一方面也指学前儿童在健康成长中就具有学习的机会和能力。学前儿童健康权是学前儿童学习权的前提,游戏权既是学前儿童实现健康权和学习权的手段,又是学前儿童之为儿童的目的。从立法规制拟调整对象的复杂性和特殊性来讲,专为游戏权单独立法几乎是不可能的,关于游戏权保障的立法宜分散在教育法律体系、社会法体系之中。关于学前儿童学习权法律体系完全可纳入到已有教育法律体系中去讨论,这里不再赘述。恰恰需要赘述的是学前儿童健康法律体系即学前儿童卫生法律体系。

卫生法学研究者提出,健康权是我国卫生法律体系建构的逻辑起点。[2]“以健康权作为体系建构的逻辑,从事前的预防与保障、事中的管理与服务及事后的救济与监督为框架线索,架构一个动态联系并兼具包容开放性的卫生法律体系。”[3] 学前儿童卫生法律体系是卫生法律体系的重要组成部分,但主要以事前的预防与保障为主的卫生法律体系,包括儿童健康促进相关的法律制度,如卫生检疫、传染病预防控制、慢性病防治、学校卫生管理、健康保险;突发公共卫生应急相关的法律制度;与环境保护相关的法律制度;食品健康与卫生等法律制度,但是事中的管理与服务和事后的救济与监督都不涉及,除事中的食品制度外。这是因为学前儿童健康权着眼于以学前儿童个人为中心的常态预防,而不是以医疗为中心的事后保障。因此,完全可以把学

① 秦惠民、谷昆鹏:《对完善我国教育法律体系的思考》,《北京师范大学学报》(社会科学版)2016年第2期。

② 覃慧:《健康权视域下我国卫生法律体系建构的脉络》,《医学与法学》2016年第2期。

③ 覃慧:《健康权视域下我国卫生法律体系建构的脉络》,《医学与法学》2016年第2期。

前儿童健康权法律保障体系置于卫生法律体系之中，二者遵循共同的健康权的基本理路。

（二）教育权的区分与设定是学前儿童相关法律体系的规范逻辑

现代社会的教育权包括家庭教育权、社会教育权和国家教育权。在学前教育阶段，家庭教育权居于第一位，具有原发性和基础性；社会教育权是对家庭教育权的补充和丰富；国家教育权是学前儿童权益的最后守夜人，起着兜底和矫正的作用。学前教育法律体系的重要职能在于将三种教育权置于合理的体系和结构之中，明确三种教育权的行使边界，实现教育权的合理配置。《家庭教育促进法》第十四条规定："父母或者其他监护人应当树立家庭是第一个课堂、家长是第一任老师的责任意识，承担对未成年人实施家庭教育的主体责任，用正确思想、方法和行为教育未成年人养成良好思想、品行和习惯。"该条规定了父母是家庭教育的第一责任人。《家庭教育促进法》的"第三章国家支持"规定了国家教育权的功能定位。《民办教育促进法》主要规范了社会办学主体的权利与义务。对社会教育权的规范主要依赖未来《社会教育法》的制订。对国家教育权的规范仰赖《学前教育法》的框定。学前教育法律体系对"三权"的规范作用，有利于在三者之间形成一种动态的平衡，三者合力形成对学前儿童受教育权的有力保障。

（三）作为领域法的学前儿童受教育权法律体系在国家法律体系中的逻辑定位

学者们从20世纪80年代至2021年一直都在为教育法是独立的部门法而努力。其论证的逻辑主要有两种：一方面遵循传统部门法学"调整对象"和"调整方法"的标准寻找教育法的独特性以确立教育法的独立地位；另一方面从以狭义教育法律关系作为教育法的类型化特征确证教育法能够作为独立的部门法存在。传统部门法划分对于相对稳定和单一的法律关系社会来讲，具有其独特的优势和影响,但是,面对税法、环境法、卫生法、教育法这些领域面临的法律问题的综合性、模糊性和不可分割性常常显得力不从心。“法律体系是一国主要部门法所构成的体系,从部门法意义上讲我们已经建成中国法律体系,但是当部门法在社会生活中实施的时候,部门法与部门法之间存在着很多间隙、裂缝甚至断层。”① 作为新兴法领域的教育法具有综合性特征。这使得教育法既无法归属于传统部门法,也无法简单套用传统部门法理论,证成教育法的独立法律部门地位。借助领域法学的思维,将教育法视为领域法,似乎能跳出过往部门独立法之争,给予教育法未来发展提供一个更为广阔的空间。② 若将教育法视为领域法,那么进行实验和细化最适宜的子领域就是学前教育法律,因为学前教育事业中托幼二元体制、公立私立学前教育性质、家庭托育点等方面的法律问题不是仅仅单一的教育法律关系,也不是单纯民法、行政法、刑法能调整的“关系束”。

作为领域法的学前儿童受教育权法律体系,如何在国家法律体系中进行定位是个问题。这个问题的实质在于国家法律体系的构成是建立在部门法分类基础之上,而领域法的定位本身是突破部门法分类的桎梏。但是,这不意味着领域法是对部门法的否定和替代,而只是对不足的一种超越。就目前来讲,作为领域法的学前儿童受教育权法律体系还是要回到国家法律体系之下的卫生法律体系和教育法律体系中去。由于学前教育主要针对 0 至 6、7 周岁的儿童,其独立专门立法目前仅仅可见只有学前教育法,但是将其相关立法放大到整个 18 岁以下的未成年人而言,构建一个相对完整独立系统的领域法的未成年人法律体系则是最有可能的。未成年人保护法律体系应成为一个特殊的、独立的法律部门——儿童法(或者称为未成年人法)。③

① 孙笑侠:《论行业法》,《中国法学》2013 年第 1 期。

② “领域法(学)”概念的提出已经得到学界的众多认可和传播,虽然也有人认为不过是“综合法律部门”的变异。这里限于篇幅所限,不再展开论证教育法为领域法的内在逻辑。

③ 参见姚建龙:《〈未成年人保护法〉的修订及其重大进展》,《当代青年研究》2007 年第 5 期。

二、构建我国学前儿童受教育权法律体系的基本原则

《儿童权利公约》确立儿童权利保护的四大原则：无歧视原则、最佳利益原则、保护生存权和发展权原则、尊重儿童意见原则。其中，最佳利益原则是涉及儿童一切利益的"首要考虑"。"纲领性、原则性、平衡性既是最大利益标准的特点，又是该原则进入不同传统文化的钥匙。"[①]《民法典》和2020版《未成年人保护法》载明的最有利于未成年人原则是最佳利益原则的中国式表达。最有利于未成年人原则也是构建我国学前儿童受教育权法律体系的基本原则，具体表现为健康优先、家庭优先、问题导向三个原则。

（一）健康优先原则

生命是每个人生存的基本物质状态，而健康是生命的最佳状态。2015年10月29日，党的十八届五中全会公报首次提出"推进健康中国建设"，把"健康中国"上升为国家战略。《"健康中国2030"规划纲要》规定："将促进健康的理念融入公共政策制定实施的全过程。"[②]作为保障学前儿童成长的法律体系更加应该全面深入地贯彻"健康优先"原则。在理论上，健康优先很容易证成和接受；但是在实践中，健康往往被其他考虑遮蔽或虚化。在托幼机构中，大班额编排、集中教学过多、户外活动受限、饮食卫生等众多环节可能危及幼儿的健康与安全。"幼儿园的'保教并重'原则由此实际上已经沦为'教为尊、保为次、教比保重'了。"[③]这些问题需要在学前教育立法中予以更大的重视，特别是在卫生、教育督导和法律责任设定中予以针对性的体现。

---

① 王雪梅：《儿童权利论——一个初步的比较研究》，社会科学文献出版社2005年版，第65页。

② 《"健康中国2030"规划纲要》，2016年10月25日，见http://www.gov.cn/zhengce/2016-10/25/content_5124174.htm。

③ 赵南：《学前教育"保教并重"基本原则的反思与重构》，《教育研究》2012年第7期。

（二）家庭优先原则

“无论时代如何变化，无论经济社会如何发展，对一个社会来说，家庭的生活依托都不可替代，家庭的社会功能都不可替代，家庭的文明作用都不可替代。”[①]由此可见，家庭对学前儿童的养育、教育具有不可替代性。家庭优先原则在《国务院办公厅关于促进3岁以下婴幼儿照护服务发展的指导意见》中确立的“家庭为主，托育补充”原则和《家庭教育促进法》第十四条中有所体现。[②]《经济社会文化权利国际公约》第十三条规定：“本公约缔约国承允尊重父母或法定监护人为子女选择符合国家所规定或认可最低教育标准之非公立学校，及确保子女接受符合其本人信仰之宗教及道德教育之自由。”国家教育权尊重家庭教育权，但是当学前儿童法定监护人无力履行教育权或滥用其权利时，国家教育权有必要干预和矫正家庭教育权之不足。

（三）问题导向原则

“问题导向”立法是与传统的“理论导向”相对而言的。“理论导向”立法更加突出法律的体系性、综合性，这样的法律在实施中落地难度更大。法律的生命力在于实施。为改变法律执行难的问题，领域法学倡导，问题导向是回应社会需求的法律领域化。[③]习近平《在庆祝全国人民代表大会成立六十周年大会上的讲话》（2014年9月5日）中指出，加强重要领域立法要坚持问题导向，提高立法的针对性、及时性、系统性、可操作性，发挥立法引领和推动

---

① 中共中央党史和文献研究院编：《习近平关于注重家庭家教家风建设论述摘编》，中央文献出版社2021年版，第3页。

② 《家庭教育促进法》第十四条规定：“父母或者其他监护人应当树立家庭是第一个课堂、家长是第一任老师的责任意识，承担对未成年人实施家庭教育的主体责任，用正确思想、方法和行为教育未成年人养成良好思想、品行和习惯。”

③ 熊伟：《问题导向、规范集成与领域法学之精神》，《政法论丛》2016年第6期。

作用。[①] 托育机构从业人员的法律身份如何定位是个影响婴幼儿托育事业发展的核心问题，由教师法、学前教育法还是其他法律调整都很棘手。还有学前教育事业财政投入与保障、学前教育质量与督导等问题都具有综合性。若从“理论导向”出发，相关立法对理论准备、立法机会、立法难度都有更高的要求，相关法律出台的周期与现实问题解决的迫切存在难以调和的矛盾。“问题导向”立法并不是完全放弃立法的体系性，最终呈现出“局部体系化”的特征，而是在体系性和适用性之间寻求一种相对的平衡。在面临人口老龄化、少子化，“先老后富”背景下，在“健康中国”和建设高质量教育体系的征途中“问题导向”的相关立法显得更为亟需。

三、构建我国学前儿童受教育权法律体系的基本结构

第二十届中央财经委员会第一次会议强调，要建立健全生育支持政策体系，大力发展普惠托育服务体系，显著减轻家庭生育养育教育负担，推动建设生育友好型社会。[②] 为推动建设生育友好型和儿童友好型社会，以“健康中国”和“高质量教育体系”为理念，以健康权、学习权和游戏权为架构，应用领域法学思维分析学前儿童受教育权法律体系构成。

（一）以学前儿童健康权为核心的卫生法律体系

经由第四章的分析，本研究把学前儿童健康权分成了自然分娩权、食物权、空间权、体育活动权和免受虐待权五个部分。这五个权利型态成为构建学前儿童健康权法律体系的哲学基础和价值判准。学前儿童健康权法律体系纵向上主要包括领域基本法、一般法和行政法规。涉及学前儿童健康领域的基本法有《基本医疗卫生与健康促进法》《未成年人保护法》《民法典》《刑

① 习近平：《在庆祝全国人民代表大会成立60周年大会上的讲话》，《人民日报》2014年9月6日。

② 《习近平主持召开二十届中央财经委员会第一次会议》，2013年5月5日，见 http://www.gov.cn/yaowen/2023-05/05/content_5754275.htm。

法》《儿童福利法》《儿童健康促进法》等，一般法律有《人口与计划生育法》《母婴保健法》《食品安全法》《疫苗管理法》《传染病防治法》《精神卫生法》《体育法》《残疾人保障法》《无障碍环境建设法》《反家庭暴力法》《社会保险法》等约 13 部相关法。基本法关联学前儿童健康权的权属规定、基本制度设计、民事刑事法律保护等方面。一般法律按照生育、养育、健康预防、健康保障的逻辑进行排列。见下表。

学前儿童健康权为核心的法律体系

法律名称	制定时间与状态	法律性质	对应权利型态
基本医疗卫生与健康促进法	2019	基本法	健康权
未成年人保护法	1991	基本法	健康权
民法典	2020	基本法	健康权侵权
刑法	1979	基本法	刑法保护
儿童福利法	需要制定	基本法	健康权
儿童健康促进法	需要制定	基本法	健康权
人口与计划生育法	2001	一般法	生育养育
母婴保健法	1994	一般法	婴儿健康
食育基本法	需要制定	一般法	食物权
食品安全法	2009	一般法	食物权
学校供餐法	需要制定	一般法	食物权
学校保健法	需要制定	一般法	保育
婴幼儿保育法	需要制定	一般法	婴幼儿保育
传染病防治法	1989	一般法	健康预防
疫苗管理法	2019	一般法	疾病预防
体育法	1995	一般法	体育活动权
残疾人保障法	1990	一般法	康复服务
无障碍环境建设法	2023	一般法	特殊儿童福利
精神卫生法	2018	一般法	心理健康
反家庭暴力法	2015	一般法	免收非法虐待

续表

法律名称	制定时间与状态	法律性质	对应权利型态
社会保险法	2010	一般法	健康保险
母婴保健法实施办法	2001	行政法规	母乳喂养
乳品质量安全监督管理条例	2008	行政法规	人工喂养
食品安全法实施条例	2009	行政法规	食品安全
学校卫生工作条例	1990	行政法规	心理卫生
学校体育工作条例	1990	行政法规	体育活动
残疾预防和残疾人康复条例	2017	行政法规	残疾人康复
全民健身条例	2009	行政法规	健身活动
未成年人网络保护条例(征求意见稿)	2022	行政法规	网络保护

《基本医疗卫生与健康促进法》是我国卫生与健康领域第一部基础性、综合性、全局性的法律。第四条规定:“国家和社会尊重、保护公民的健康权。国家建立健康教育制度,保障公民获得健康教育的权利,提高公民的健康素养。”第六条规定:“各级人民政府应当把人民健康放在优先发展的战略地位,将健康理念融入各项政策,坚持预防为主,完善健康促进工作体系,组织实施健康促进的规划和行动,推进全民健身,建立健康影响评估制度,将公民主要健康指标改善情况纳入政府目标责任考核。”第六章健康促进部分共13条,主要内容包括各级人民政府应当加强健康教育工作及其专业人才培养,建立健康知识和技能核心信息发布制度,普及健康科学知识,向公众提供科学、准确的健康信息。该法在我国法律中首次明确规定了健康权概念,这为贯彻“将健康理念融入各项政策”提供了价值引领,也为健康权入宪奠定了基础。该法的立法工作从20世纪90年代启动到2019年审议通过,其间多次易名。2003年以“初级卫生保健法”列入国家立法规划。2008年更名为“基本医疗卫生保健法”。2016年,随着“健康中国”战略的提出后,该法最终确立为现在的名称。但是,纵观该法的整个立法理念还是坚持解决基本医疗卫生服务为第一选择,健康促进是第二选择的定位。如何调和以解决基本医疗卫生服务

为中心还是立足于大健康的理念，这是两种不同的立法思路和矛盾，是立法机构必须要解决的核心问题。[①] 这为以后的修法和相关领域补充立法埋下了伏笔。

《未成年人保护法》是中国未成年人保护的“小宪法”。该法的第一条“为了保护未成年人身心健康”、第四条“保护未成年人，应当坚持最有利于未成年人的原则”、第十六条“保障未成年人休息、娱乐和体育锻炼的时间，引导未成年人进行有益身心健康的活动”等规定为学前儿童的健康保护提供指导原则和方向。该法的第二十三、二十六、三十四、三十五、三十七、四十、四十一、五十三、五十八、五十九、八十七、八十九、九十、一百一十九、一百二十四等 15 个条款直接规定了与学前儿童健康相关的内容，为学前儿童健康保护织了一个大网。该法出台后历经两次修订有了巨大的进步，但是新法仍然未能解决其素有的弊病，包括其缺乏实践适用性、规范协调性不足、未成年人主体地位缺失以及规范地位的边缘化等[②]。为从根本上解决这些问题，有必要着手制定“少年法典”。[③]

《民法典》是我国第一部以法典命名的法律。第一千一百零四条规定：自然人享有健康权。这是健康权第一次入典。“侵权责任编”第一千一百六十九、一千一百八十八、一千一百八十九、一千一百九十九、一千二百零一等条文涉及侵害学前儿童的民事责任保护。民法典保护所有涉及学前儿童健康权的民事侵权责任的利益。

《刑法》虽无法典知名，实有法典之实。该法第二百三十六、二百六十、二百六十一、二百六十二、三百五十九条涉及强奸罪、猥亵儿童罪、虐待被看护人罪、投放危险物质罪、教育设施重大安全事故罪。学前儿童作为最弱小

① 参见王晨光等：《健康法治的基石：健康权的源流、理论与制度》，北京大学出版社 2020 年版，第 142 页。

② 参见高维俭：《〈未成年人保护法〉（2020 修正案）评述》，《内蒙古社会科学》2021 年第 2 期。

③ 参见高维俭：《少年法学》，商务印书馆 2021 年版，第 225–228 页。少年法典即未成年人法典，笔者注。

的社会群体,容易成为这些罪行的受害者。党的十八大以来,党中央高度重视食品安全工作,强调以最严谨的标准、最严格的监管、最严厉的处罚、最严肃的问责,确保人民群众“舌尖上的安全”。2021年12月,最高人民法院、最高人民检察院发布《关于办理危害食品安全刑事案件适用法律若干问题的解释》。为加大面向未成年人群体实施危害食品安全犯罪的惩治力度,《解释》规定了多个对未成年人群体食品安全特殊保护的条款,如第三条和第七条分别将“专供婴幼儿的主辅食品”“在中小学校园、托幼机构、养老机构及周边面向未成年人、老年人销售的”作为加重处罚情节,体现了司法机关对未成年人群体食品安全的特殊保护。期待以后的刑法修订能将危害食品安全罪作为一个独立的罪名加大对相关罪行的打击。

需要制订的《儿童福利法》和《儿童健康促进法》见下一节。

《人口与计划生育法》第二十七条规定:“国家采取财政、税收、保险、教育、住房、就业等支持措施,减轻家庭生育、养育、教育负担。”第二十八、二十九、三十条就推动建立普惠托育服务体系、城乡社区建设改造要配套婴幼儿活动场所及相关设施、加强对家庭婴幼儿照护的支持和指导等方面做了规定。这是我国关于婴幼儿照护服务的立法规制。经由德国、日本、韩国人口变化趋势来看,目前的规制恐难以实现“促进人口长期均衡发展”这个伟大的使命。也许,从计划生育法到人口生育促进法并不遥远。

《母婴保健法》第二十四条规定:“医疗保健机构为产妇提供科学育儿、合理营养和母乳喂养的指导。医疗保健机构对婴儿进行体格检查和预防接种,逐步开展新生儿疾病筛查、婴儿多发病和常见病防治等医疗保健服务。”第二十八条规定:“各级人民政府应当采取措施,加强母婴保健工作,提高医疗保健服务水平,积极防治由环境因素所致严重危害母亲和婴儿健康的地方性高发性疾病,促进母婴保健事业的发展。”这为婴儿母乳喂养和基本健康提供了法律保护。《食品安全法》第二十六、三十四、六十七、七十四、八十一、八十二、八十三、一百零九条等就专供婴幼儿的主辅食品安全标准、禁止条款、标签说明、监督管理，婴幼儿配方食品作为特殊食品的相关问题作了详细的规定。这体现了儿童健康优先精神。

《传染病防治法》第十五条规定："国家对儿童实行预防接种证制度。国家免疫规划项目的预防接种实行免费。医疗机构、疾病预防控制机构与儿童的监护人应当相互配合，保证儿童及时接受预防接种。具体办法由国务院制定。"《疫苗管理法》第四十七条规定："国家对儿童实行预防接种证制度。在儿童出生后一个月内，其监护人应当到儿童居住地承担预防接种工作的接种单位或者出生医院为其办理预防接种证。"第四十八条规定了儿童入托、入学时，托幼机构、学校应当查验预防接种证。后来制订的《疫苗管理法》重复了与《传染病防治法》类似的规定，这反映了未成年人法律体系的系统性不够。《精神卫生法》第三条规定："精神卫生工作实行预防为主的方针，坚持预防、治疗和康复相结合的原则。"该法第十六条规定学前教育机构应当对幼儿开展符合其特点的心理健康教育。该法适时回应了我国社会经济发展到一个较高阶段时关注人们精神健康的问题，但是其名称无法涵盖该法的全部规范、立法目的，容易将该法的社会法性质误解成行政法，宜正名为"精神健康法"。[①]

《体育法》第五条规定："国家依法保障公民平等参与体育活动的权利，对未成年人、妇女、老年人、残疾人等参加体育活动的权利给予特别保障。"该条明确规定了体育活动权，是对健康权的有益补充，更有利于实现未成年人的健康。第十条规定了体育和教育融合，文化学习和体育锻炼协调，促进青少年全面发展。这是对体育和教育相分离的立法回应。

《残疾人保障法》第十五条规定："国家保障残疾人享有康复服务的权利。各级人民政府和有关部门应当采取措施，为残疾人康复创造条件，建立和完善残疾人康复服务体系，并分阶段实施重点康复项目，帮助残疾人恢复或者补偿功能，增强其参与社会生活的能力。"该法专设"第七章无障碍环境"。无障

① 李霞：《论我国"精神卫生法"的称谓》，《政法论丛》2014 年第 3 期。

碍环境建设是残疾人群体权益保障的重要内容,对于促进社会融合和人的全面发展具有重要价值。2022 年 10 月 27 日,《无障碍环境建设法(草案)》提请十三届全国人大常委会第三十七次会议初次审议。2023 年 4 月 24 日,十四届全国人大常委会第二次会议对《无障碍环境建设法(草案)》进行二审。2023 年 6 月 28 日,十四届全国人大常委会第三次会议通过《无障碍环境建设法》。

《反家庭暴力法》第五条规定了未成年人、老年人、残疾人、孕期和哺乳期的妇女、重病患者遭受家庭暴力的,应当给予特殊保护。根据中国妇联抽样调查,家庭暴力现象在我国具有相当的普遍性,它不仅发生在夫妻之间,还多发于父母与未成年子女之间。学前儿童往往是家庭暴力的最大受害者。减少家庭暴力就是维护学前儿童的身心健康。《社会保险法》第二条规定:"国家建立基本养老保险、基本医疗保险、工伤保险、失业保险、生育保险等社会保险制度,保障公民在年老、疾病、工伤、失业、生育等情况下依法从国家和社会获得物质帮助的权利。"该条规定了我国只有五种基本社会保险,即基本养老保险、基本医疗保险、工伤保险、失业保险、生育保险。在大健康的理念下,我国应该建立全面健康保险制度。[①]《中共中央　国务院关于加强青少年体育增强青少年体质的意见》(2007 年 5 月 24 日)规定建立和完善青少年意外伤害保险制度,推行由政府购买意外伤害校方责任险的办法。但是此后意外伤害校方责任险制度一直未获得更好的提升设计和落地。未来的《社会保险法》应将健康保险纳入其中,实现对包括学前儿童全面享有的健康福利保险服务。

(二)以学习权为核心的学前儿童受教育权法律体系

如果以不同的学习空间为标准,学习权可分为在家学习权、在社(社会教育机构)学习权、在校学习权,那么,学前儿童学习权法律体系分为家庭教育法律体系、社会教育法律体系和学校教育法律体系。《家庭教育促进法》是

---

① 参见顾昕:《走向全民健康保险:论中国医疗保障制度的转型》,《中国行政管理》2012 年第 8 期。

家庭教育法律体系的主干,《社会教育法》是社会教育法律体系的主干,《学校法》是学校教育法律体系的主干。这种划分的缺点在于不利于从纵深方面细分三大教育法律体系的子法律,特别是学校法的组成部分较多,这种划分就看不到学校法组成的复杂性。如果以在校学习权的过程性为标准,幼儿在校学习权的法律体系可包括《学籍法》《学校供餐法》《学校保健法》等。即使这样,这种划分对于学前儿童学习权的法律保障整体性仍存在不足之处。我国已有的教育法律体系是按照教育事业发展中存在问题的严重性、急需性、重要性加以立法,在教育事业处于恢复和发展阶段具有相当的合理性。当我国教育事业从规模扩张到内涵发展,再到建设高质量教育体系时这种立法路径具有相当的局限性。在已初步建成中国特色社会主义教育法律体系中,各教育部门法不仅存在着交叉重复,而且存在较多法律空白。秦惠民指出,日本和我国台湾地区的教育法律分类维度具有一定的科学性,大体上按照教育活动、教育活动主体、教育行政三个维度进行立法。论者认为,我国教育立法的分类维度应在借鉴他们教育立法维度的合理性基础上加以优化即可。其分类标准为:教育活动主体、教育活动过程、教育与政府、教育与社会、家庭,教育与市场、特殊类型。①

"教育活动主体""教育活动过程"是基于教育活动或教育内部系统维度。教育活动过程可细分为宏观上的教育阶段或教育类型和微观的教育活动过程。宏观上的教育阶段包括学前教育、义务教育、高中教育、高等教育、职业教育、成人教育、终身教育;微观的教育活动过程包括招生、培养、考试、学位、就业等具体环节。教育与政府、教育与社会、家庭,教育与市场是基于教育系统与其他社会系统的关系而划分的。就学前儿童受教育权而言,教育活动主体与教育内外系统涉及的法律都适用;教育活动过程涉及的法律仅有《学前教育法》适用。由于部分必要的法律难以归入教育内部系统与教育外部系

---

① 秦惠民、谷昆鹏:《对完善我国教育法律体系的思考》,《北京师范大学学报》(社会科学版)2016年第12期。

统，因此把这类归入特殊类型，包括《特殊教育法》《少数民族教育法》《国家通用语言文字法》等，这些法律适用于学前儿童。以教育主体为标准，保障学前儿童受教育权的法律有《学校教育法》《教师法》《儿童福利法》《未成年人保护法》《终身学习法》等。以教育活动为标准，保障学前儿童受教育权的法律仅有《学前教育法》。以教育系统与外系统的关系为标准，保障学前儿童受教育权的法律有《学籍法》《教育经费法》《家庭教育促进法》《社会教育法》《公共图书馆法》《博物馆法》《民办教育促进法》《教育培训机构法》。可参见下表。

学前儿童学习权为核心的法律体系

法律名称	制定时间与状态	法律性质	立法分类维度
教育法	1995	基本法	总法
学校教育法	需要制订	一般法	教育主体
教师法	1993	一般法	
儿童福利法	需要制订	基本法	
未成年人保护法	1991	基本法	
终身学习法	需要制订	一般法	
学前教育法	学前教育法草案 2020	一般法	教育活动—教育部门
学籍法	需要制订	一般法	教育活动—教育过程
教育经费法	需要制订	一般法	教育与政府
家庭教育促进法	2021	一般法	教育与家庭
社会教育法	需要制订	一般法	教育与社会
公共图书馆法	2017	一般法	
公共文化服务保障法	2016	一般法	
博物馆法	需要制订	一般法	
民办教育促进法	2002	一般法	教育与市场
教育培训机构法	需要制订	一般法	
特殊教育法	需要制订	一般法	特殊部分
少数民族教育法	需要制订	一般法	
国家通用语言文字法	2000	一般法	

《教育法》是我国教育法律体系的基本法,也可称为“教育宪法”。它是以我国宪法为基础制订的基本法律,主要调整教育部门内部关系以及教育部门与外部门相互关系的基本准则,规定我国教育的性质、任务、原则和基本制度。现有的《教育法》并未直接宣示“学习权”的概念。在未来的修法中,有必要以学习权理念重构立法要旨和主要内容。有学者建议《教育法》的目的定位于:“保障公民的学习及受教育权利;教育应该尊重学习者的人格尊严并促进个性发展;在承认和保护个体学习权的前提下,通过设立、配置或调整教育者和学习者之间的权利义务关系来谋求教育的有序发展。”[①]

《学校教育法》,或简称《学校法》,是调整学校内部法律关系的一部基本法,主要规定学校设置的基本条件、学校的任务、举办者和法律地位、学校教育分类及其学校类型结构、义务教育及其学校教学活动、学校各法律关系主体及其权利、学校人事和财务以及国家对学校的监督等。《2003—2007 年教育振兴行动计划》(2004 年 3 月)指出,适时起草《学校法》。在《教育部 2005 年工作要点》中,规定做好教育立法“五修四立”工作,推进《学校法》草案制定工作。[②]《国家中长期教育改革和发展规划纲要(2010—2020)》确立的“六修五立”中,《学校法》是“五立”之一。《学校法》立法长期处于“只打雷,不下雨”的境况,其原因在于在认识层面存在理解误区,加上地区差异性大以及没有很好厘清《学校法》与其他教育法律之间的关系等原因。[③]1947 年,日本首先制定了《教育基本法》,作为其下位法的《学校教育法》亦几乎在同年制定实施。在我国教育立法正在迈向法典化的方向,《学校教育法》的立法将加速教育法典化拼图的完成。

《教师法》是我国第一部规范专业人员的特别法。1993 年颁布的教师法

① 陈恩伦:《从受教育权到学习权:终身学习社会的权利转型》,《国家教育行政学院学报》2022 年第 1 期。

② “五修四立”包括《义务教育法》《教育法》《学位条例》《教师法》《高等教育法》,准备起草制定的法律有《学校法》《国家教育考试法》《终身学习法》《教育投入法》。

③ 黄欣、吴遵民、杨婷:《我国〈学校教育法〉为何难以制订》,《中国教育学刊》2017 年第 10 期。

为我国教师队伍建设提供了重要的法理基础、底线保障与改革方向。[①]教师法也为学前教育事业提供了重要的人才保障，但是总体而言，教师法及其配套政策对幼儿园教师权益保障不够重视。1995 年国家教委发布的《关于〈中华人民共和国教师法〉若干问题的实施意见》规定："《教师法》第二条所称'教师'是指：各级人民政府举办的幼儿园，普通小学，特殊教育学校，工读学校，技工学校，普通中学，职业中学，中等专业学校，全日制普通高等学校，高等职业学校，成建制初、中、高等成人学校的教师。"这个规定对《教师法》完全作限缩式解释，仅仅将幼儿园教师局限在"各级人民政府举办的幼儿园"，完全将其他公办园和民办园教师排除在《教师法》的调整范围之内，这给后来的学前教育事业发展带来了恶性后果。2000 年前后，我国幼儿园教师数量跌至低谷，在园幼儿数量是 70 年代后的历史最低点。随后出现的"上幼难""上幼贵"问题，当下学前教育事业仍是教育发展的短板与幼儿教师队伍发展不足都存在一定的关联性。《教师法（修订草案）（征求意见稿）》（2021 年 11 月）第十三条规定，公办中小学教师是国家公职人员。公办幼儿园教师又一次被晾在一边，成为阳光普照的公办中小学教师的背影。期望在《教师法（修订草案）（征求意见稿）》的修缮之中也能让幼儿园教师成为最受社会尊重和令人羡慕的职业，而不是一种美丽的"陪衬"。

《终身学习法》，也称《终身教育法》，是 2005 年"五修四立"和 2010 年"六修五立"之一。1976 年，美国国会通过了《终身学习法》，这部法律的出台推动了世界终身教育的专门立法进程。1990年，日本制定了《终身学习振兴法》。1999 年，韩国制定了《终身教育法》。2002 年，我国台湾地区制定了《终身学习法》。"在实施与推广终身教育的过程中，加强制度层面的立法举措，切实保障公民终身受教育的权利，已日益成为世界各国发展终身教育的必然趋

① 参见怀进鹏：《国务院关于教师队伍建设和教师法实施情况的报告——2021 年 10 月 21 日在第十三届全国人民代表大会常务委员会第三十一次会议上》，《中华人民共和国全国人民代表大会常务委员会公报》2021 年第 7 期。

势。"[①]终身教育立法要秉持权利本位、机会均等、可选择性及弱势补偿的立法原则[②],并将学习权保障的理念贯穿立法始终,为构建学习型社会创设条件。《学前教育法》是对终身学习权的间接保障,也是保障学前儿童受教育权最重要的法律之一。详见后面。

《学籍法》是以保障学生身份权为目的,规定学生权利与义务、学籍管理、奖励与处分的法律。2013 年 8 月,《教育部关于印发〈中小学生学籍管理办法〉的通知》指出,加快建设全国中小学生学籍信息管理系统,建立全国统一、规范的学籍信息管理制度。[③]学生学籍号是学籍信息的核心要素,以学生居民身份证号为基础,从幼儿园入园或小学入学初次采集学籍信息后开始使用,终身不变。2017 年 9 月,第三版《普通高等学校学生管理规定》正式实施。该文件就高校学生的入学与注册、考核与成绩记载、转专业与转学、休学与复学、退学、毕业与结业、学业证书管理等作了详细的规定。这两个文件为未来制定《学籍法》奠定了基本的制度基础,同时,《中小学生学籍管理办法》是政策性文件,而《普通高等学校学生管理规定》是部门规章二者之间在效力上不协调,更为重要的是由两个相对独立的文件去管理一个终身不变的学籍制度是不便的。《中小学生学籍管理办法》与《普通高等学校学生管理规定》的二元并存为制定《学籍法》提供了制度空间。《教育法》第二十九条规定,学校及其他教育机构行使对受教育者进行学籍管理,实施奖励或者处分的权利。《民办教育促进法》第三十二条规定:"民办学校按照国家规定建立学籍管理制度,对受教育者实施奖励或者处分。"《教育法》第四十一条规定,高等学校的校长全面负责本学校的教学、科学研究和其他行政管理工作,行使"聘任与解聘教师以及内部其他工作人员,对学生进行学籍管理并实施奖励或者

① 吴遵民、黄欣、蒋侯玲:《终身教育立法的国际比较与评析》,《外国中小学教育》2008 年第 2 期。

② 兰岚:《论我国终身教育的立法核心——公民学习权保障》,《华东师范大学学报》(教育科学版)2019 年第 1 期。

③ 《教育部关于印发〈中小学生学籍管理办法〉的通知》,2013 年 8 月 16 日,见 http://www.moe.gov.cn/srcsite/A06/jcys_jyzb/201308/t20130816_156125.html。

处分"。教育基本法对学籍管理进行了概括式的规定,但是作为下位法的民办教育促进法和高等教育法直接照搬了上位法的规定,未对其作出针对性和具体化的规定,且高等教育法将教师聘任与学生管理放在同一款也是不妥当的。《义务教育法》第二十七条规定:"对违反学校管理制度的学生,学校应当予以批评教育,不得开除。"如果其他阶段的相关法律没有类似的规定,那么,根据这条就可反推出其他阶段的学校可以开除学生。开除学籍处分作为限制和影响学生受教育权这一基本权利的重大事项必须予以立法进行规制,否则会衍生诸多侵害学生权益或维权无法的两难困境。[①] 当下,制定《学籍法》既具备了政策条件,又有上位法的依据,因此具有可行性。它的制定将解决已有相关立法分散、规定不详的问题,切实维护公民终身学习权。《学籍法》的制定需要处理与《居民身份证法》(2003 年)和《户口登记条例》(1958 年)的关系。

《教育经费法》又称《教育投入法》。20 世纪 90 年代初,劳凯声指出,我国很有必要对教育经费进行高层次的立法,其后众多学者呼吁制订该法[②]。《国家中长期教育改革和发展规划纲要(2010—2020)》对"保障经费投入"作了专章论述,但遗憾是未将其上升为法律保障的高度。20 世纪 50 年代后,日本先后制订了《国立学校特别会计法》《市町村立学校职员工资等负担法》(1948 年)、《义务教育费国库负担法》(1952 年)、《义务教育诸学校设施费国库负担法》(1958 年)等教育投入法[③],为保障日本战后教育事业发展奠定了充足的物质基础。韩国先后制订了《地方教育财政拨款法》和《幼儿教育支

① 参见申素平、黄硕、郝盼盼:《论高校开除学籍处分的法律性质》,《中国高教研究》2018 年第 3 期。

② 参见劳凯声:《教育法论》,江苏教育出版社 1993 年版,第 255 页;汪丞、周洪宇:《关于制定〈教育投入法〉的思考》,《教育与职业》2012 年第 26 期。

③ 参见严平编译:《日本教育法规译文精选》,科学出版社 2019 年版,第 223-238 页。

援特别会计法》[1]。2000年,台湾地区通过了《教育经费编列与管理法》。这些法律一个共同的特点,即规定了相关教育经费投入的最低限额,这为拘束政府保障相应投入提供了下限规范,为教育事业的发展提供强制约束力。《教育法》的"第七章教育投入与条件保障"需要更有细化落实,后"4%"时代需要立法加以固化。2020年全国财政性学前教育经费为2532亿元,比2011年的416亿元增长5倍,财政性教育经费占比从2011年的2.2%提高到2020年的5.9%。[2] 这些成功可行的政策实践应该加以法律化。发展强国教育事业,《教育经费法》不能少。

《家庭教育促进法》于2021年10月23日第十三届全国人民代表大会常务委员会第三十一次会议通过。《社会教育法》见下节。

《公共图书馆法》于2017年11月4日第十二届全国人民代表大会常务委员会第三十次会议通过。该法彰显了公共图书馆事业在中国特色社会主义文化中的重要地位,体现了公共图书馆在新时代满足人民日益增长的美好生活需要的重要作用。[3]该法第三十三、三十四、三十六、四十八等条款为儿童阅读推广提供了法律条件。第三十四条规定:"政府设立的公共图书馆应当设置少年儿童阅览区域,根据少年儿童的特点配备相应的专业人员,开展面向少年儿童的阅读指导和社会教育活动,并为学校开展有关课外活动提供支持。有条件的地区可以单独设立少年儿童图书馆。"《公共文化服务保障法》第九条规定:"各级人民政府应当根据未成年人、老年人、残疾人和流动人口等群体的特点与需求,提供相应的公共文化服务。"公共图书馆法、公共文化服务保障法和未来制订的博物馆法将一起共同构成学前儿童社会教育的法律保障体系。

---

① 参见《韩国教育法律法规》,吴安新、张德强、王纪孔译,知识产权出版社2023年版,第429–435页。

② 《教育部举行"教育这十年""1+1"系列发布会(第一场)》,2020年4月26日,http://www.scio.gov.cn/xwfbh/gbwxwfbh/xwfbh/jyb/Document/1723848/1723848.htm。

③ 李国新:《〈中华人民共和国公共图书馆法〉的历史贡献》,《中国图书馆学报》2017年第11期。

《民办教育促进法》于2002年12月28日第九届全国人民代表大会常务委员会第三十一次会议通过。其后在2013、2016、2018年经过三次修正。民办教育促进法对民办学前教育事业发展提供法制遵循。《教育培训机构法》是规范教育培训机构行为,维护公民社会教育权的法律。2016年12月,教育部等三部门印发《营利性民办学校监督管理实施细则》。2018年8月,《国务院办公厅关于规范校外培训机构发展的意见》对校外培训机构发展确立了依法规范、分类管理、综合施策、协同治理的基本原则。此意见是国家最高行政部门对教育培训机构出台的综合性治理政策。2021年7月,中共中央办公厅、国务院办公厅印发《关于进一步减轻义务教育阶段学生作业负担和校外培训负担的意见》,该政策被誉为史上最严的减负政策。随着国家对教育培训机构乱象治理的力度越来越大,加快制定我国的《教育培训机构管理法》呼声开始出现。[①]1961年,韩国颁布《私立培训所法》。1990年,《私立培训所法》正式更名为《培训机构的创办和运营及课外教学相关的法律》,迄今,该法共发布了41个修正案,逐步完善了关于校外培训的相关制度。[②]为解决我国教育法和民办教育促进法对教育培训机构身份定位模糊、准入门槛偏低、市场监管缺位、品质良莠不齐等问题[③],制订《教育培训机构法》并不多余。《教育培训机构法》定位为保障学前儿童在内的所有公民学习权的服务性法律,因此名称不宜添加"管理"二字而被定位于倾向于管理主义的权力法。

《特殊教育法》是规定视力、听力、言语、肢体、智力、精神、多重残疾以及

---

① 答喆:《教育培训机构的合法性及其规制》,陕西师范大学2020年硕士学位论文,第43页。

② 参见《韩国教育法律法规》,吴安新、张德强、王纪孔译,知识产权出版社2023年版,第585–595页。

③ 胡天佑:《我国教育培训机构的规范与治理》,《教育学术月刊》2013年第7期。

其他有特殊需要的儿童青少年享有平等接受教育的权利的法律。[①] 与特殊教育相关的立法是1990年出台的《残疾人保障法》和1994年的《残疾人教育条例》。残疾人保障法经过2008年和2018年两次修改,残疾人教育条例经过2017年修订,将融合教育理念融入法规。在残疾人教育条例修订中,原来置于义务教育章前面的“第二章学前教育”修订后成为第四章,置于“职业教育”和“普通高级中等以上教育及继续教育”二章之间。这种修订体现优先保障义务教育理念,但是对于“学前教育”章变更显得不尽合理。韩国于1977年颁布《特殊教育振兴法》,随后颁布其施行令和施行细则。1994年,全面修订《特殊教育振兴法》,强调“适当而均等”的观念。2007年,韩国政府废止《特殊教育振兴法》,颁布新的《对残疾人等的特殊教育法》,开启“融合、生涯、支援”的新时代。[②] 台湾地区在1984年颁布实施《特殊教育法》,经过1997年、2001年、2004年、2009年、2013年、2014年多次修订。大陆的《特殊教育法》期待早日到来。

《少数民族教育法》简称《民族教育法》。《国务院关于深化改革加快发展民族教育的决定》(2004)指出:“要加快民族教育立法工作,把民族教育工作纳入法制化轨道。”这标志着我国民族教育政策开始进入法制化建设阶段。[③]《国务院关于加快发展民族教育的决定》(2015)指出:“民族自治地方可

---

① 特殊教育主要是面向视力、听力、言语、肢体、智力、精神、多重残疾以及其他有特殊需要的儿童青少年提供的教育。参见《“十四五”特殊教育发展提升行动计划》(2021年12月31日),http://www.moe.gov.cn/jyb_xxgk/moe_1777/moe_1778/202201/t20220125_596312.html。特殊教育与残疾人教育有紧密的关联。残疾人教育是,根据残疾人的残疾类别和接受能力,采取普通教育方式或特殊教育方式对有视力、听力、言语、智力、精神、肢体等残疾的人进行的教育,包括学前教育、基础教育、高等教育、职业技术教育和成人教育。特殊教育是,对有特殊需求的人实施的教育,在教育过程中,需要有特殊的教具、学具和特殊的教学方式。广义上讲,特殊教育是指对身心发展异常者的教育,包括盲聋及智障、学习障碍、情感障碍、多重障碍、品德不良儿童、超常儿童等;狭义则指对有生理或心理发展缺陷者的教育。参见:http://www.gov.cn/fuwu/cjr/2009-05/08/content_2630767.htm。笔者认为,用特殊教育法比残疾人教育法更准确。

② 吴春玉:《韩国特殊教育法的演变及特殊教育发展历程》,《中国特殊教育》2014年第12期。

③ 陈立鹏、仲丹丹:《改革开放40年来我国民族教育立法的回顾与思考》,《民族教育研究》2018年第5期。

以依据法律,结合实际,制定民族教育法规。”十年后民族教育立法规划似乎调子变低。但是,有位学者二十多年一直呼吁加快民族教育立法工作。[①]1995年5月,台湾地区通过了《原住民族教育法》。新时代中国民族教育事业发展期待《民族教育法》早日到来。

(三)以游戏权为核心的学前儿童受教育权法律体系

游戏权可分为游戏受保护权、游戏参与权和游戏设施权,以及自发游戏权和组织游戏权。[②]若以游戏权的自由权和社会权性质作为依据,法律保障游戏权的重心在于以社会权性质取向下的游戏设施权和组织游戏权等方面。目前,游戏权尚未直接获得我国法律的认可,但是已经初步构置了一个保护学前儿童游戏权的法律框架。

2020年10月,第二次修订的《未成年人保护法》对儿童相关的游戏设施和网络游戏保护作了较为翔实的规定。该法第五十五条规定:“生产、销售用于未成年人的食品、药品、玩具、用具和游戏游艺设备、游乐设施等,应当符合国家或者行业标准,不得危害未成年人的人身安全和身心健康。上述产品的生产者应当在显著位置标明注意事项,未标明注意事项的不得销售。”第五十八、七十四、七十五条对电子游戏设备运营、网络游戏运行等作了比较细致的规定。这是此次修订的巨大进步之一。《特种设备安全法》(2013)将大型游乐设施列入特种设备的范围,对其设计标准、安装、改造、维修、运营安全、运营管理与不当法律责任等作了充分的规定。[③]这些规定对学前儿童游戏安全提供了法定保障。韩国在保障儿童游戏的设施设备方面作出了富有

---

① 自1997年发表一文算起。参见陈立鹏:《对〈少数民族教育法〉的构想》,《民族研究》1997年第4期;《中国少数民族教育立法论》,中央民族大学出版社1998年版;《中国少数民族教育立法新论》,中央民族大学出版社2007年版;等等。

② 张利洪:《游戏权是学前儿童受教育权的核心内容》,《中国教育法制评论(第12辑)》,2014年。

③ 参见《特种设备法》第二、二十、三十六、四十三、八十七等条款。

特色的立法。韩国关于教育设施及安全等方面相继出台了《学校设施事业促进法》《关于学校符合设施的设置及运营和管理的法律》《关于确保学校用地等的特例法》《关于教育设施等的安全及维护管理等的法律》《关于学校安全事故预防及补偿的法律》《关于确保学校用地等的特例法》等多部法律。[①] 这些法律为我国相关立法提供了很多的启示。2021 年,《关于推进儿童友好城市建设的指导意见》和《关于推进体育公园建设的指导意见》出台。这些文件的实施将推进成长空间和环境友好,提升城市游戏空间品质和服务效能。"在城市发展重大规划、政策、项目决策中引入儿童影响评价"将成为未来修法、立法参考的因素之一。

当前,儿童游戏权立法存在可操作性差、层次低、直接性立法缺失等问题。[②] 本研究认为,鉴于儿童游戏权的复杂性和弥散性,这使得专项立法的必要性不充分,但是加强相关立法是为必要。《学前教育法草案(征求意见稿)》(2020 年)第十三条规定:"国家保障学前儿童的受教育权。对学前儿童的教育应当坚持儿童优先和儿童利益最大化原则,尊重儿童人格,保障学前儿童享有游戏、受到平等对待的权利。"该条款明确规定了游戏权是个巨大的进步,但是将"儿童优先和儿童利益最大化原则"放在同一款里又显得很不和谐。除了学前教育法而外,儿童游戏权的法律保障可分散在未成年人保护法、儿童福利法、学校教育法、社会教育法、特种设备安全法等之中,见下表。

游戏权为核心的学前儿童受教育权法律体系

法律名称	制定时间与状态	法律性质
未成年人保护法	2020	基本法
儿童福利法	需要制订	基本法
学前教育法	草案完善中	一般法
学校教育法	需要制订	一般法

① 参见《韩国教育法律法规》,吴安新、张德强、王纪孔译,知识产权出版社 2023 年版。

② 刘智成:《儿童游戏权的理论与实践研究》,中国社会科学出版社 2018 年版,第 156 页。

续表

法律名称	制定时间与状态	法律性质
社会教育法	需要制订	一般法
特种设备安全法	2013	一般法

四、构建我国学前儿童受教育权法律体系的基本法律

学前儿童受教育权法律体系是多元复杂的，但是在这个体系之中存在“四梁八柱”的构件：即儿童福利法、儿童健康促进法、学前教育法和社会教育法。学前儿童受教育权法律体系与未成年人法律体系、教育法律体系、卫生法律体系存在从属和交叉关系，其中儿童福利法、儿童健康促进法属于卫生法律体系；学前教育法和社会教育法属于教育法律体系，但社会教育法部分不能归入未成年人法律体系。儿童福利法和儿童健康促进法都是未成年人法律体系的主干法律，学前教育法是学前教育法律体系的基本法，社会教育法是社会教育法律体系的基本法[①]。下面从必要性、立法构成、基本问题等方面进行简述。

（一）儿童福利法

《中国儿童发展纲要（2011—2020 年）》指出，推进儿童福利、学前教育、家庭教育等立法进程。《中国儿童发展纲要（2021—2030 年）》指出，积极推进儿童福利立法。逐步建成与国家经济社会发展水平相适应、与相关福利制度相衔接的适度普惠型儿童福利制度体系。2021 年 3 月，全国人大通过《国民经济和社会发展第十四个五年规划和 2035 年远景目标纲要》，其中儿童福利相关内容为儿童福利的发展提供了方向。同年，民政部、中央编办、国家发展改革委等 14 部门联合出台《关于进一步推进儿童福利机构优化提质和创

① 日本社会教育法不包括学前教育内容，故本节不对我国社会教育法展开讨论。

新转型高质量发展的意见》。这些规范性文件为制定儿童福利法提供了政策依据和有益基础。

境外地区已有诸多国家在较早时期出台并修订儿童福利法。1895年，挪威通过了世界上第一部《儿童福利法》。1902年，瑞典通过《儿童福利法》。1924年，德国制定《儿童福利法》。1936年，芬兰制定《儿童福利法》，分别于1983年和2007年经过两次全面修改。1947年，日本制定《儿童福利法》。1961年，韩国制定《儿童福利法》。1973年，台湾地区出台《儿童福利法》，1993年对其进行了修订。2003年，台湾地区将《儿童福利法》及《少年福利法》合并修正为《儿童及少年福利法》。2011年，更名为《儿童及少年福利与权益保障法》。经由这个简单的历史回顾可以说明，境外地区的儿童福利制度已经相当成熟和可靠，这为我国儿童福利法立法提供了可资借鉴的经验与技术。全国人大常委会委员、中国人民大学教授郑功成指出，民政部、全国人大社会建设委员会均已将制定儿童福利法等新法初步列入了立法计划，“十四五”是儿童福利事业和儿童福利立法重要窗口期。[①]

儿童福利法在整个未成年人法律体系中居于首要的战略地位，是实现未成年人法基本宗旨、解决未成年人问题的根本战略和基础战略，是治本之策[②]。儿童福利法与未成年人保护法有紧密的关系，在儿童福利立法中需要处理与未成年人保护法的关系。郑功成从理念、对象、供给主题、内容和运行模式等方面区分了儿童福利法与未成年人保护法二者之间的区别与联系。[③]从理念来看，儿童保护主要为了防治虐待，儿童福利是为了满足儿童基本需求；从对象来看，未成年人保护法的适用对象是权利受损的儿童，而儿童福利法的适用对象是赋权的所有儿童；从供给主体来看，儿童福利更强调政府主导，

---

① 《“十四五”是儿童福利事业和儿童福利立法重要窗口期——访全国人大常委会委员、中国社会保障学会会长、中国人民大学教授郑功成》，《中国社会科学报》2022年3月12日。

② 高维俭：《少年法学》，商务印书馆2021年版，第227页。

③ 《“十四五”是儿童福利事业和儿童福利立法重要窗口期——访全国人大常委会委员、中国社会保障学会会长、中国人民大学教授郑功成》，《中国社会科学报》2022年3月12日。

儿童保护更强调政府与司法机关承担兜底责任。因此,儿童福利法的实质是赋权法,儿童保护法的实质是维权法。

世界上儿童福利立法主要有综合模式和分散模式两种情况。综合模式以法典化为取向,如瑞典、日本和我国台湾地区。这种立法模式具有内容全面、法律地位特殊、立法难度大等特点。分散模式将儿童福利项目单独进行立法规制,如美国。分散立法模式具有法律数量多、"一事一法"、灵活性较大等特点。结合中国已有的立法基础和法典化趋势,当前我国《儿童福利法》立法应采取综合立法模式,即制定一部统一的《儿童福利法》作为统领全国儿童福利领域事务的法律。[①] 其定位就是以"确保困境儿童接受必要的援助与照顾,确保全体儿童在安全的环境中快乐、健康地成长"[②] 为立法目的的未成年人法律体系的基本法。大陆与台湾地区在社会文化传统上同根同源,目前面临的儿童福利问题也具有相似性,因此,"我国台湾地区的立法经验和判例学说,是我们中国自己的经验,岂有不优先参考之理"[③]。台湾地区的《儿童及少年福利与权益保障法》共有 118 条,共七章,包括总则、身分权益、福利措施、保护措施、福利机构、罚则、附则。大陆的《儿童福利法》可以参考此蓝本制订出一个符合新时代需求、能促进人口长期均衡发展的范本。

(二)儿童健康促进法

《中国儿童发展纲要(2011—2020 年)》指出,制订儿童健康管理条例。2016 年,习近平总书记指出,儿童健康事关家庭幸福和民族未来,主持中央全面深化改革领导小组会议审议《关于加强儿童医疗卫生服务改革与发展的意见》。《中国儿童发展纲要(2021—2030 年)》指出,将儿童健康理念融入经济

---

① 姚建平:《福利还是保护?——中国〈儿童福利法〉立法问题研究》,《社会保障评论》2022 年第 1 期。

② 易谨:《论我国〈儿童福利法〉的定位》,《少年儿童研究》2019 年第 12 期。

③ 王泽鉴:《民法学说与判例研究》,中国政法大学出版社 1998 年版序。

社会发展政策。2022 年 6 月，国家卫生健康委员会主任马晓伟在《国务院关于儿童健康促进工作情况的报告——2022 年 6 月 21 日在第十三届全国人民代表大会常务委员会第三十五次会议上》中指出："积极争取将儿童健康促进工作急需的立法修法项目列入下一届全国人大常委会五年立法规划。尽快启动修订学校卫生工作条例，研究完善儿童健康促进工作相关法规和配套规定。"① 由此可见，从实务部门的规划中可看出，儿童健康促进法的制订已经提上了议事日程。

域外关于儿童健康专项立法的实践不多。儿童的健康问题往往是环境污染事件的最大受害者之一。2008 年 3 月，韩国颁布了《环境健康法》(Environmental Health Act)，对环境健康管理的政府职责进行专门规范，并于 2014 年对该法进行了修订。该法对儿童健康等易感人群保护中作了特别规定，如儿童活动区域和儿童产品的环境健康风险管理，要求制定并公布玩具及儿童经常使用或接触的固定设施中，影响其健康环境风险因素种类和毒性名单。②韩国环境健康立法提示了我国环境健康问题的重要性。近年来，我国食品安全问题有了很大的改进，但是仍然存在诸多的问题，比如儿童零食缺失国家标准，在食品安全与儿童健康的道路上还有诸多的制度需要构建。新冠疫情暴发，促使各国教育者提升了对教育立法中学生家庭健康、心理健康和网络健康等问题的关注度。③ 基于我国儿童健康立法的分散性和儿童健康现状的严重性，儿童健康促进立法是十分必要的。

与儿童福利法相比，儿童健康促进立法域外可供参考的经验不多，国内学界对此问题的系统研究相对缺乏，但是这不意味着该法就不重要。儿童福

① 马晓伟：《国务院关于儿童健康促进工作情况的报告——2022 年 6 月 21 日在第十三届全国人民代表大会常务委员会第三十五次会议上》，《中华人民共和国全国人民代表大会常务委员会公报》2022 年第 4 期。

② 徐永俊、富贵、石莹、豆捷雄、张宏伟：《韩国〈环境健康法〉及对我国相关立法工作的启示》，《环境与健康杂志》2016 年第 2 期。

③ 孙刚成、杨婳婳：《国际教育立法研究动态、热点与前沿——基于 WOS 期刊文献的可视化分析》，《教育文化论坛》2023 年第 1 期。

利法是更具全局性和基础性的儿童法律体系组成部分，儿童健康促进法是专门针对儿童健康风险进行预防与管理的法律规范，它不同于以往的儿童健康受损的事后医疗与救济的医疗卫生法律，遵循风险预防原则来构建风险预防、风险管理及风险沟通的法律。加强对儿童健康立法的专门研究，借鉴国内外相关领域的立法经验与理论是当下的迫切任务。

（三）学前教育法

1. 学前教育法在学前儿童受教育权法律体系中的地位与作用

从法律体系的角度去分析学前教育法的地位，一方面能够更好地找准学前教育立法的定位；另一方面也是要认识到学前教育法的限度，便于整体法律体系的构建和完善。以教育部发布的《学前教育法草案（征求意见稿）》为依据，简要阐述学前教育法在法律体系中的地位。

（1）学前教育法在我国横向法律体系中的地位

按照全国人大常委会法工委的分类，我国法律体系包括七个法律部门，即宪法相关法、民法商法、行政法、经济法、社会法、刑法、诉讼与非诉讼程序法。[①] 在现行有效法律目录（295 件）中共有 97 件行政法，所有与教育相关的法律都归入行政法部门。[②] 循此路径，学前教育法是行政法律部门的组成部分。"官方划定法律部门是一种行政管理的需要。当学者自觉遵守且不断夸大这种行政划界，就可能束缚学者的理论逻辑。"[③] 教育学者的理论逻辑是教育法独立说。如果这个前提成立，那么学前教育法应属于教育法律部门，不属于行政法律部门。也有社会法学者认为，中国社会法立法的内容包括弱势

① 《中国特色社会主义法律体系》，2011 年 10 月 27 日，见 http://www.gov.cn/jrzg/2011-10/27/content_1979498.htm。

② 《现行有效法律目录（295 件）》（截至 2023 年 4 月 26 日十四届全国人大常委会第二次会议闭幕，按法律部门分类），见 http://www.npc.gov.cn/npc/c30834/202304/d1a1f85950964b41b74a2696abf192f7.shtml。

③ 董保华：《"广义社会法"与"中义社会法"——兼与郑尚元、谢增毅先生商榷》，《东方法学》2013 年第 3 期。

群体保护、公益事业发展、儿童和老年扶助、教育权利保障以及社会保障等。[①]学前教育法是对学前儿童受教育权利保障的法律,也可归入社会法部门。但是,社会法属于法律部门还是法律领域是个存在很大争议的话题。通常认为,民法对应私域,公法对应公域,社会法对应私域和公域不能处理的第三领域。但是,有学者认为,第三法域是存在的,但社会法不等于第三法域,社会法是第三法域的法部门之一。[②]不管学前教育法是归入社会法部门或第三法域,其本质意义在于增强学前教育法对学前儿童的促进与保护并重,间接地提升人们的生育意愿和生育行为。“中国社会法应当是社会保护与社会促进、社会发展‘双重职能兼容、平衡、共进型’的社会法。”[③]

(2)学前教育法在我国纵向法律体系中的地位

教育法律体系的纵向构成与教育法律的渊源有着密切的关系,它应该在宪法的指导下,建立教育基本法——教育法律——教育行政法规——教育行政规章——地方性教育法规和规章五个层次。[④]在五级教育法律体系中,学前教育法居于第二层级,既是对教育基本法的细化和落实,又对学前教育领域中的其他层级起着统领和指引的作用。在教育领域的范畴,相对于教育基本法来讲,学前教育法是特别法;在学前教育领域,学前教育法就是基本法。[⑤]未来的学前教育法出台之后,还会出台学前教育法实施条例。届时,学前教育法实施条例将与民办教育促进法实施条例、教师资格条例、幼儿园管理条例等一起构成学前教育法律体系的第三体系,即学前教育行政法规体系。

2. 学前教育法的立法路径

2020 年 9 月 7 日,教育部发布《学前教育法草案(征求意见稿)》。《草案》

---

① 参见郑尚元:《社会法的定位和未来》,《中国法学》2003 年第 5 期。

② 参见余少祥:《社会法“法域”定位的偏失与理性回归》,《政法论坛》2015 年第 6 期。

③ 陈步雷:《社会法的功能嬗变、代际更替和中国社会法的定位与建构》,《现代法学》2012 年第 3 期。

④ 参见李恩慈:《论中国教育法律体系》,《首都师范大学学报》(社会科学版)2001 年第 1 期。

⑤ 参见兰岚:《学前教育立法研究》,上海人民出版社 2020 年版,第 188 页。

规定:本法所称学前教育是指由幼儿园等学前教育机构对三周岁到入小学前的学前儿童实施的保育和教育。国家实行三年学前教育制度。这是狭义的学前教育定义。这与之前的专家建议稿和民众期望相去甚远。专家建议稿规定:“本法所称学前教育,是指对0—6周岁学龄前儿童实施的保育和教育活动的总称。”① 为构建全生命周期的教育法律体系和终身学习型社会,专家和民众皆盼望以广义的学前教育定义为上佳。同时,也是充分利用难得国家立法机会和有限的立法资源。若将早期教育与幼儿教育立法融合一体,其立法难度则会增加。由此,学前教育法构建路径已经显现两种不同思路。

第一种路径(或方案):两步走。第一步就是以现有的《草案》为基础,小修完善。不过,为名正言顺,现有草案宜改成《幼儿教育法》,而不是《学前教育法》。第二步,制定《婴幼儿保育法》,规范0至3岁婴幼儿教育。韩国有《婴幼儿保育法》可资借鉴。此方案执行的难度低,因此其可操作性强,便于幼儿教育法早日出台实施。不过,其弊端也显而易见。首先,不利于有效地解决学前教育长期发展处于整个教育事业的短板。学前教育事业发展拉低了整个教育事业的质量和水平有其固有的体制机制问题。解决这些顽疾需要具有系统的眼光和统筹的顶层设计才能有好的效果。其次,这种分解、多步走的策略增大教育法典化的难度。现有的教育法律存在条块分割、制度之间的和谐一致不高,各单行教育法律存在重复、交叉、冲突及疏漏等问题。由于我国整体立法资源比较紧张,若幼儿教育法出台后,其他相关法律的草拟与出台可能就会多有推延。“体系化的教育法典是解决既有问题、实现教育强国目标的重要方略。”② 最后,这也影响我国未来教育现代化强国目标的实现。《中共中央关于制定国民经济和社会发展第十四个五年规划和二〇三五年远景目标的建议》描绘了“到2035年,总体实现教育现代化,迈入教育强国

① 西北政法大学学前教育立法研讨会提交的专家建议稿。

② 周洪宇、方晶:《学习习近平法治思想　加快编纂教育法典》,《国家教育行政学院学报》2021年第3期。

行列”的目标。这一目标的实现,需要以构建高质量教育法律体系为基础。

第二种路径:一步走,即制定容纳所有学前儿童的《学前教育法》,或称《学前教育与托育服务法》《学前教育与照顾法》。其优点在于系统化地化解当前幼儿教育与婴幼儿照护完全脱节的问题,对于应对和解决我国“一老一小”问题助益更大。其不足在于它的制定难度较大,这需要更多专家和时间投入其中,出台时间相对较长。

参考文献

一、中文文献

（一）专著

《马克思恩格斯选集》(第1—4卷),人民出版社2012年版。

[挪]A. 艾德、C. 克洛斯等:《经济、社会和文化权利教程(第2版)》,中国人权研究会组织译,四川人民出版社2004年版。

[美]艾伦·德肖维茨:《你的权利从哪里来?》,北京大学出版社2014年版。

[法]安德烈·比尔基埃等主编:《家庭史:现代化的冲击》,袁树仁等译,三联书店1998年版。

[澳]布赖恩·克里滕登:《父母、国家与教育权》,秦惠民、张东辉、张卫国译,教育科学出版社2009年版。

[德]博尔诺夫:《教育人类学》,李其龙等译,华东师范大学出版社1999年版。

[法]邦雅曼·贡斯当:《古代人的自由与现代人的自由》,阎克文、刘满贵译,商务印书馆1999年版。

[古希腊]柏拉图:《理想国》,郭斌和、张竹明译,商务印书馆1986年版。

[苏]B.H. 阿瓦涅索娃等编著:《学龄前儿童教育》,教育科学出版社2004年版。

[美]伯尔曼:《法律与宗教》,梁治平译,中国政法大学出版社2003年版。

卜卫:《媒介与儿童教育》,新世界出版社2002年版。

蔡迎旗:《幼儿教育财政投入与政策》,教育科学出版社2007年版。

陈桂生:《教育原理》(第2版),华东师范大学出版社2000年版。

陈桂生:《普通教育学纲要》,华东师范大学出版社 2009 年版。

陈国刚:《福利权研究》,中国民主法制出版社 2009 年版。

陈鹤琴:《家庭教育》,华东师范大学出版社 2006 年版。

陈韶峰:《受教育权纠纷及其法律救济》,教育科学出版社 2010 年版。

程燎原等:《权利论》,广西师范大学出版社 2014 年版。

丛日云主编:《西方文明讲演录(全国高等院校通识课教材)》,北京大学出版社 2011 年版。

[意]查士丁尼:《法学总论——法学阶梯》,张企泰译,商务印书馆 1996 年版。

邓正来:《中国法学向何处去》,商务印书馆 2007 年版。

[英]德斯蒙德·莫利斯:《裸猿》,何道宽译,复旦大学出版社 2010 年版。

[英]戴维·米勒主编:《布莱克维尔政治学百科全书》,邓正来主编兼主译,中国政法大学出版社 2011 年版。

[英]丹尼斯·劳埃德:《法理学》,许章润译,法律出版社 2007 年版。

[日]大须贺明:《生存权论》,林浩译,法律出版社 2004 年版。

[美]德沃金:《认真对待权利》,信春鹰、吴玉章译,上海三联书店 2008 年版。

[美]E. 博登海默:《法理学:法律哲学与法律方法》,邓正来译,中国政法大学出版社 1999 年版。

[英]弗里德利希·冯·哈耶克:《法律、立法与自由》(第一卷),邓正来译,中国大百科全书出版社 2000 年版。

[德]福禄培尔:《人的教育》(第 2 版),孙祖复译,人民教育出版社 2001 年版。

高时良:《学记研究》,人民教育出版社 2006 年版。

高维俭:《少年法学》,商务印书馆 2021 年版。

龚向和:《受教育权论》,中国人民公安大学出版社 2004 年版。

谷衍奎编:《汉字源流字典》,华夏出版社 2003 年版。

顾洪亮、刘晓虹:《想象个人:中国个人观的现代转型》,上海古籍出版社 2006 年版。

管华:《儿童权利研究——义务教育阶段儿童的权利与保障》,法律出版社 2011 年版。

郝维谦等主编:《各国教育法制比较研究》,人民教育出版社 1998 年版。

胡德海:《教育学原理》,甘肃教育出版社 1998 年版。

胡锦光主编:《中国十大宪政事例研究》,中国人民大学出版社 2009 年版。

华东师范大学教育系、杭州大学教育系合编:《西方古代教育论著选》,人民教育出版社 1985 年版。

霍恩比:《牛津高阶英汉双解词典》(第 4 版增补本),商务印书馆和牛津大学出版社 2002 年版。

霍力岩等编著:《学前比较教育》,华东师范大学出版社 2018 年版。

[英]哈耶克:《个人主义与经济秩序》,贾湛等译,北京经济学院出版社 1989 年版。

[英]弗里德利希·冯·哈耶克:《自由秩序原理》,邓正来译,生活·读书·新知三联书店 1997 年版。

[美]赫根汉:《人格心理学导论》,何瑾、冯增俊译,海南人民出版社 1986 年版。

[荷兰]亨利·范·马尔塞文、格尔·范·德·唐:《成文宪法的比较研究》,陈云生译,华夏出版社 1987 年版。

[英]约翰·穆勒:《论自由》,孟凡礼译,广西师范大学出版社 2011 年版。

江平主编:《民法学》,中国政法大学出版社 2001 年版。

金观涛:《探索现代社会的起源》,社会科学文献出版社 2010 年版。

金含芬:《学校教育管理系统分析》,陕西人民教育出版社 1993 年版。

[美]杰克·肖可夫、黛博拉·菲利普斯:《从神经细胞到社会成员》,南京师范大学出版社 2007 年版。

[美]J. 范伯格:《自由、权利和社会正义——现代社会哲学》,王守昌等译,贵州人民出版社 1998 年版。

[荷兰]约翰·赫伊津哈:《游戏的人:关于文化的游戏成分的研究》,多人译,中国美术学院出版社 1996 年版。

[英]凯西·西尔瓦等主编:《学前教育的价值——关于学前教育有效性的追踪研究》,教育科学出版社 2011 年版。

[捷]夸美纽斯:《大教学论》,傅仁敢译,教育科学出版社 1999 年版。

[美]卡尔维因等:《美国宪法释义》,徐卫东等译,华夏出版社 1989 年版。

[德]康德:《法的形而上学原理——权利的科学》,沈叔平译,商务印书馆 1991 年版。

兰岚:《学前教育立法研究》,人民出版社 2020 年版。

劳凯声:《教育法论》,江苏教育出版社 1992 年版。

劳凯声主编:《变革社会中的教育权与受教育权:教育法学基本问题研究》,教育科学出版社 2003 年版。

[德]雷蒙・威廉斯:《关键词:文化与社会的词汇》,刘建基译,三联书店 2005 年版。

李步云主编:《人权法学》,高等教育出版社 2005 年版。

李步云著:《宪法比较研究》,法律出版社 1998 年版。

李赐平:《我国近现代教育立法的探索与实践》,中国社会科学出版社 2012 年版。

李晓燕主编:《教育法学》,高等教育出版社 2000 年版。

李泽厚:《中国古代思想史论》(第 2 版),天津社会科学院出版社 2004 年版。

梁漱溟:《东西文化及其哲学》(第 2 版),商务印书馆 1999 年版。

林来梵:《从宪法规范到规范宪法》,法律出版社 2001 年版。

林来梵:《宪法学讲义》,法律出版社 2011 年版。

刘复之:《人权大辞典》,武汉大学出版社 1993 年版。

刘海年等主编:《中国人权百科全书》,中国大百科全书出版社 1998 年版。

刘小青:《日本学前教育》,文化艺术出版社 2017 年版。

刘焱:《儿童游戏通论》,北京师范大学出版社 2004 年版。

刘智成:《儿童游戏权的理论与实践研究》,中国社会科学出版社 2018 年版。

《教育——财富蕴藏其中》,联合国教科文组织总部中文科译,教育科学出版社1996年版。

[英]卢克斯:《个人主义》,阎克文译,江苏人民出版社 2001 年版。

[英]洛克:《教育漫话》,傅任敢译,人民教育出版社 1985 年版。

[英]洛克:《政府论》(下),叶启芳、瞿菊农译,商务印书馆 1964 年版。

[法]卢梭:《爱弥儿:论教育》(上卷),李平沤译,商务印书馆 2008 年版。

[法]卢梭:《社会契约论》(第 3 版),何兆武译,商务印书馆 2003 年版。

[美]罗杰・伯科威茨:《科学的馈赠——现代法律是如何演变为实在法的?》,田夫、徐丽丽译,法律出版社 2011 年版。

[德]蓝德曼:《哲学人类学》,彭富春译,工人出版社 1988 年版。

[英]米尔恩:《人的权利与人的多样性——人权哲学》,夏勇、张志铭译,中国大百科全书出版社 1995 年版。

[英]理查德・利基:《人类的起源》,吴汝康、吴新智、林圣龙译,上海科学技术出版社 1997 年版。

马岭:《生存权的广义与狭义》,《金陵法律评论》2007 年第 2 期。

[美]迈克尔·桑德尔:《金钱不能买什么——金钱与公正的正面交锋》,邓正来译,中信出版社 2012 年版。

[奥]曼弗雷德·诺瓦克:《民权公约评注》(上),毕小青、孙世彦译,三联书店 2003 年版。

南京师范大学《教育学》编写组:《教育学》,人民教育出版社 1984 年版。

庞丽娟等:《婴儿心理学》,浙江教育出版社 1993 年版。

庞丽娟主编:《国际学前教育法律研究》,人民教育出版社 2011 年版。

祁占勇等:《学前教育立法及其法治建设研究》,陕西师范大学出版社 2020 年版。

钱福臣:《宪法哲学问题要论》,法律出版社 2006 年版。

钱满素:《个人　社群　公正》,载于《公共论丛自由与社群》,三联书店 1998 年版。

[美]乔尔·斯普林格:《脑中之轮:教育哲学导论》,贾晨阳译,北京大学出版社 2005 年版。

秦晖:《共同的底线》,江苏文艺出版社 2013 年版。

全国十二所重点师范大学联合编写:《教育学基础》(第 2 版),教育科学出版社 2008 年版。

冉艳辉:《我国公民受教育权的平等保护——以法权中心主义为进路》,中国政法大学出版社 2013 年版。

人民教育出版社幼儿教育室编:《幼儿卫生学》(第 2 版),人民教育出版社 2002 年版。

申素平:《教育法学:原理、规范与应用》,教育科学出版社 2008 年版。

沈俊强:《中国儿童受教育权保护研究:历史进程与国际影响》,上海教育出版社 2019 年版。

施良方:《学习论》,人民教育出版社 2001 年版。

石中英:《教育哲学导论》,北京师范大学出版社 2004 年版。

石中英:《知识转型与教育改革》,教育科学出版社 2001 年版。

史小艳:《义务教育阶段受教育权的政府责任研究》,华中科技大学出版社 2016 年版。

宋恩荣等:《中华民国教育法规选编》,江苏教育出版社 2005 年版。

孙国东、杨晓畅主编:《检视"邓正来问题":〈中国法学向何处去〉评论文集》,中国政法大学出版社 2011 年版。

孙隆基:《中国文化的深层结构》,广西师范大学出版社 2011 年版。

孙绵涛主编:《教育政策学》,武汉工业大学出版社 1997 年版。

孙霄兵:《受教育权法理学:一种历史哲学的范式》,教育科学出版社 2003 年版。

[苏]苏霍姆林斯基:《给教师的建议》,杜殿坤编译,教育科学出版社 1984 年版。

[日]穗积陈重:《法典论》,李求轶译,商务印书馆 2014 年版。

[加]萨姆纳:《权利的道德基础》,李茂森译,中国人民大学出版社 2011 年版。

唐淑、钟昭华:《中国学前教育史》,教育科学出版社 2000 年版。

童之伟:《法权与宪政》,山东人民出版社 2001 年版。

[法]托克维尔:《论美国的民主》,董果良译,商务印书馆 2004 年版。

王晨光等:《健康法治的基石:健康权的源流、理论与制度》,北京大学出版社 2020 年版。

王海英:《常识的颠覆——学前教育市场化改革的社会学研究》,广西师范大学出版社 2010 年版。

王雪梅:《儿童权利论——一个初步的比较研究》,社会科学文献出版社 2005 年版。

王泽鉴:《民法学说与判例研究》,中国政法大学出版社 1998 年版。

王柱国:《学习自由与参与平等:受教育权的理论和实践》,中国民主法制出版社 2009 年版。

温辉:《受教育权入宪研究》,北京大学出版社 2003 年版。

温辉:《宪法与教育——国家教育权研究纲要》,中国方正出版社 2008 年版。

吴式颖主编:《外国教育史教程缩编本》,人民教育出版社 2003 年版。

[德]雅斯贝尔斯:《什么是教育》,邹进译,三联书店 1991 年版。

[德]耶林:《为权利而斗争》,郑永流译,法律出版社 2012 年版。

奚洁人:《科学发展观百科辞典》,上海辞书出版社 2007 年版。

[德]席勒:《审美教育书简》,冯至、范大灿译,北京大学出版社 1985 年版。

项贤明:《泛教育论——广义教育学的初步探索》,山西教育出版社 2004 年版。

肖蔚云:《论新宪法的新发展》,山西人民出版社 1983 年版。

肖泽晟:《宪法学——关于人权保障与权力控制的学说》,科学出版社 2003 年版。

熊文钊:《“宪法是什么”,〈宪法研究〉》(第 1 卷),法律出版社 2002 年版。

许纪霖:《当代中国的启蒙与反启蒙》,社会科学文献出版社 2011 年版。

严平编译:《日本教育法规译文精选》,科学出版社 2019 年版。

杨伯峻:《论语译注》(第 3 版),中华书局 2009 年版。

杨成铭:《受教育权的促进和保护——国际标准与中国的实践》,中国法制出版社 2004 年版。

杨成铭主编:《人权法学》,中国方正出版社 2004 年版。

杨春福:《权利法哲学研究导论》,南京大学出版社 2000 年版。

杨解君:《中国法律体系化的探索:行政法与相关部门法的交叉衔接研究》,人民出版社 2014 年版。

杨立新:《人身权论》,人民法院出版社 2002 年版。

杨晓萍等:《学前教育学》,西南师大出版社 2011 年版。

杨宇冠:《联合国人权公约机构与经典要义》,中国人民公安大学出版社 2005 年版。

姚伟:《儿童观及其时代性转换》,东北师范大学出版社 2006 年版。

尹力:《儿童受教育权:性质、内容与路径》,教育科学出版社 2011 年版。

尹力主编:《教育法学》(第 2 版),人民教育出版社 2015 年版。

余雅风等:《教育法学研究》,福建教育出版社 2021 年版。

袁振国主编:《教育政策学》,江苏教育出版社 2001 年版。

[英]詹姆斯·格里芬:《论人权》,徐向东等译,译林出版社 2015 年版。

湛卫清:《人权与教育》,北京师范大学出版社 2009 年版。

张利洪主编:《幼儿教育政策法规与职业道德》,西南师范大学出版社 2018 年版。

张庆福主编:《宪政论丛》(第 1 卷),法律出版社 1998 年版。

张天保、孙葆森译审:《日本国教育及文化法规要览》,吉林教育出版社 1995 年版。

张伟编:《国际人权文书:联合国人权条约机构通过的一般性意见和一般性建议汇编》,中国财富出版社 2013 年版。

张卫国:《公民受教育权及其法律保障》,经济科学出版社 2011 年版。

张文显:《法哲学范畴研究》,中国政法大学出版社 2001 年版。

张文显主编:《法理学》(第 2 版),高等教育出版社 2003 年版。

张翔:《基本权利的规范建构》,高等教育出版社 2008 年版。

郑博真:《幼儿教保政策与法规》(第 3 版),华腾文化股份有限公司 2018 年版。

郑贤君:《基本权利原理》,法律出版社 2010 年版。

中共中央党史和文献研究院编:《习近平关于注重家庭家教家风建设论述摘编》,中央文献出版社 2021 年版。

中国社会科学院语言研究所词典编辑室:《现代汉语词典》(第 7 版),商务印书馆 2019 年版。

中国学前教育发展战略研究课题组:《中国学前教育发展战略研究》,教育科学出版社 2010 年版。

中国学前教育史编写组编:《中国学前教育史资料选》,人民教育出版社 1989 年版。

中国学前教育研究会编:《百年中国幼教(1903—2003)》,教育科学出版社 2003 年版。

中国易学文化研究院编:《易经导读》,九州出版社 2009 年版。

周采主编:《比较学前教育》,人民教育出版社 2010 年版。

周旺生:《立法学》(第 2 版),法律出版社 2009 年版。

周旺生等主编:《北京大学法学百科全书:法理学 · 立法学 · 法律社会学》,北京大学出版社 2010 年版。

周伟:《宪法基本权利:原理 · 规范 · 应用》,法律出版社 2006 年版。

周永坤:《法理学——全球视野》(第 4 版),法律出版社 2016 年版。

朱家雄:《当今我国学前教育事业发展面临的主要问题及政策导向》,华东师范大学出版社 2016 年版。

朱景文、韩大元主编:《中国特色社会主义法律体系研究报告》,中国人民大学出版社 2010 年版。

朱智贤:《儿童心理学》(第 4 版),人民教育出版社 2003 年版。

(二)期刊论文

[俄]科斯京、科斯季娜:《关于"社会组织"概念的定义问题》,《国外社会科学》2002 年第 3 期。

苌庆辉、吴佳颖、陈涵:《中国学前教育立法研究的知识图谱分析——基于 CNKI (1994—2019)的数据》,《法学教育研究》2020 年第 2 期。

陈步雷:《社会法的功能嬗变、代际更替和中国社会法的定位与建构》,《现代法学》2012 年第 3 期。

陈恩伦:《从受教育权到学习权:终身学习社会的权利转型》,《国家教育行政学院学报》2022 年第 1 期。

陈桂生:《"学前教育"辨析》,《学前教育研究》2002 年第 6 期。

陈和平:《对三聚氰胺奶粉事件的法理学思考》,《经济研究导刊》2010 年第 1 期。

陈金钊:《法典化语用及其意义》,《政治与法律》2021 年第 11 期。

陈景辉:《法典化与法体系的内部构成》,《中外法学》2022 年第 5 期。

陈立鹏、仲丹丹:《改革开放 40 年来我国民族教育立法的回顾与思考》,《民族教育研究》2018 年第 5 期。

陈立鹏:《对〈少数民族教育法〉的构想》,《民族研究》1997 年第 4 期。

陈亮:《我国学前教育地方立法的现实困境及其改进方向》,《陕西师范大学学报》(哲学社会科学版)2017 年第 6 期。

陈鲁南:《“困境儿童”的概念及“困境儿童”的保障原则》,《社会福利》2012 年第 7 期。

陈鹏、高源:《我国学前教育立法的现实诉求与基本问题观照》,《陕西师范大学学报》(哲学社会科学版)2017 年第 6 期。

陈雄:《公民权利抑或个人权利——宪法文本中的个人与公民概念分析》,《时代法学》2006 年第 5 期。

陈映芳:《国家与家庭、个人——城市中国的家庭制度(1940—1979)》,《交大法学》2010 年第 1 期。

程晨、虞永平:《我国学前教育立法研究的回顾与展望》,《教育学术月刊》2019 年第 9 期。

初萌:《什么是教育——分析教育哲学家彼得斯的观点及评述》,《中国人民大学教育学刊》2013 年第 4 期。

但菲、索长清:《“保教一体化”国际趋势与我国学前师资培育改革》,《教育研究》2017 年第 8 期。

邓正来:《中国法律哲学当下基本使命的前提性分析——作为历史性条件的世界结构》,《法学研究》2006 年第 5 期。

丁海东:《儿童游戏权的价值及其在我国的现实困境》,《东北师大学报》(哲学社会科学版)2010 年第 5 期。

丁心悦、于冬梅、赵丽云:《婴儿母乳喂养现况及影响因素分析》,《卫生研究》2018 年 4 期。

董保华:《“广义社会法”与“中义社会法”——兼与郑尚元、谢增毅先生商榷》,《东方法学》2013 年第 3 期。

董筱丹、薛翠、温铁军:《改革以来中国对外开放历程的演变及其内在逻辑》,《中国经济史研究》2012 年第 2 期。

范进学:《论权利的制度保障》,《法学杂志》1996 年第 6 期。

高维俭:《〈未成年人保护法〉(2020 修正案)评述》,《内蒙古社会科学》2021 年第 2 期。

高仰光:《法典化的历史叙事》,《中国法学》2021 年第 5 期。

龚超、尚鹤睿:《社会教育概念探微》,《浙江社会科学》2010 年第 3 期。

龚向和:《社会权的概念》,《河北法学》2007 年第 9 期。

龚向和:《社会权与自由权区别主流理论之批判》,《法律科学》(西北政法学院学报)2005 年第 5 期。

龚向和:《中国受教育权发展的体系化、公平化和优质化》,《人权》2021 年第 5 期。

顾昕:《走向全民健康保险:论中国医疗保障制度的转型》,《中国行政管理》2012 年第 8 期。

管华:《学前教育立法应处理好十大关系》,《湖南师范大学教育科学学报》2019 年第 1 期。

管华:《义务教育阶段受教育权保障之道——以流动儿童为例》,《中国教育法制评论》2014 年。

郭道晖:《立法的效益与效率》,《法学研究》1996 年第 3 期。

郭庆珠:《我国行政规划程序的不足与立法展望——以〈行政程序法〉之规划程序建构为基点》,《行政论坛》2010 年第 5 期。

韩钢:《平等权的存在形态及其内涵》,《齐鲁学刊》2010 年第 2 期。

韩世强:《流动儿童受义务教育权的实现及司法救济——兼论超法规路径的行政诉讼变革》,《华中师范大学学报》(人文社会科学版)2008 年第 5 期。

侯建新:《"'封建主义'概念辨析"》,《中国社会科学》2005 年第 6 期。

胡宝珊等:《我国 5 城市已婚年龄妇女母乳喂养影响因素分析》,《中国妇幼保健》2004 年第 18 期。

胡天佑:《我国教育培训机构的规范与治理》,《教育学术月刊》2013 年第 7 期。

胡文斌:《我国教育法基本结构的构想》,《教育研究与实验》1987 年第 2 期。

扈中平:《教育目的应定位于培养"人"》,《北京大学教育评论》2004 年第 3 期。

怀进鹏:《国务院关于教师队伍建设和教师法实施情况的报告——2021 年 10 月 21

日在第十三届全国人民代表大会常务委员会第三十一次会议上》,《中华人民共和国全国人民代表大会常务委员会公报》2021 年第 7 期。

黄欣、吴遵民、杨婷:《我国〈学校教育法〉为何难以制订》,《中国教育学刊》2017 年第 10 期。

霍力岩等:《学前比较教育》,华东师范大学出版社 2018 年版,第 191 页。

季卫华:《"孟母堂"事件中的受教育权探析》,《教学与管理》2007 年第 7 期。

姜波、焦富勇:《〈虐待儿童防止法〉及统计儿童虐待事件的意义》,《中国妇幼健康研究》2007 年第 2 期。

兰岚:《论我国终身教育的立法核心——公民学习权保障》,《华东师范大学学报(教育科学版)》2019 年第 1 期。

劳凯声:《把握家庭教育性质　推进家庭教育立法》,《首都师范大学学报(社会科学版)》2021 年第 5 期。

雷槟硕:《教育法是独立的部门法》,《华东师范大学学报(教育科学版)》2021 年第 10 期。

李步云:《从"法制"到"法治"二十年改一字——建国以来法学界重大事件研究(26)》,《法学》1999 年第 7 期。

李步云:《法的应然与实然》,《法学研究》1997 年第 5 期。

李步云:《关于法治与法制的区别》,《人大工作通讯》1998 年第 8 期。

李步云:《什么是良法》,《法学研究》2005 年第 6 期。

李恩慈:《论中国教育法律体系》,《首都师范大学学报(社会科学版)》2001 年第 1 期。

李高协:《地方立法的可操作性问题探讨》,《人大研究》2007 年第 10 期。

李国新:《〈中华人民共和国公共图书馆法〉的历史贡献》,《中国图书馆学报》2017 年第 11 期。

李慧凤、蔡旭昶:《"共同体"概念的演变、应用于公民社会》,《学术月刊》2010 年第 6 期。

李平平、王雷:《对〈国际体育教育、体育活动与体育运动宪章〉的解读与思考》,《北京体育大学学报》2016 年第 7 期。

李霞:《论我国"精神卫生法"的称谓》,《政法论丛》2014 年第 3 期。

李永连:《日本的教育立法与教育执法》,《外国教育研究》1994 年第 3 期。

李泽厚:《艺术杂谈》,《文艺理论研究》1986 年第 3 期。

林荣日:《我国转型期中央与地方高教权力博弈的方式和特点》,《复旦教育论坛》

2007 年第 2 期。

林祖鈆:《入学不是保障受教育权的唯一途径——从“孟母堂”事件谈〈义务教育法〉入学规定的缺陷》,《教育探索》2010 年第 10 期。

刘碧波:《健康权的历史建构》,《人权研究》2018 年第 2 期。

刘峰、魏宝红:《“学前教育立法论坛”会议综述》,《法学教育研究》2019 年第 1 期。

刘复兴:《新〈义务教育法〉的突破与创新》,《教育研究》2006 年第 9 期。

刘继萍、吴永才:《〈教师法〉法律责任条款的问题及其完善》,《教师教育研究》2019 年第 1 期。

刘菁等:《母乳喂养影响因素分析》,《中国妇幼保健》2006 年第 15 期。

刘婧娟:《“分税制”与“土地财政”——我国土地征收问题之诱因分析》,《法学杂志》2012 年第 7 期。

刘婉滢:《为了忘却的纪念——目击克拉玛依大火十年纪事》,《北京文学》2005 年第 8 期。

刘晓红:《我国学前教育立法研究现状的可视化分析》,《教育理论与实践》2020 第 14 期。

刘悦、姚建龙:《学前教育立法的亮点与若干争议问题——以〈学前教育法草案(征求意见稿)〉为例》,《中国青年社会科学》2021 年第 4 期。

刘智成:《儿童游戏权的概念和特征》,《体育科研》2012 年第 4 期。

龙洋、孙霄兵:《对我国教育法学理论体系逻辑起点的思考》,《教育学报》2011 年第 6 期。

罗倩:《“孟母堂”事件引发的法律思考——兼论非政府组织之社会教育权在中国的发展》,《重庆与世界》2010 年第 11 期。

马晓琴、曾凡林、陈建军:《儿童参与权和童年社会学》,《当代青年研究》2006 年第 11 期。

马晓伟:《国务院关于儿童健康促进工作情况的报告——2022 年 6 月 21 日在第十三届全国人民代表大会常务委员会第三十五次会议上》,《中华人民共和国全国人民代表大会常务委员会公报》2022 年第 4 期。

倪洪涛:《大学生学习权的类型化》,《现代大学教育》2010 年第 3 期。

庞丽娟、韩小雨:《中国学前教育立法:思考与进程》,《北京师范大学学报》(社会科学版)2010 年第 5 期。

庞丽娟、胡娟、洪秀敏:《论学前教育的价值》,《学前教育研究》2003 年第 1 期。

庞丽娟、沙莉、刘小蕊:《英国布莱尔政府学前教育改革政策及其主要特点》,《比较教育研究》2008年第8期。

庞丽娟、韦彦:《学前教育立法——一个重大而现实的课题》,《学前教育研究》2001年第1期。

庞丽娟、夏靖、沙莉:《立法促进高素质幼儿教师队伍建设:台湾地区的经验及其启示》,《教师教育研究》2009年第4期。

庞丽娟:《加快推进〈学前教育法〉立法进程》,《教育研究》2011年第8期。

庞汝彦:《我国剖宫产的现状和对策》,《实用妇产科杂志》2012年第3期。

裴培、张更立:《我国学前教育法律体系的现状、问题及优化路径》,《教育评论》2019年第2期。

裴长安、吕玮钰:《我国学前教育立法的研究热点与展望——基于CiteSpace的文献计量分析》,《教育探索》2021年第10期。

秦惠民、谷昆鹏:《对完善我国教育法律体系的思考》,《北京师范大学学报(社会科学版)》2016年第12期。

焦法:《国家教委加紧制定〈教育法〉配套法规》,《人民教育》1995年第12期。

秦惠民:《现代社会的基本教育权型态分析》,《中国人民大学学报》1998年第5期。

秦强:《"孟母堂事件"与宪法文本中"受教育条款"》,《山东社会科学》2007年第2期。

秦蓉、丁燕红、冯晓艳、朱亭立、徐大鹏:《对38例躯体虐待伤婴幼儿相关情况的调查分析》,《当代医药论丛》2020年第8期,第12–14页。

瞿郑龙:《重访法典(化)的基本法理议题》,《苏州大学学报(哲学社会科学版)》2022年第3期。

任海涛:《教育法学者关于〈教师法〉修改的争鸣》,《湖南师范大学教育科学学报》2019年第5期。

日本新《教育基本法》(全文),载于《外国教育研究》2009年第3期。

沙莉、庞丽娟、刘小蕊:《通过立法强化政府在学前教育事业发展中的职责——美国的经验及其对我国的启示》,《学前教育研究》2007年第2期。

上官丕亮:《究竟什么是生存权》,《江苏警官学院学报》2006年第6期。

申素平、陈梓健:《权利还是义务:义务教育阶段受教育权性质的再解读》,《北京大学教育评论》2018年第2期。

申素平、周航:《学前教育立法亟待厘清的几个问题》,《中国教育学刊》2019年第4期。

申素平、黄硕、郝盼盼:《论高校开除学籍处分的法律性质》,《中国高教研究》2018年第3期。

申素平:《教育立法与受教育权的体系化保障》,《教育研究》2021年第8期。

沈俊强:《近十五年我国儿童受教育权研究述评》,《教育科学论坛》2015年第13期。

石连海:《义务教育阶段残疾儿童受教育权保障的思考》,《中国特殊教育》2010年第4期。

宋英辉、苑宁宁:《完善我国未成年人法律体系研究》,《国家检察官学院学报》2017年第4期。

苏海、蒲大勇:《我国就近入学政策的价值取向、失真与回归》,《现代大学教育》2021年第5期。

孙刚成、杨婳婳:《国际教育立法研究动态、热点与前沿——基于WOS期刊文献的可视化分析》,《教育文化论坛》2023年第1期。

孙绵涛、康翠萍、朱晓黎:《改革开放以来中国就近入学政策的内容分析》,《教育理论与实践》2009年第9期。

孙绵涛:《中国教育改革怎么改——学理分析与实践反思》,《教育科学研究》2011年第3期。

孙世彦:《〈公民及政治权利国际公约〉的两份中文本:问题、比较与出路》,《环球法律评论》2007年第6期。

孙霄兵、龙洋:《〈教师法〉的法治价值和立法原则——兼论我国改革开放40年教育立法传统》,《中国高教研究》2019年第3期。

孙霄兵、翟刚学:《中国教育法治的历史回顾与未来展望》,《课程·教材·教法》2017年第5期。

孙笑侠:《论行业法》,《中国法学》2013年第1期。

孙雪荧、李玲:《日本学前教育免费制度:背景、架构与问题》,《外国教育研究》2021年第7期。

覃慧:《健康权视域下我国卫生法律体系建构的脉络》,《医学与法学》2016年第2期。

唐淑艳、龚向和:《学前教育立法中普惠性民办幼儿园的性质定位》,《湖南师范大学教育科学学报》2019年第6期。

田林:《日本“立法法”探析》,《日本研究》2016 年第 2 期。

田香兰:《日本人口减少及老龄化对综合国力的影响——兼论日本的人口政策及效果》,《日本学刊》2011 年第 5 期。

童世骏:《关于“重叠共识”的“重叠共识”》,《中国社会科学》2008 年第 6 期。

童之伟:《“社会权利”的法哲学阐释》,《法学评论》1995 年第 5 期。

汪丞、周洪宇:《关于制定〈教育投入法〉的思考》,《教育与职业》2012 年第 26 期。

汪习根:《发展权法理探析》,《法学研究》1999 年第 4 期。

王大泉:《学前教育立法工作需要解决的主要问题——在学前教育立法论坛上的讲话》,《法学教育研究》2019 年第 1 期。

王宗兴:《美国拒绝批准联合国〈儿童权利公约〉原因探析》,《南京师大学报》(社会科学版)2006 年第 2 期。

王幡、刘在良:《“少子化”社会背景下日本学前教育政策研究》,《大连大学学报》2017 年第 2 期。

王福兰:《论儿童游戏的不确定性》,《教育理论与实践》2023 年第 4 期。

王广州:《中国人口负增长问题再认识》,《晋阳学刊》2023 年第 2 期。

王海英:《学前教育还是教育吗?——从深圳的公办园转企说开去》,《学前教育研究》2007 年第 1 期。

王海英:《学前教育立法“征求意见稿”是对“深改意见”的继承与超越》,《早期教育(教育教学)》2020 年第 12 期。

王利明:《空间权:一种新型的财产权利》,《法律科学》(西北政法学院学报)2007 年第 2 期。

王录平、李会玲:《学龄前儿童受教育权的属性与内容探析》,《法学教育研究》2019 年第 1 期。

王全兴、管斌:《社会法与经济法关系初探》,《现代法学》2003 年第 2 期。

王为农、吴谦:《社会法的基本问题:概念与特征》,《财经问题研究》2002 年第 11 期。

王晓茜、张德伟:《日本教育基本法的修改与教育基本理念的转变》,《外国教育研究》2007 年第 7 期。

王雅荔、王君妍:《学前教育立法中的家长教育权条款研究》,《湖南师范大学教育科学学报》2019 年第 3 期。

王泽彩:《我国财政分税制的缺陷日益显现》,《经济纵横》2007 年第 2 期。

魏文松:《后疫情时代公民受教育权保障的现实困境与制度策略》,《中国教育政策评论》2020 年。

魏文松:《新中国成立七十年来我国公民受教育权保障的历史逻辑与前景展望》,《理论月刊》2020 年第 2 期。

吴春玉:《韩国特殊教育法的演变及特殊教育发展历程》,《中国特殊教育》2014 年第 12 期。

吴康宁:《学生仅仅是“受教育者”吗? ——兼谈师生关系观的转变》,《教育研究》2003 年第 4 期。

吴缃琦、孙晓勉、何珊茹:《6 个月内婴儿纯母乳喂养现状及影响因素分析》,《中国儿童保健杂志》2017 年第 1 期。

吴遵民、黄健:《国外终身教育立法启示——基于美、日、韩法规文本的分析》,《现代远程教育研究》2014 年第 1 期。

吴遵民、黄欣、蒋侯玲:《终身教育立法的国际比较与评析》,《外国中小学教育》2008 年第 2 期。

吴遵民、黄欣、屈璐:《我国学前教育立法的若干思考》,《复旦教育论坛》2018 年第 1 期。

席晓娟:《学前教育财政投入立法保障研究——基于政策法律化的视角》,《湖南师范大学教育科学学报》2020 年第 31 期。

夏勇:《权利哲学的基本问题》,《法学研究》2004 年第 3 期。

夏正林:《从基本权利到宪法权利》,《法学研究》2007 年第 6 期。

谢维扬:《也谈学术规范问题》,《中国社会科学》1999 年第 4 期。

馨元:《公民概念在我国的发展》,《法学》2004 年第 6 期。

熊佩萱、茹宁:《新中国成立 70 年来“受教育权”问题研究进展述评——基于文献计量学方法与社会网络分析技术》,《天津大学学报(社会科学版)》2020 年第 1 期。

熊伟:《问题导向、规范集成与领域法学之精神》,《政法论丛》2016 年第 6 期。

徐靖:《论〈学前教育法〉立法中应遵循的基本原则》,《湖南师范大学教育科学学报》2019 年第 6 期。

徐文文、赵秉志:《关于虐待罪立法完善问题的研讨——兼论虐童行为的犯罪化》,《法治研究》2013 年第 3 期。

徐显明:《"基本权利"析》,《中国法学》1991 年第 6 期。

徐显明:《人权的体系与分类》,《中国社会科学》2000 年第 6 期。

徐显明:《生存权论》,《中国社会科学》1992 年第 5 期。

徐永俊、富贵、石莹、豆捷雄、张宏伟:《韩国〈环境健康法〉及对我国相关立法工作的启示》,《环境与健康杂志》2016 年第 2 期。

许多奇:《我国分税制改革之宪政反思与前瞻》,《法商研究》2011 年第 5 期。

薛小都:《游戏与法律》,《西南民族学院学报(哲学社会科学版)》2002 年第 4 期。

杨家亭、徐瑞:《我国教育法体系新探》,《齐鲁学刊》1997 年第 5 期。

杨建朝:《从虚假到真实:集体主义教育反思》,《教育学报》2011 年第 5 期。

杨梅等:《中国西部 5 省农村婴儿纯母乳喂养影响因素分析》,《中国妇幼保健》2012 年第 27 卷。

杨韶刚:《集体主义与个体主义道德文化的教育反思》,《教育学报》2011 年第 5 期。

杨晓萍、李传英:《儿童游戏的本质——基于文化哲学的视角》,《学前教育研究》2009 年第 10 期。

杨宗科:《关于学前教育立法的几点思考》,《法学教育研究》2019 年第 1 期。

姚建龙:《〈未成年人保护法〉的修订及其重大进展》,《当代青年研究》2007 年第 5 期。

姚建平:《福利还是保护?——中国〈儿童福利法〉立法问题研究》,《社会保障评论》2022 年第 1 期。

姚金菊:《立足家庭画好立法同心圆　明确责任协同促进家庭教育》,《首都师范大学学报》(社会科学版)2021 年第 5 期。

叶齐炼:《完善我国教育法律体系的思考》,《中国高教研究》2019 年第 2 期。

叶强:《论作为基本权利的家庭教育权》,《财经法学》2018 年第 2 期。

易谨:《论我国〈儿童福利法〉的定位》,《少年儿童研究》2019 年第 12 期。

殷爱荪:《关于我国教育法体系的问题》,《苏州大学学报(哲学社会科学版)》1987 年第 3 期。

殷继国:《我国社会教育权的新现代性解读——以基本公共教育服务均等化为视角》,《高等教育研究》2013 年第 5 期。

尤炜:《"孟母堂"事件的反思——依法施教依法治教》,《基础教育课程》2006年第9期。

余江萍:《581 例剖宫产原因分析》,《中华妇幼临床医学杂志》2006 年第 5 期。

余强:《墨西哥〈学前义务教育法〉的制定与实施及其对我国的启示》,《学前教育研究》2010年第11期。

余少祥:《社会法“法域”定位的偏失与理性回归》,《政法论坛》2015年第6期。

余雅风、吴会会:《论学前教育立法的宗旨与原则》,《湖南师范大学教育科学学报》2019年第3期。

余雅风:《我国教育法学的发展及其对教育法治的回应——基于学术史的视角》,《教育学报》2021年第1期。

鱼霞、毛涵颖:《〈教师法〉修订的核心问题:重新规定教师法律身份》,《教师发展研究》2019年第3期。

虞永平:《保障儿童受教育权是学前教育立法的核心追求》,《幼儿教育》2021年合刊第1期。

虞永平:《论儿童观》,《学前教育研究》1995年第3期。

郁振华:《从表达问题看默会知识》,《哲学研究》2003年第5期。

曾皓:《儿童利益最大化原则在学前教育立法中的落实》,《法学》2022年第1期。

湛中乐、李烁:《我国学前教育立法研究——以政策法律化为视角》,《陕西师范大学学报(哲学社会科学版)》2019年第1期。

张步峰:《现代私塾“孟母堂”能否见容于法治》,《法学》2006年第9期。

张寰、吴颖:《学前教育立法研究:历程、主题与述评》,《法学教育研究》2019年第1期。

张利洪、张露萍:《回顾与展望:改革开放40年我国学前教育政策法规研究的实证分析》,《法学教育研究》2019年第1期。

张利洪:《改革开放40年我国学前教育政策法规的历程、成就与反思》,《陕西师范大学学报》(哲学社会科学版)2019年第1期。

张利洪:《学前教育:概念的混用与澄清》,《陕西学前师范学院学报》2018年第2期。

张利洪:《游戏权是学前儿童受教育权的核心内容》,《中国教育法制评论》(第12辑),2014年第1期。

张守文:《经济法的立法路径选择》,《现代法学》2023年第1期。

张天麟:《试论双亲的权利与义务——普及教育中的一个法学问题》,《教育研究》1983年第10期。

张挺:《“保教一体”的立法表达——以日本战后学前教育法制史为鉴》,《湖南师范大学教育科学学报》2019 年第 5 期。

张文显:《中国法治 40 年:历程、归家和经验》,《吉林大学社会科学学报》2018 年第 5 期。

张翔:《基本权利的双重性质》,《法学研究》2005 年第 3 期。

张翔:《论基本权利的防御权功能》,《法学家》2005 年第 2 期。

张晓静:《自我教育——当代学校教育的主题》,《教育研究》1994 年第 10 期。

张新民:《论我国“学前教育法”的立法精神、内容和技术》,《法学教育研究》2019 年第 1 期。

张震:《我国宪法文本中“受教育义务”的规范分析——兼议“孟母堂”事件》,《现代法学》2007 年第 3 期。

赵南:《学前教育“保教并重”基本原则的反思与重构》,《教育研究》2012 年第 7 期。

赵阳、孙绵涛:《学前教育立法必须明确虐童行为法律责任》,《湖南师范大学教育科学学报》2020 年第 3 期。

郑尚元:《社会法的定位和未来》,《中国法学》2003 年第 5 期。

郑素一:《教育权之争——“孟母堂事件”的法理学思考》,《行政与法》2006 年第 11 期。

郑贤君:《论宪法上的经济权利》,《中共长春市委党校学报》2004 年第 4 期。

郑贤君:《宪法上的 Civil Rights 是公民权利吗? ——解读 Constitutional civil rights》,《首都师范大学学报》(社会科学版)2004 年第 4 期。

郑晓莉、张为远:《我国剖宫产率降低的原因与思考》,《中国计划生育和妇产科》2019 年第 11 期。

钟瑞华、李洪雷:《论我国行政法法典化的意义与路径——以民法典编纂为参照》,《行政管理改革》2020 年第 12 期。

周飞舟:《分税制十年:制度及其影响》,《中国社会科学》2006 年第 6 期。

周航、申素平:《从教育立法到教育立法学:法典化的学术因应》,《教育研究》2023 年第 3 期。

周航:《受教育权民事救济的类型化研究》,《华东师范大学学报》(教育科学版)2021 年第 6 期。

周航:《走出受教育权民事救济的理论迷思》,《复旦教育论坛》2020 年第 6 期。

周洪宇、方晶:《学习习近平法治思想　加快编纂教育法典》,《国家教育行政学院学报》2021 年第 3 期。

竺效:《"社会法"概念考析——兼议我国学术界关于社会法语词之使用》,《法律适用》2004 年第 3 期。

竺效:《关于"社会法"概念探讨之探讨》,《浙江学刊》2004 年第 1 期。

竺效:《祖国大陆学者关于"社会法"词语之使用考》,《现代法学》2004 年第 4 期。

(三)学位论文

陈恩伦:《论学习权》,西南师范大学 2003 年博士学位论文。

陈珊丽:《论我国健康权入宪》,华中科技大学 2010 年硕士学位论文。

答喆:《教育培训机构的合法性及其规制》,陕西师范大学 2020 年硕士学位论文。

范履冰:《受教育权法律救济制度研究》,西南大学 2006 年博士学位论文。

高淑贞:《论受教育权》,吉林大学 2007 年博士学位论文。

何善平:《3—6 岁儿童受教育权保护研究》,陕西师范大学 2013 年博士学位论文。

李树忠:《平等权保护论》,中国政法大学 2006 年博士学位论文。

芦琦:《关于古代受教育资格及其权利实现的考察比较——以"去特权化"为线索》,华东政法学院 2007 年博士学位论文。

沙莉:《国际学前教育法律的研究:特点、经验及其启示》,北京师范大学 2009 年博士学位论文。

宋扬:《身份权基本理论研究》,重庆大学 2008 年硕士学位论文。

孙霄兵:《受教育权主体范式论》,华中师范大学 2003 年博士学位论文。

吴航:《游戏与教育:兼论教育的游戏性》,华中师范大学 2001 年博士学位论文。

夏志文:《受教育权救济问题研究——政府责任与司法保障》,苏州大学 2008 年博士学位论文。

许雅峰:《经济权利的行政法规范》,南京航空航天大学 2007 年硕士学位论文

尹力:《义务教育阶段儿童受教育权利研究》,北京师范大学 2000 年博士学位论文。

曾颉:《〈魏玛宪法〉之中国话语》,西南政法大学 2007 年硕士学位论文。

湛卫清:《人权与教育——人权视野中的教育问题探索》,华中师范大学 2006 年博士学位论文。

张函:《论德肖维茨的权利观——以权利的来源为视角》,贵州大学法律系 2016 年硕士学位论文。

张利洪:《学前儿童受教育研究》,西南大学 2013 年博士学位论文。

张露萍:《中国学前教育政策法规学术史研究》,西华师范大学 2019 年硕士学位论文。

张鹏:《健康权基本理论研究》,中国政法大学 2008 年硕士学位论文。

张熔芳:《论我国困境儿童学前教育受教育权利保障》,吉林大学 2020 年硕士学位论文。

赵华民:《当代美、日、中幼儿教育法规与政策的比较研究》,陕西师范大学 2000 年硕士学位论文。

(四)其他

高等教育数字局:《看看各省有多少所幼儿师范高等专科学校?》,2022 年 3 月 12 日,见 https://baijiahao.baidu.com/s?id=1716935926846411995&wfr=spider&for=pc。

《国家教育标准分类》[Revision of the International Standard Classification of Education (ISCED)],2011 年 9 月 5 日,见 baidu.com/s?wd= 联合国教科文组织:《国家教育标准分类》&rsv_dl=feed_landingpage_ib。

《国务院关于当前发展学前教育的若干意见》,2010 年 11 月 21 日,见 http://www.moe.gov.cn/jyb_xxgk/moe_1777/moe_1778/201011/t20101124_111850.html。

李林:《法律体系形成的五项标准》,《人民日报》2010 年 6 月 2 日。

潘玉娇:《走出一条优质普惠发展之路——江苏省砥砺十年推动学前教育发展纪实》,《中国教育报》2021 年 7 月 18 日。

《全国人大教科文卫委建议开展托育服务立法研究》,2023 年 2 月 21 日,见 http://www.npc.gov.cn/npc/c30834/202302/552a9140c7bb48d59f6afcb27c3328cb.shtml。

《为人民谋幸福:新中国人权事业发展 70 年》白皮书,2019 年 9 月 22 日,见 https://wenhui.whb.cn/third/baidu/201909/22/290809.html。

习近平:《高举中国特色社会主义伟大旗帜为全面建设社会主义现代化国家而团结奋斗——在中国共产党第二十次全国代表大会上的报告》,2022 年 10 月 16 日,见 http://www.gov.cn/xinwen/2022-10/25/content_5721685.htm。

习近平:《决胜全面建成小康社会　夺取新时代中国特色社会主义伟大胜利——在中国共产党第十九次全国代表大会上的报告》,2017 年 10 月 18 日,见 https://www.gov.cn/zhuanti/2017-10/27/content_5234876.htm。

习近平:《在庆祝全国人民代表大会成立 60 周年大会上的讲话》,《人民日报》2014 年

9月6日。

尹安学:《广东将为8所机关幼儿园编列6863万元财政预算》,《羊城晚报》2011年1月22日,见 http://news.ifeng.com/mainland/detail_2011_01/22/4404078_0.shtml。

赵蕾、方可成:《未来的立法、修法,难度更大》,《南方周末》2011年3月10日。

《中国特色社会主义法律体系》白皮书发布,见 http://www.gov.cn/jrzg/2011-10/27/content_1979498.htm。

中华人民共和国国务院新闻办公室:《中国的人权状况》,1991年11月,见 http://www.gov.cn/zwgk/2005-05/24/content_488.htm。

二、英文文献

Commission on Human Rights Report of the Working Group on a Draft Convention on the Rights of the Child E/CN.4/1989/48(2 March 1989) p.80, para.459. A Venezuelan proposal had also sought to make reference to the "overall care for the child of pre-school age" : see id.p.79, para.458.

Commission on Human Rights Technical Review of the Test of the Draft Convention on the Rights of the Child E/CN.4/1989/WG.1/CRP.1(15 October 1988).

Fernandez, A., Jenkner, S., "International Organization for the Development of Freedom ofEducation., & World University Service", (1995). International declarations and conventions on the right to education and the freedom of education, Frankfurt am Main: Info3-Verlag.

Guddemi, M.The Child's Right to Play.Presentation to the United Nations Press Conference, 5/8/1992.

Hayek, New Studies in Philosophy, Politics, Economics and the History of Ideas, Routledge & Kegan Paul, 1978.

Hodgson, D. (1998), The Human Right to Education, Aldershot: Ashgate, 1998.

Jamber, T. Why Play is the Fundamental Right of the Child.Open Symposium Presentation in The 11th IPA World Conference, Tokyo, Japan, June3-8, 1990.

Joel Feinberg, Protecting a Way of Life, Absolute Values and the Search for the Peace of Mankind, Vol.1, 1980.

Karmel, J., The Right to Education: Examining its Meaning and Implications.Doctoral

Dissertation Submitted in University of Victoria, Canada.

Polanyi, M.The Tacit Dimension, Routledge& Kegan Paul, c1966.

Resolution 1993/14 of the Commission on Human Rights on economic, social and cultural rights, para.7.

Rhoda E.Howard–Hassmann, Claude E. Welch, Jr. Economic Rights in Canada and the United States, University of Pennsylvania Press , 2009 , preface.

Rita Cantos Cartwright and H. Victor Conde. Human Rights in The United States. A Dictionary and Documents, Santa Barbara, California, 2000.

UNESCO, Final Report of the Fourth International Conference on Adult Education.

后　记

"十里灯火尽繁华，一生惟愿岁如初。"博士毕业十年，这十年成为生命中四个十年里充实的时光，但是其产出效能并不高。十年里，城市不断"翻新"，领导频换，内人进修，单位轮换。变的是这个世界，不变的是内心的坚守。2014年10月，《中共中央关于全面推进依法治国若干重大问题的决定》出炉。该决定描绘的法治路线图强化了当初选择的意义。2016年，投奔西政陈门做博后，虽然未果，但是过程的意义并不只是一种简单的慰藉。同时，联系人民出版社准备论文出版工作，但万万没有想到换了三位编辑才完成工作。

本书是在博士论文的基础上修改而成。本想把题目改为《认真对待学前儿童受教育权》，也曾以此名去申报后期资助未中。论文修改的主体框架基本没有，改动的最大变化新增第六、七章，增加了学前儿童受教育权的经验基础，增补了最近十年学前教育发展的概况和新的文献资料等。为节省论文篇幅，文中所有法律名称涉及"中华人民共和国"均省略。十年走过，感谢的人太多，下面提及的对象可能挂一漏万。感谢教育学院院长吴吉惠教授、张谦述书记、学前与初等教育学院院长李雪平教授的关心和支持。感谢西南大学李静教授、杨晓萍教授、李姗泽教授、陈恩伦教授、杨挺教授、已故刘云艳教授的一贯指导和关心。感谢四川师范大学教育科学学院郑富兴教授的指导，感谢张玉堂教授引入教育法学之门和一以贯之的帮助。感谢孙绵涛教授在百忙之中拨冗写序，为本文增色不少。感谢西南政法大学陈苇老师的指导，感谢西南大学教育立法研究基地主任张新民教授及其平台的帮助和支持。感谢我的研究生和本科生在资料整理、文字校对和格式完善方面付出的辛劳。感谢西华师范大学的学术著作经费资助，感谢匿名评审专家的意见，感谢人民出版社的侯俊智主任、李椒元编辑的辛勤工作。

十年来，曾有煎熬、挣扎、彷徨。

这本书是我的第一部学术专著，相信以后一定还有。回顾十年的历程，一路有所长进，但是本书呈现给大家的样貌还有诸多不足的地方，还请读者批评指正(283702403@qq.com)。目前，学界对儿童权利的研究成果较为丰富，但是对学前儿童权利型态进行系统研究的成果不多，期待本研究的推进能够带动对学前儿童权利型态的深入研究。开展学术研究，也离不开家庭的支持和理解。感谢这些年来，家人的陪伴和支持，祝福他们。

原后记较长，故略。此记实为补记。

2023 年 6 月 2 日和平西路 188 号

6 月 24 日 78 栋修改